Vorwort

Wer fit sein will, muss auch etwas dafür tun, und vor allem regelmäßiger Sport ist wichtig. Viele gehen ins Fitnessstudio oder zum Joggen. Doch nicht nur der Körper braucht Bewegung. Schon mal daran gedacht, auch Ihr „Köpfchen“ auf eine Joggingrunde mitzunehmen? Denn unser Gehirn ist ein komplexes Organ, das herausgefordert und trainiert werden will.

Dieses Buch bringt Ihre grauen Zellen wieder auf Vordermann. Denn auch „Normalos“ können durch gezieltes Lernen zum „Überflieger“ werden. Gestalten Sie Ihre Trainingseinheiten mithilfe von über 500 Denksportaufgaben ganz individuell. Suchen Sie sich aus den Übungen in den Schwierigkeitsstufen Einsteiger, Könner und Profis einfach die zu Ihrem Trainingsniveau passenden aus und gehen Sie auf Ihre geistige Joggingroute.

Sie werden sehen: Bald können Sie sich Vieles leichter merken, Alltagsprobleme besser lösen und Herausforderungen gelassener meistern. Und vielleicht sitzen Sie demnächst schon in Ihrer ersten Quizshow …

Sie brauchen nur noch einen Stift in die Hand zu nehmen und schon kann es losgehen. So wird Ihr Gehirn mit Sicherheit zum Hochleistungssportler!

EINSTEIGER

★

Leichte Aufgaben

1 Atomium

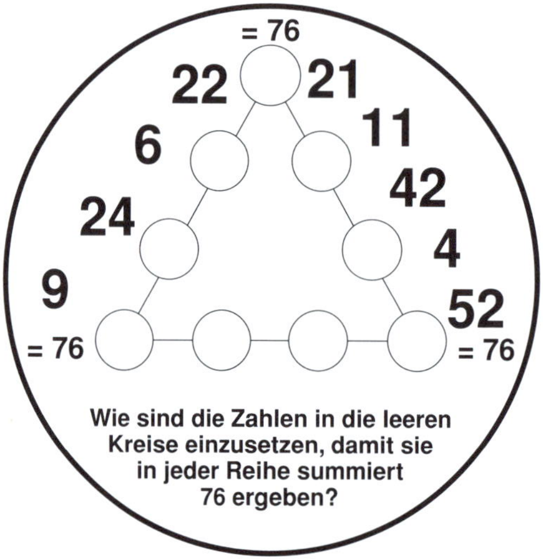

2 Symbolpfad

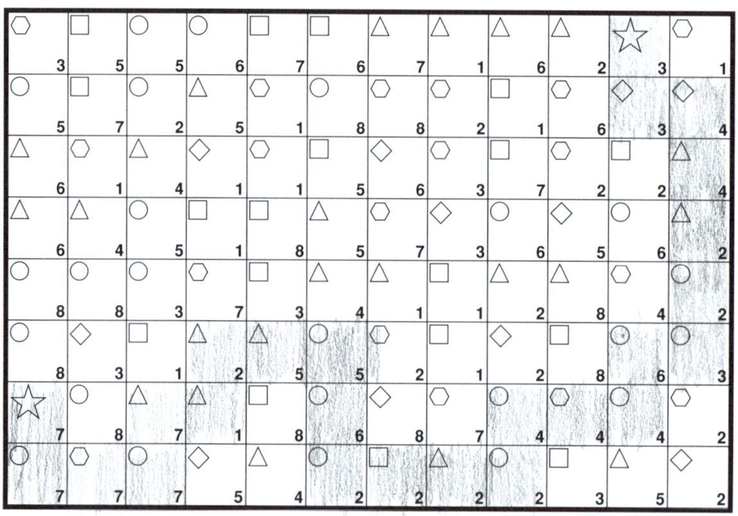

3 Drudel

4 Zahlenrad

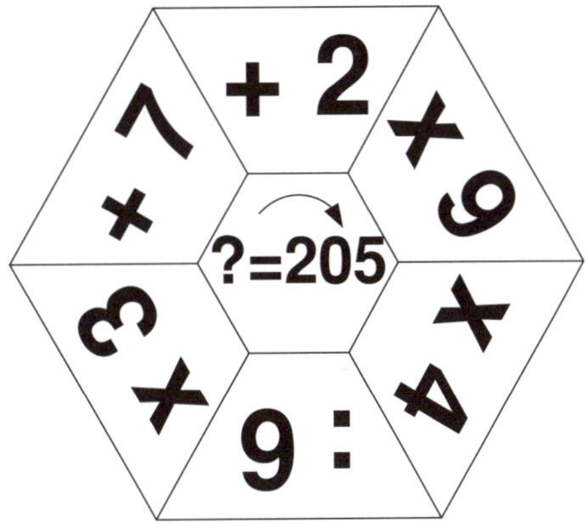

5 Sudoku Cross

6	3	5	4	7	2	1
3	4	2	1	5	7	6
5	6	7	2	3	1	4
1	7	4	5	2	6	3
2	5	6	3	1	4	7
7	2	1	6	4	3	5
4	1	3	7	6	5	2

6 Streichholzrätsel

7 Nur Einer

D	M	C	Z	B
V	F	Y	N	Q
I	E	U	S	T
A	J	P	G	W
O	R	H	L	K

R	Z	Q	D	E
F	J	G	T	O
X	M	W	S	C
L	K	U	V	H
I	P	B	Y	A

S	X	L	P	A
G	J	T	Z	O
C	Q	I	D	E
M	Y	H	K	F
B	N	W	U	V

T	E	B	W	I
H	X	C	A	Y
D	J	U	L	P
V	O	M	N	G
Z	Q	F	R	K

V	X	T	D	K
Z	O	I	Y	P
C	S	Q	H	M
J	N	B	F	E
A	R	L	U	G

U	A	B	R	J
T	Q	S	L	O
M	K	I	N	Y
D	H	F	C	G
E	X	W	P	V

Z	D	J	E	K
H	Y	V	G	C
B	Q	I	A	X
O	R	T	P	U
M	S	N	L	W

L	D	W	S	A
M	B	Y	O	X
H	C	R	T	E
K	G	Q	U	Z
P	N	I	V	F

J	M	S	P	V
B	C	E	I	R
W	Q	L	U	A
K	G	N	H	X
Z	F	D	T	Y

D	T	A	J	O
E	M	H	N	K
F	V	U	S	X
G	Q	C	Z	Y
I	L	R	B	W

J	T	F	V	L
H	B	Y	W	K
R	X	S	G	C
N	O	U	P	D
Z	A	M	I	Q

O	V	Z	U	D
T	X	M	S	A
C	Y	B	Q	P
L	N	H	F	E
R	W	J	I	K

Y	S	I	C	Q
G	H	U	N	B
M	E	L	P	D
V	Z	K	F	J
A	X	O	R	W

K	M	T	Z	O
L	V	B	Q	S
H	R	E	W	F
D	U	I	P	Y
X	N	J	G	C

B	G	X	E	D
W	M	H	C	N
T	L	F	S	P
O	A	Z	V	U
Y	R	I	J	K

L	W	S	Q	O
D	U	F	K	B
A	Z	X	T	P
R	I	C	H	E
V	Y	J	G	N

B	M	D	T	S
Q	O	H	G	J
U	E	N	L	X
A	K	F	R	V
W	Y	P	C	Z

S	Y	K	J	O
D	A	Q	N	H
G	U	C	T	B
W	I	M	P	E
Z	L	R	F	X

V	U	X	K	D
Z	A	J	I	R
N	H	P	F	B
M	T	C	G	Q
Y	E	S	W	O

L	U	H	O	I
N	G	S	X	J
F	P	T	W	C
E	V	Q	M	Y
D	A	R	Z	K

B	V	R	Z	F
D	P	E	J	H
X	Y	C	S	N
M	W	O	Q	K
A	L	G	I	T

F	Q	D	Z	T
B	O	K	R	U
C	X	N	E	P
A	J	L	M	S
W	V	I	G	H

I	B	R	T	Y
J	M	W	Z	L
K	E	N	P	S
H	X	V	O	F
A	Q	U	D	G

O	R	M	W	X
D	G	V	F	E
I	Z	A	U	N
C	B	S	L	P
T	Q	K	Y	J

B	R	N	K	X
M	W	H	O	E
V	F	U	J	A
T	G	Z	Q	L
I	Y	P	C	S

8 Vexierbild

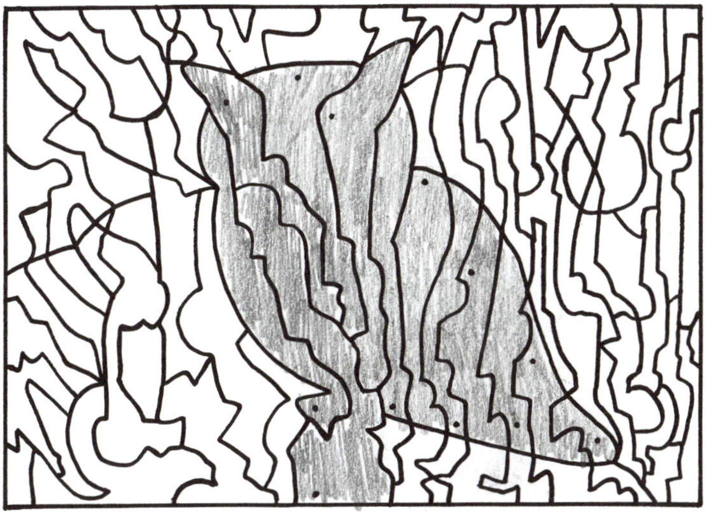

9 Silbenband

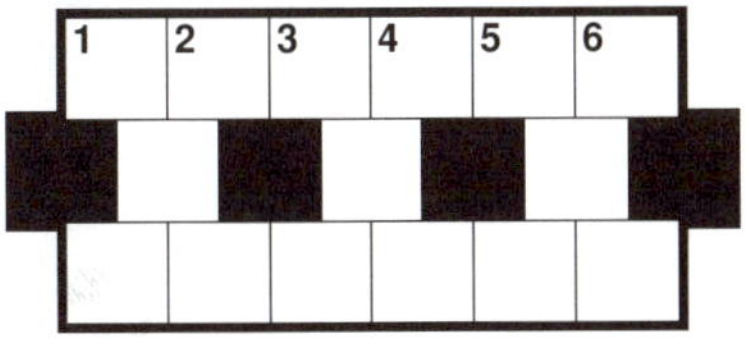

AR – DE – DE – DU – KA –
KAS – MOND – NETT – OS –
PE – TRANZ – WON

1. Bogen auf zwei Pfeilern
2. stufenförmiger Wasserfall
3. Regierungsmannschaft
4. merkwürdig, verdächtig
5. alter Name des Mai
6. Aufdringlichkeit

10 Zahlenpyramide

11 Labyrinth

12 Sudoku Even

5	8	7	4	9	3	2	6	1
9	4	3	2	1	6	7	5	8
2	1	6	8	5	7	9	3	4
3	2	9	5	7	1	4	8	6
6	5	4	3	8	9	1	7	2
8	7	1	6	2	4	3	9	5
1	3	2	9	6	8	5	4	7
4	6	5	7	3	2	8	1	9
7	9	8	1	4	5	6	2	3

13 Ensaimada

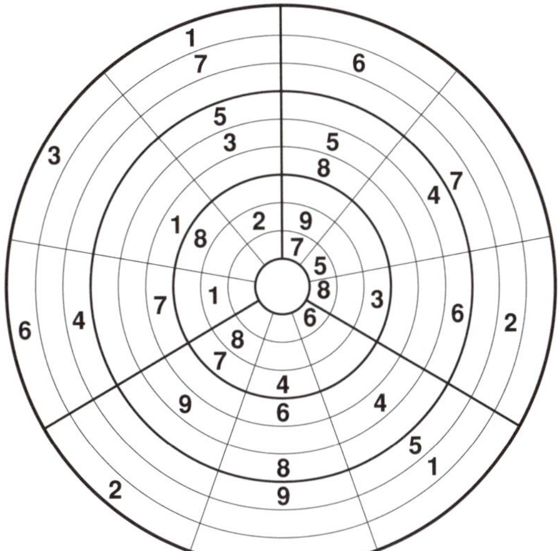

14 Missing Link

A A B E E E E H
I K K M N N N N
N O R R R R R S
S S T T T W Z

W	I	N	Z	E	R	■	I	■	K	R	E	T	E	R
E	■	■	I	■	U	■	T	■	E	■	■	A	■	■
R	■	■	N	■	T	R	A	B	R	E	N	N	E	N
B	A	R	S	C	H	■	L	■	A	■	■	G	■	■
E	■	■	■	■	■	■	I	■	M	E	N	A	G	K
S	E	K	T	O	R	■	E	■	I	■	■	■	■	I
L	■	■	E	■	E	I	N	A	K	T	E	R	■	F
O	M	E	N	■	M	■	E	■	■	■	■	U	■	E
G	■	■	N	■	I	■	R	■	M	E	T	I	E	R
A	■	■	I	■	S	■	I	■	■	■	■	N	■	■
N	U	E	S	T	E	R	N	■	E	L	T	E	R	N

15 Sudoku Stern

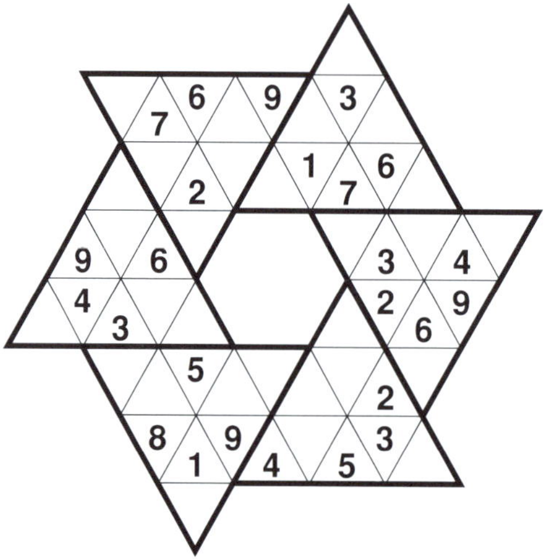

16 Bilderrad

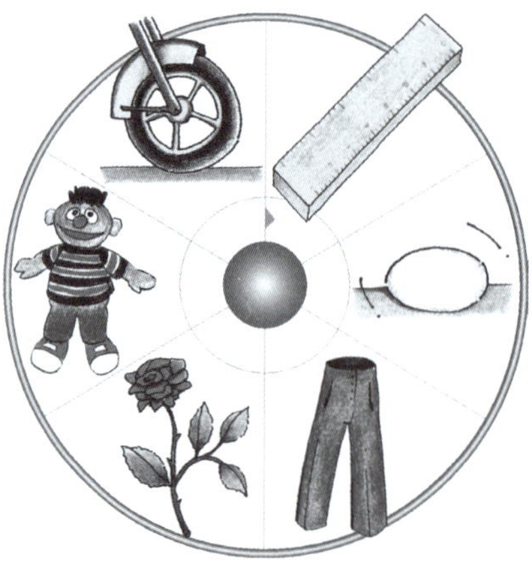

17 Sudoku Diff

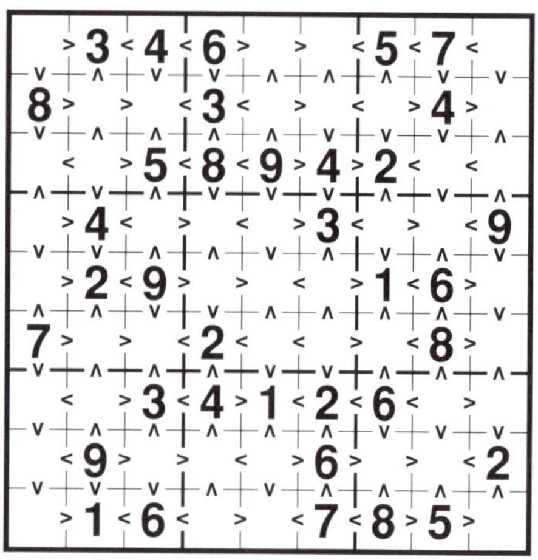

18 Symbolpfad

○ 2	◇ 1	○ 5	◇ 7	○ 7	⬡ 1	□ 1	□ 7	◇ 2	△ 6	☆ 3	△ 7
△ 6	◇ 6	○ 5	□ 7	△ 8	⬡ 3	△ 4	□ 5	□ 8	□ 1	□ 3	○ 5
○ 4	⬡ 3	◇ 6	◇ 3	◇ 6	△ 3	○ 5	△ 7	◇ 6	△ 7	○ 5	◇ 8
□ 1	⬡ 2	□ 7	○ 3	□ 7	□ 3	◇ 7	◇ 1	□ 4	△ 8	○ 3	⬡ 2
△ 1	○ 4	○ 6	△ 7	○ 7	◇ 4	◇ 3	◇ 6	○ 4	△ 4	◇ 2	○ 6
□ 8	⬡ 1	□ 3	△ 8	□ 5	◇ 3	⬡ 6	△ 2	○ 5	△ 2	○ 6	◇ 2
☆ 5	○ 5	⬡ 4	○ 8	◇ 7	○ 6	⬡ 2	△ 6	◇ 2	△ 2	△ 1	⬡ 6
◇ 3	⬡ 5	□ 5	○ 5	□ 4	□ 1	△ 1	○ 8	○ 7	△ 2	□ 5	⬡ 8

19 Fächerrätsel

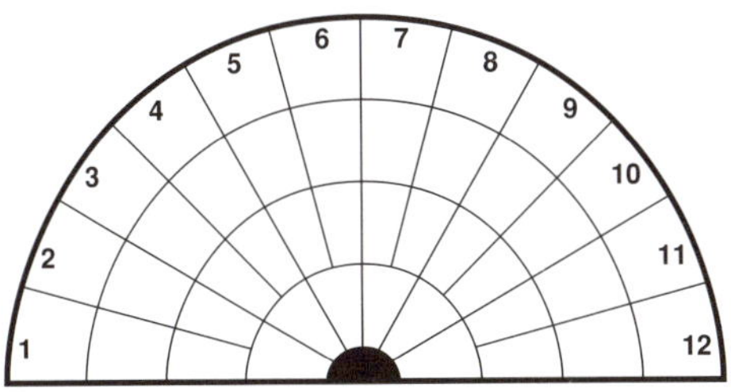

1. Pastenbehälter
2. Weichnadelbaum
3. diplomatisches Schriftstück
4. nicht weit entfernt
5. russischer Zarenname
6. Berghüttenwirt
7. Mostrich
8. Vorgesetzter
9. Besitz, Eigentum
10. Froschlurch
11. Echo in großen Räumen
12. hochwertig, kostbar

20 Kollapsrätsel

B							L							S
A		R		N			O			G		A		I
S		A		L	E		B		N	H		L		G
T		U		A	T		E		I	A		U		M
A	A	I		U	E		N		E	L		O	N	A
E	P	D		W	R		A		E	U		H	N	M
R	B	O		A	R	U	L	I	E	N		R	N	A
S	G	L		R	E	E	A	K	U	K		U	U	G
T	A	I	E	M	M	K	I	D	T	E	R	R	N	I
E	R	L	O	T	U	R	N	I	E	R	B	I	S	E

B														
A														
S														
T														
A														
■														
E														
R														
S														
T														
E														

21 Einer zu viel

22 Cube

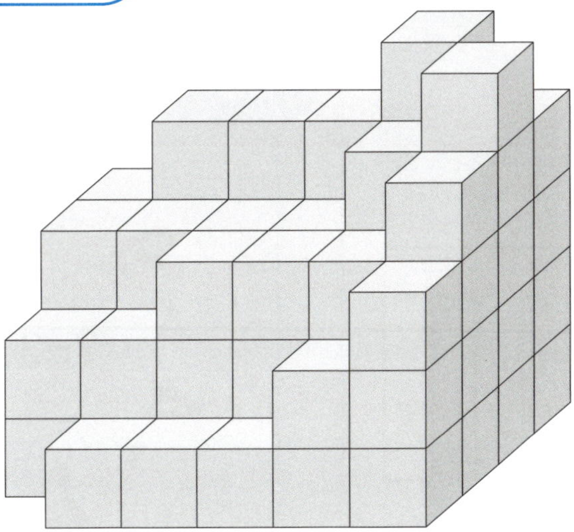

23 Sudoku Diff

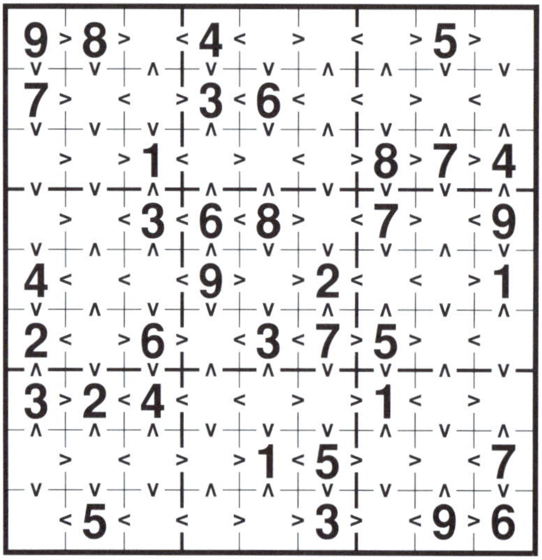

24 Kammrätsel

1. Süßwasserraubfisch
2. Wolfsschar
3. freier Überschlag
4. ugs.: Sachen, Dinge
5. Heiligenbild der Ostkirche

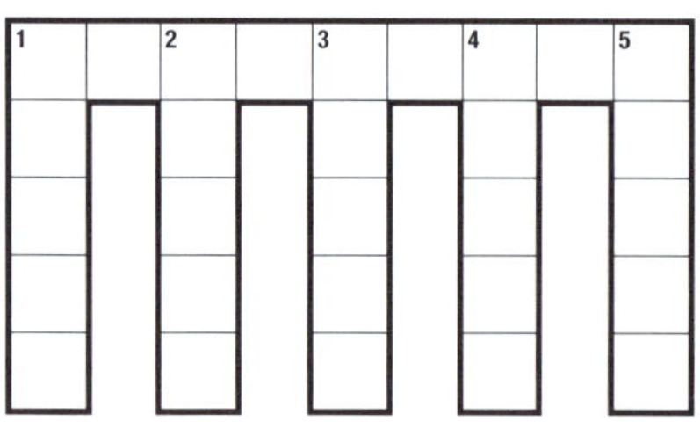

25 Zahlenrad

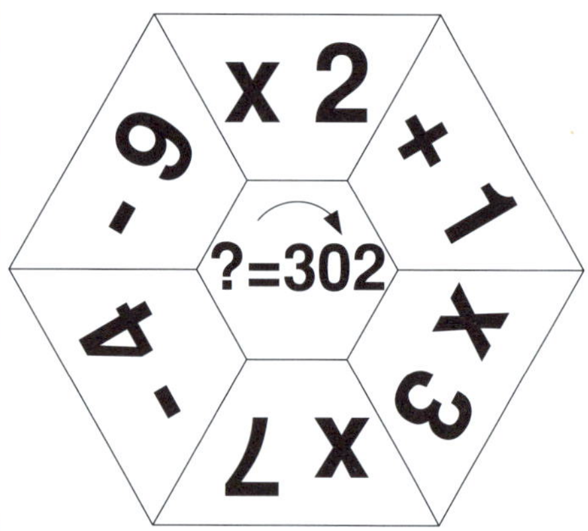

26 Nur Einer

A	O	F	N	M
I	W	E	Z	B
H	V	X	S	P
Q	T	L	Y	J
K	U	C	D	G

A	L	Z	N	Q
C	D	B	T	S
P	I	U	F	G
R	J	M	X	H
Y	V	O	K	W

G	O	B	Z	N
K	J	H	F	P
Q	T	Y	A	D
X	W	S	E	L
I	C	R	U	M

K	I	Y	V	A
J	P	S	O	C
X	U	L	G	Q
B	D	E	F	T
H	Z	R	M	N

Y	Z	H	E	M
V	P	G	S	U
Q	O	D	R	C
L	X	N	K	I
W	B	T	F	A

W	P	L	B	H
C	D	R	S	Y
G	I	T	E	J
K	V	U	O	A
X	F	N	Z	M

R	A	G	P	B
Y	N	J	T	Q
M	L	Z	S	I
E	O	F	D	V
W	X	K	U	H

K	N	J	Y	Q
Z	A	S	P	X
H	L	R	W	V
B	O	F	E	I
U	T	G	C	M

N	I	P	L	F
J	T	X	W	G
M	Z	S	B	C
E	A	Q	D	Y
K	R	V	U	O

Z	L	K	D	C
W	E	R	X	Q
G	M	V	T	H
Y	P	A	S	U
J	B	I	O	F

M	F	K	I	G
Y	U	C	N	Z
D	V	O	R	E
X	W	J	T	B
L	P	H	A	Q

P	A	O	L	M
E	F	R	B	Z
U	C	V	T	N
H	Q	Y	D	J
G	S	K	W	I

M	V	D	P	U
E	J	Q	C	S
G	A	X	Y	I
O	R	L	H	Z
B	T	N	W	F

B	P	G	N	J
Q	C	E	X	O
V	R	K	Y	T
L	Z	H	M	A
D	S	W	F	U

G	F	K	I	Q
O	W	N	E	J
P	V	C	U	A
B	R	L	D	S
H	X	T	M	Z

M	K	D	Q	J
B	L	W	V	Y
T	A	S	I	R
F	N	Z	P	X
O	C	U	E	H

P	H	R	W	G
S	I	B	M	Z
X	A	V	K	Y
D	O	C	L	Q
T	F	E	J	N

Y	I	Z	J	A
U	G	O	Q	B
E	S	L	P	C
R	D	X	N	M
H	V	W	K	F

R	M	V	H	Z
G	X	J	O	E
F	W	P	I	Y
S	Q	L	K	C
N	B	D	T	U

U	R	E	Q	A
K	Z	Y	O	X
J	M	T	F	S
I	L	G	B	W
V	D	C	H	N

E	H	F	A	G
I	W	M	X	V
P	K	N	T	Y
S	B	R	U	Q
D	L	Z	C	J

J	Z	O	E	N
C	V	H	U	Q
A	T	D	I	G
P	F	K	S	M
B	Y	W	X	R

E	C	U	B	V
G	Q	I	H	W
P	A	T	L	F
S	R	M	D	O
Y	J	K	X	N

M	I	A	R	Q
G	T	E	O	U
X	W	V	J	F
Z	L	K	P	N
Y	D	H	C	S

G	B	O	Z	V
M	X	I	W	U
C	K	N	P	A
Q	T	E	R	D
H	L	S	Y	J

27 Rotationsrätsel

R	B
E	I

E	N
I	H

N	E
N	E

K	O
H	A

B	S
R	U

28 Vexierbild

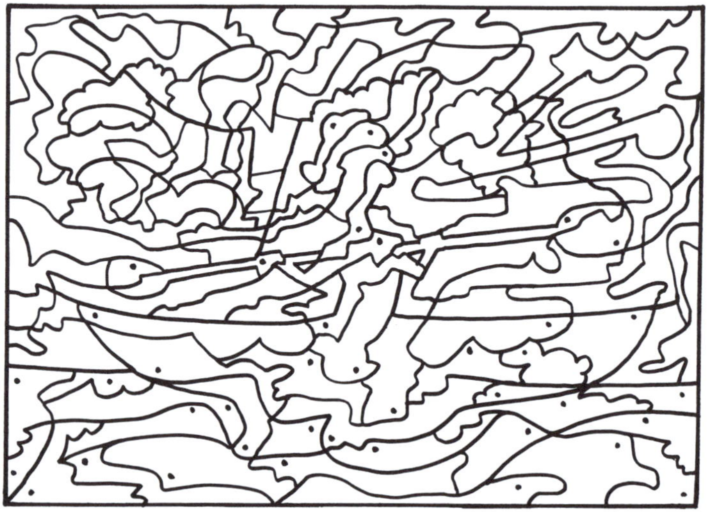

29 Größer oder kleiner

	<	2	<		<		<	5
∧	■	∧	■	∧	■	=	■	∨
	<		<		=	4	>	3
∧	■	∧	■	∧	■	∨	■	∧
	<		<		>	3	<	5
∧	■	∧	■	∧	■	=	■	∨
	<	5	<		>		=	
∧	■	=	■	∨	■	=	■	∧
	=		>	2	<	3	<	4

30 Silbenband

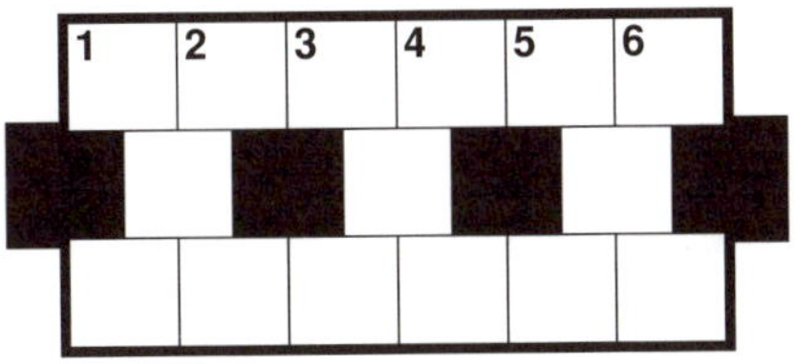

AR – FUHR – MUELL – OBST – PFERD – RER – SCHLUSS – SCHUL – STE – TRO – TYP – WU

1. Abfallentsorgung
2. Ausbildungsende
3. Ausnutzer einer Notlage
4. Urbild, Urform
5. Hobby, Passion
6. Dörrfrüchte

31 Drudel

32 Atomium

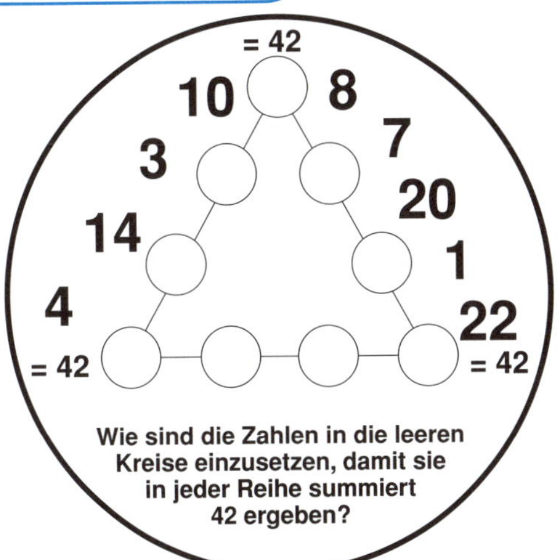

33 Sudoku Cross

4	6				3	
	5	2	3	7	6	
		6		1		3
	3			6	4	1
	1	4	7			6
	7		5	4		
	4	1	6	5	2	

34 Ensaimada

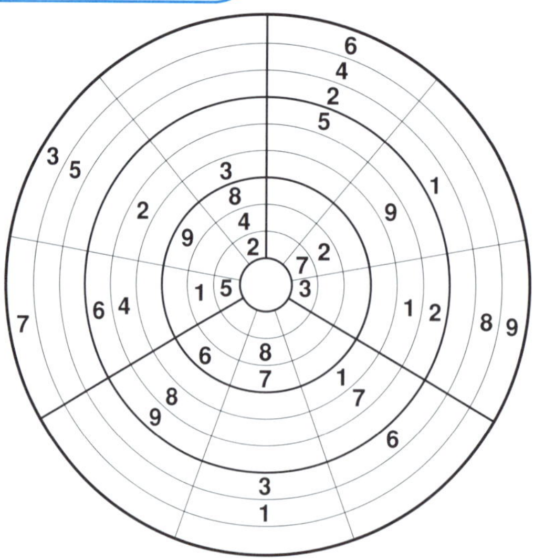

35 Zahlenpyramide

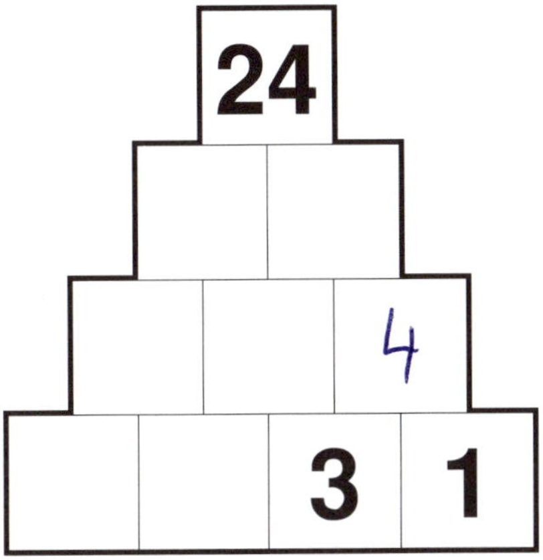

36 Kammrätsel

1. Wundmal
2. männliche Katze
3. sehr kalt, frostig
4. Ehrentitel jüdischer Gelehrter
5. Fehllos

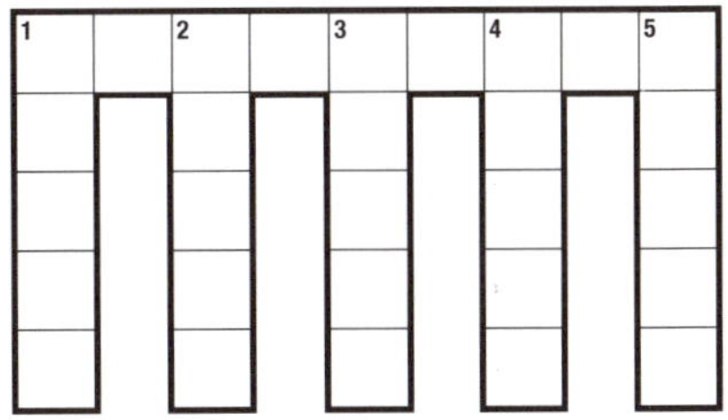

37 Labyrinth

38 Bilderrad

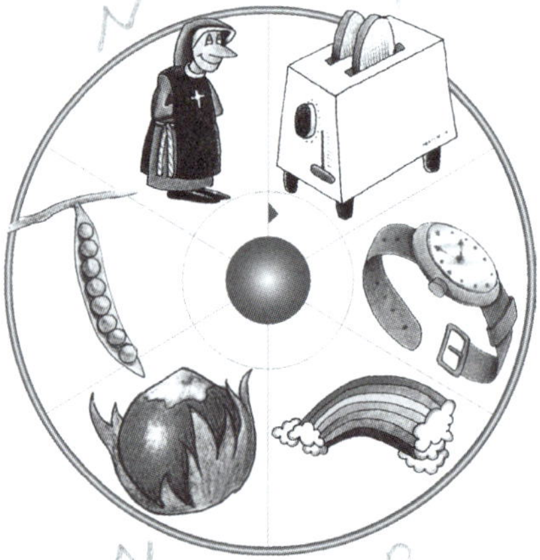

39 Zahlenrad

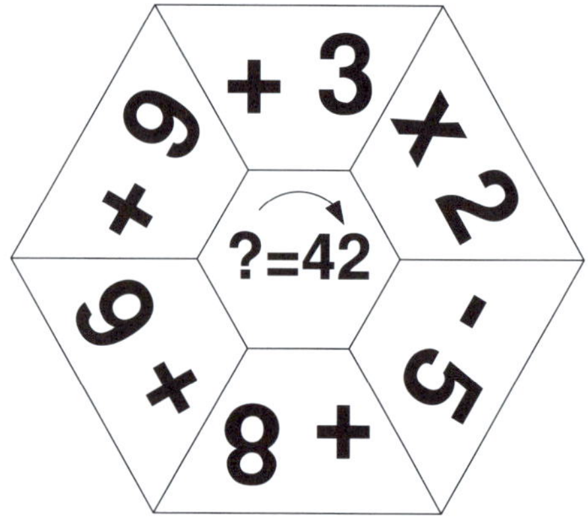

40 Missing Link

A A A A A B E E
E E E G G I K L
L N N N N N N O
R R S S T T T

41 Sudoku Stern

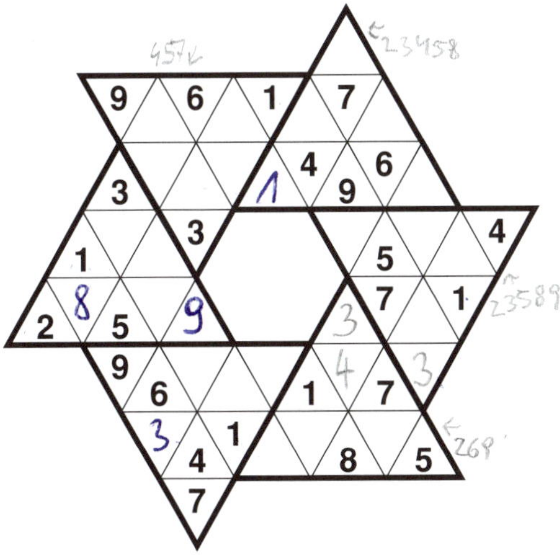

42 Symbolpfad

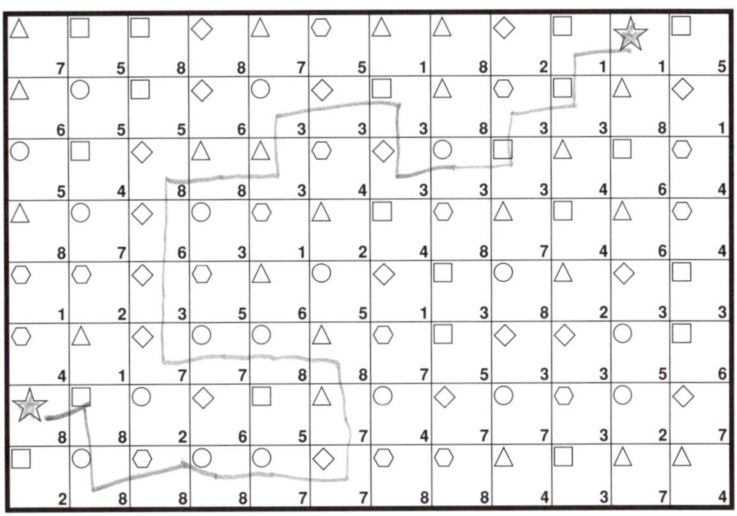

43 Einer zu viel

44 Sudoku Diff

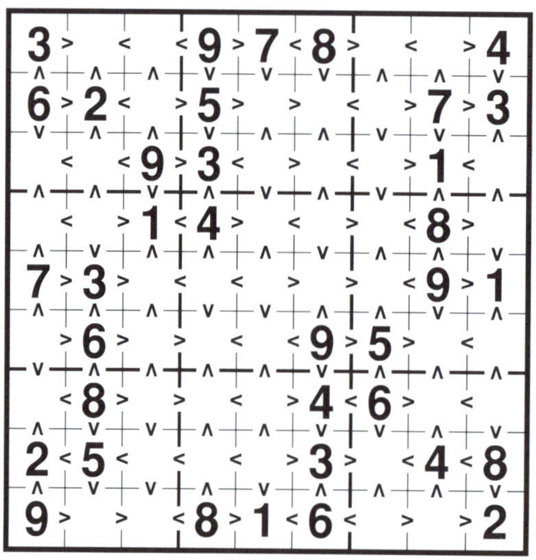

45 Sudoku

5	6	3	1	8	4	9	7	2
7	1	8	9	6	2	5	4	3
9	4	2	3	5	7	8	6	1
8	3	7	2	9	5	6	1	4
6	9	4	7	3	1	2	5	8
1	2	5	8	4	6	3	9	7
2	5	9	4	1	8	7	3	6
3	7	1	6	2	9	4	8	5
4	8	6	5	7	3	1	2	9

46 3 in 1 Rätsel

1			1			
2			2			
3			3			
4			4			
5			5			
6			6			

1 ausgeprägt, auffallend – Inhalt der Knochen – dt. Philosoph † 1804
2 Prototypen – Trend – altes Längenmaß
3 Polygon – von großer Menge – Schiffsbeschädigung
4 Zusätzliches – Spaltwerkzeug – Getränkerunde
5 Textilarbeiterin – Spinnenfaden – keltischer Name Irlands
6 Quadrat – Zahlwort – Turngerät

47 Cube

48 Bilderrad

49 Kammrätsel

1. Flugzeugsteuerflächen
2. Schiffsleinwand
3. Harze von Tropenbäumen
4. herbe Limonade
5. deutscher Name der Adige

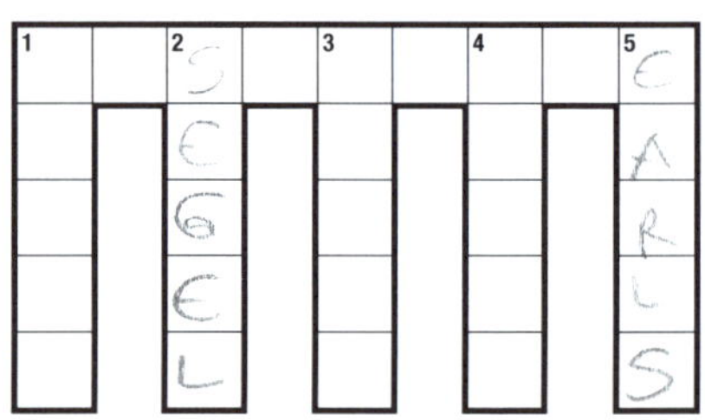

Bierdeckel, zutreffend

50 Rotationsrätsel

51 Streichholzrätsel

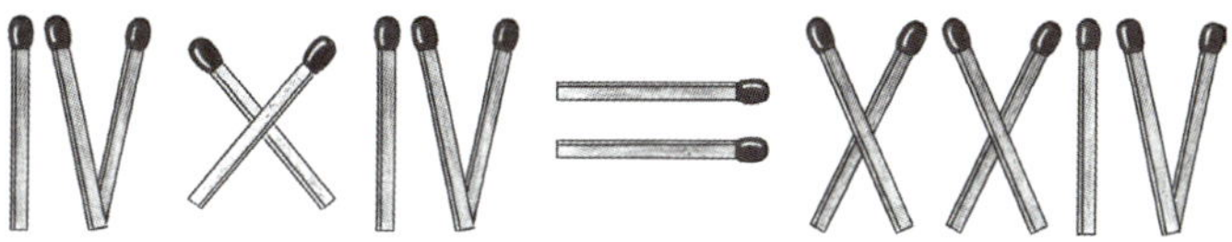

52 Kreiskette

1. Biergrundstoff HOPFEN
2. Klettertier auf Madagaskar
3. menschlicher Laut STIMME
4. Einsiedler EREMIT
5. analytischer Mensch, Grübler DENKER

53 Ensaimada

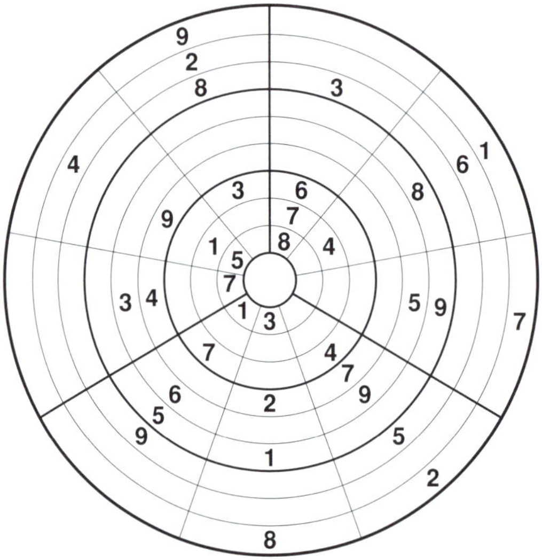

54 Symbolpfad

△ 5	◇ 7	□ 8	△ 4	⬡ 2	◇ 7	○ 6	□ 4	◇ 8	◇ 5	☆ 5	△ 6
◇ 2	⬡ 1	△ 8	△ 1	○ 6	⬡ 6	△ 2	△ 6	◇ 2	□ 1	○ 6	△ 8
△ 3	○ 3	○ 5	△ 6	○ 8	△ 7	⬡ 6	□ 7	◇ 3	⬡ 7	□ 6	○ 5
△ 5	◇ 4	⬡ 5	⬡ 7	□ 7	□ 1	□ 8	◇ 4	□ 3	◇ 1	○ 8	△ 1
△ 6	△ 8	□ 2	◇ 1	⬡ 4	△ 3	□ 1	□ 7	□ 2	△ 6	○ 4	△ 2
◇ 7	□ 8	○ 7	⬡ 7	◇ 8	□ 5	⬡ 6	○ 8	⬡ 7	◇ 6	⬡ 8	△ 2
☆ 3	□ 3	◇ 8	⬡ 3	◇ 2	△ 8	○ 2	△ 2	◇ 2	◇ 7	○ 2	⬡ 1
⬡ 7	◇ 5	□ 1	○ 4	○ 7	◇ 2	△ 7	⬡ 3	○ 5	⬡ 8	◇ 7	⬡ 1

55 Sudoku Cross

6		5	7	4	3	
7			4			
	5	2	1		4	7
			3	7		5
	3	7		5		6
	4		6	1		2
2	7					4

56 Vexierbild

57 Sudoku Even

	2	7	6					
6				2		5	8	
	1				7		4	
	5		4	1			3	6
4		1		6		2		5
9	3			7	2		1	
	7		9				6	
	6	9		8				1
					6	8	2	

58 Labyrinth

59 Nur Einer

X	H	I	E	Q
A	Z	N	Y	M
V	S	D	W	K
P	F	O	R	L
T	G	B	J	U

A	N	Q	B	V
R	H	O	E	S
Y	F	M	K	C
X	T	D	I	G
Z	L	U	W	J

A	D	V	T	Y
S	N	O	H	F
R	J	U	Z	K
B	M	C	L	I
P	W	G	X	Q

V	Y	W	X	K
H	M	L	J	C
E	T	R	F	B
I	O	A	U	N
Z	Q	G	P	S

E	A	U	T	M
R	J	W	P	D
I	V	F	H	G
L	X	C	K	Q
Z	O	B	S	N

O	L	M	Y	S
H	X	P	U	I
Q	J	E	T	V
D	G	B	A	W
N	Z	R	F	C

V	Y	A	I	N
C	Z	R	M	U
P	K	T	G	J
L	S	W	F	X
O	D	E	H	B

T	G	R	E	Q
I	O	F	B	L
W	D	V	S	X
J	Y	M	K	C
N	U	H	Z	P

V	I	Q	D	F
T	Y	X	R	W
J	K	O	M	C
P	G	N	A	S
E	B	L	Z	H

B	M	X	J	E
N	A	Y	K	V
L	G	R	H	S
C	U	F	Q	W
Z	O	D	T	P

P	A	J	X	E
D	R	S	Z	N
K	Q	F	L	B
O	M	V	T	G
Y	H	U	C	I

B	R	X	V	Q
Y	N	U	E	F
C	I	T	G	S
W	A	K	H	P
L	D	M	O	Z

I	X	W	P	L
Y	F	V	J	A
S	C	K	N	Z
T	G	D	Q	R
U	H	B	O	E

L	B	I	T	E
C	W	G	A	J
O	H	X	R	Y
S	P	M	Q	K
V	D	Z	N	U

P	Y	K	L	S
A	I	V	G	T
F	E	H	D	W
J	M	B	N	U
C	O	X	Q	Z

H	V	K	B	M
Y	N	A	G	C
D	U	X	Q	I
Z	F	S	J	R
O	W	P	L	E

K	Z	E	F	C
W	R	J	O	Y
N	G	X	P	M
V	U	B	S	L
A	Q	I	D	T

X	R	G	A	B
K	M	T	V	Y
D	S	E	F	Z
N	H	C	L	I
P	J	U	Q	W

U	B	J	M	W
Y	R	G	A	P
O	V	I	Z	X
T	Q	C	D	F
E	N	H	K	S

V	C	T	D	L
R	N	M	S	P
X	O	B	F	W
H	I	G	Y	E
J	U	A	Q	K

F	V	L	X	A
Y	W	T	M	H
Z	J	C	R	E
D	S	O	G	U
K	Q	P	N	I

C	D	R	L	W
M	G	O	H	Y
X	P	F	E	S
T	J	Q	A	U
I	K	Z	V	B

V	K	C	X	L
M	R	F	J	Z
Q	D	G	B	Y
I	H	N	A	T
W	U	E	O	P

D	A	F	C	Z
L	H	O	S	I
K	B	J	Y	G
W	P	M	U	N
Q	E	R	X	T

L	P	K	T	Q
U	R	Y	M	W
O	D	Z	B	J
G	V	H	S	A
N	F	I	E	C

60 Rotationsrätsel

T	A
I	M

S	S
T	R

A	K
F	A

I	T
L	L

O	E
N	N

61 Kreiskette

1. Steigerung von „gut"
2. Wagenschuppen
3. französische Anrede: Frau
4. zentralafrikanischer Staat
5. Insel im Bodensee

62 Atomium

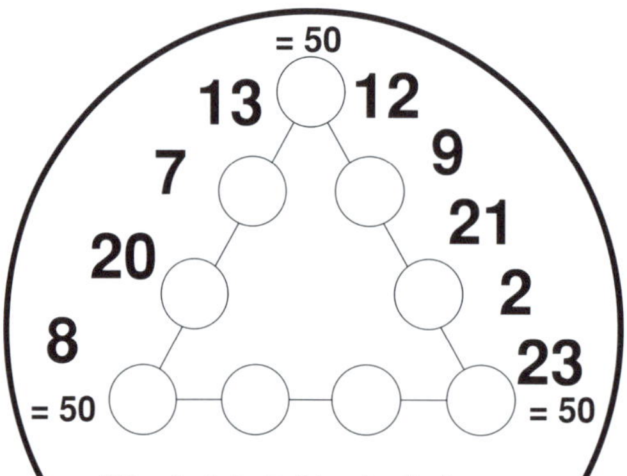

Wie sind die Zahlen in die leeren Kreise einzusetzen, damit sie in jeder Reihe summiert 50 ergeben?

63 Cube

64 Einer zu viel

K / B	I / A	R / A	U / I	U / K	M / B		S / H	L / F	I / B	/ P		P / G	W / U	T / B
	W / N		M / G	S / N	O / H	M / C	F / C	I / C		I /		O / E		
W / T	U / E	I / F	V / L	O / E	N / G		R / H		N / K	/ A	V / R	U / I	R / B	Y / U
Z / I	T / N		U / F			S / M	C / A	R / N	O / L	N /	G / E		W / O	
R / N	O / H	H / C		P / I	P / F	B / A	K / D		U / L	O /	U / B	V / I	R / B	E / B
O / E		E / B	T / R	H / E		S / I	Y / E	M / K	T / I		N / H	E / A		D / C
R / L	I / F	U / L		L / F	T / O	R / K			E / B	M / E	M / I	S / N	W / A	K / H
T / E		B / A		M / L		W / A	T / M	O / D	R / B		O / C	L / A		S / H
R / G	U / A	U / D	V / P	N / E		U / T	C / B		I / G		N / K	U / O	T / G	K / E

65 3 in 1 Rätsel

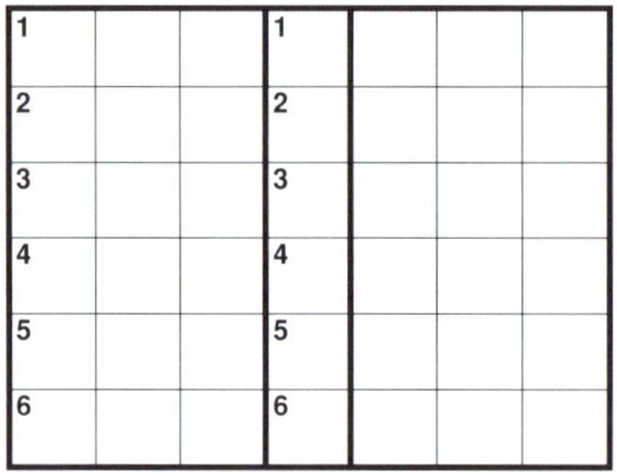

1 Bez. für Indianer (Bemalung) – dt. Schriftsteller † 1976 – Körperoberfläche
2 sorgfältig – Stromspeicher (Kw.) – Harnsäuresalz
3 Vorname d. Opernsängers Prey – Kanalinsel – Autor v. „Professor Unrat“
4 Dimension – kurz für: aus dem – bayrisch: kleine Biermenge
5 Antilopenart – durchsichtiges Gewebe – altes Längenmaß
6 Zeitmesser in der Küche – Backzutaten – Darmepidemie

66 Sudoku Stern

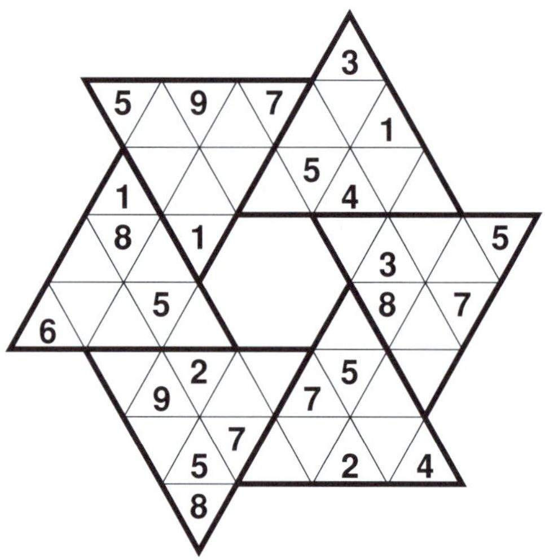

67 Bildersalat

W X K E G
E R A A Z Y E R B
J T V N T A H C F V X
D H V O Ü E H G E U G A I
Z H X N H W A S S E R M A N N
Y L F C J A L V W K Ö M M Q I
L F S S J U S T E I N B O C K H L
N P K J T N I C W D U A Z D E F Ö
R J O X N G F A Y D K W N G I I W
Ü D R P O F A K R E B S N H Z S E
G Y P J U R O L Z R F I R G W C Z
M I E S A P R J J L E U O C H
U O C X U O V Ü L I P B V Z E
N B Ö W Z X I T V Z I W Q
V V U R W S R W Y T P
X C Z S L V G X E
G F K W K

68 Größer oder kleiner

	>	4	<	6	>		>	2
=		∧		∨		=		∧
6	>		>		>		<	4
∨		∨		∨		∧		=
	>		>		<		=	
∨		∨		∨		∧		∨
4	>		>		<	5	>	3
∨		∨		∨		∨		∨
	>	2	>		<	4	>	2

69 Fächerrätsel

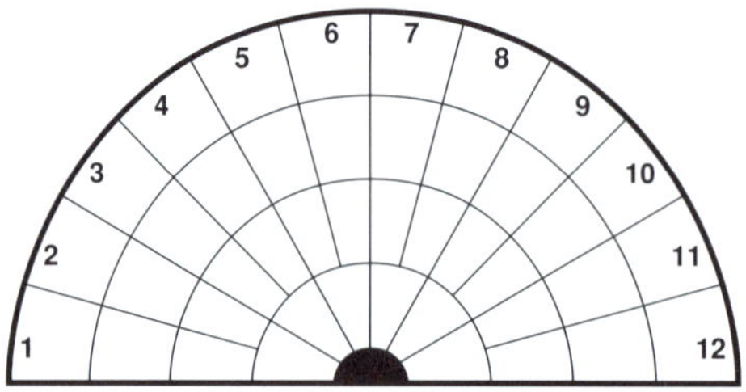

1. Ansprache
2. weibliches Geisterwesen
3. Ratschlag
4. kurzer Ausflug
5. Harnsäuresalz
6. Tierbehausung
7. mit Freude
8. männlicher Nachkomme
9. ital. Winterkurort (San ...)
10. Kurzmitteilung (Kw.)
11. Spaßmacher am Hof (MA.)
12. Raffsucht

70 Missing Link

A A B E E E E E
E E F K L M N O
P P R R R R S S
S T T T T U Z

	D	A		E		■	B	■		L	I		P	E
R	■	■	O	■	I	■	I	■	A	■	■	L	■	■
S	■	■	L	■		N		D		C	K		N	G
	N	D		R		■	T	■	M	■	■	T	■	■
T	■	■	■	■	■	■	E	■		O	R		E	
	I	F		E		■	R	■	F	■	■	■	■	O
K	■	■	E	■		B		I		G	E		■	L
	E	I		■	C	■	O	■	■	■	■	A	■	A
A	■	■	S	■	K	■	E	■	S	E	K		O	
F	■	■	E	■	E	■	S	■	■	■	■	T	■	■
	A	B		E		T		■	D	A	S		I	N

71 Bilderrad

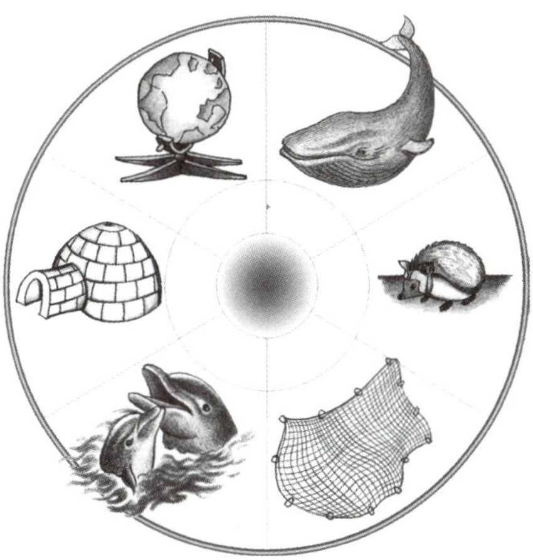

72 Silbenband

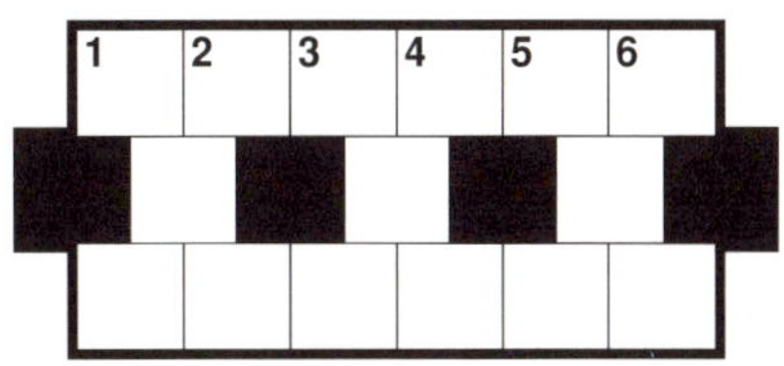

AUS – DI – GE – GE – GEN – GEN – MOR – ROT – SATZ – SES – SICHT – ZU

1. Optimismus
2. Verschiedenes
3. sicher, behütet,
4. leihen
5. rote Färbung des Himmels,
6. größter Unterschied

73 Vexierbild

74 Symbolpfad

□ 3	○ 3	⬡ 2	△ 2	□ 6	◇ 7	⬡ 1	⬡ 6	○ 6	○ 6	☆ 3	◇ 3
□ 1	□ 3	○ 4	○ 3	△ 5	○ 4	△ 1	⬡ 7	⬡ 3	○ 2	△ 5	◇ 6
□ 5	◇ 6	△ 5	○ 6	○ 7	□ 7	⬡ 1	⬡ 8	⬡ 7	△ 5	□ 1	⬡ 6
□ 6	□ 1	□ 8	□ 8	○ 2	⬡ 4	□ 1	○ 2	□ 4	□ 5	⬡ 8	○ 6
⬡ 8	△ 4	◇ 7	□ 3	△ 1	□ 4	⬡ 2	○ 2	○ 8	□ 1	□ 2	○ 7
⬡ 3	△ 1	□ 7	□ 5	◇ 1	△ 5	○ 3	◇ 6	⬡ 6	⬡ 5	○ 8	○ 4
☆ 5	◇ 5	○ 6	◇ 8	⬡ 8	⬡ 1	□ 1	□ 5	⬡ 8	□ 7	◇ 8	□ 6
□ 8	△ 5	△ 2	◇ 2	△ 1	○ 5	◇ 4	⬡ 5	◇ 5	◇ 8	◇ 1	⬡ 2

75 Sudoku Cross

	1	5	3	7	6	
1		6	5			
3			2	6	7	
7	6	3			4	
4		7		3		
		2	4	1	5	7
	4				3	6

76 Kreiskette

1. nordamerikanischer Staat
2. schöne Frau der griech. Sage
3. Vorliebe, Schwäche
4. „Italien“ in der Landessprache
5. arabisches Fürstentum

77 Kammrätsel

1. ausschweifend
2. Heiligenbild der Ostkirche
3. Männername
4. kleine Fruchtart
5. Himmelskörper

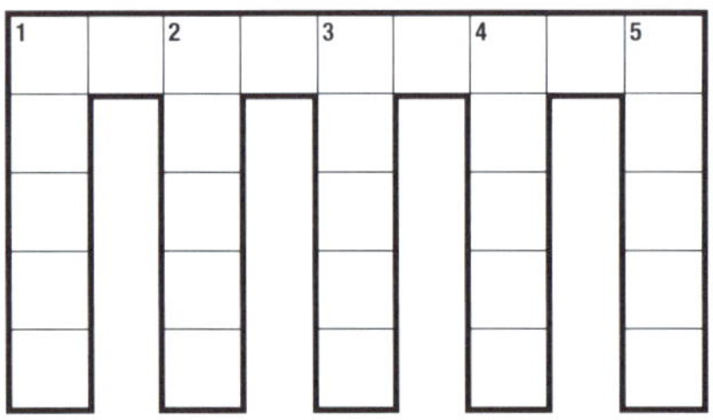

78 Zahlenrad

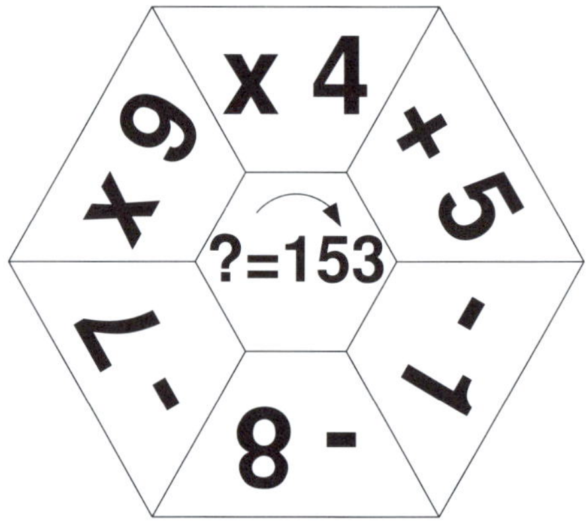

79 Sudoku

	6			7	4			9
8	3							
9	4	1	6		3			
					2	3		7
	5		4		7		2	
7		6	5					
			7		5	9	8	4
							1	5
5			8	4			6	

80 Ensaimada

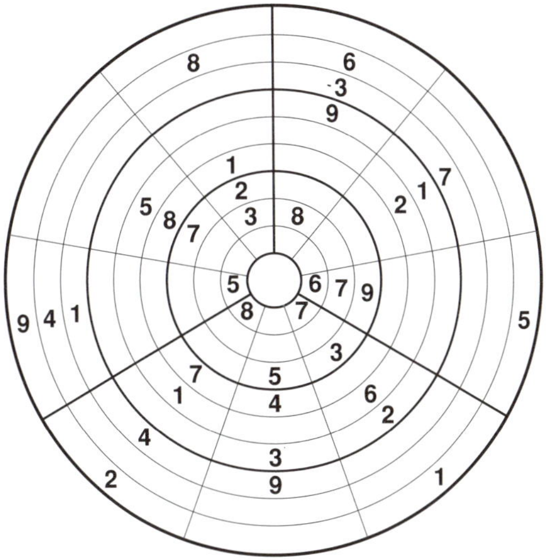

81 Einer zu viel

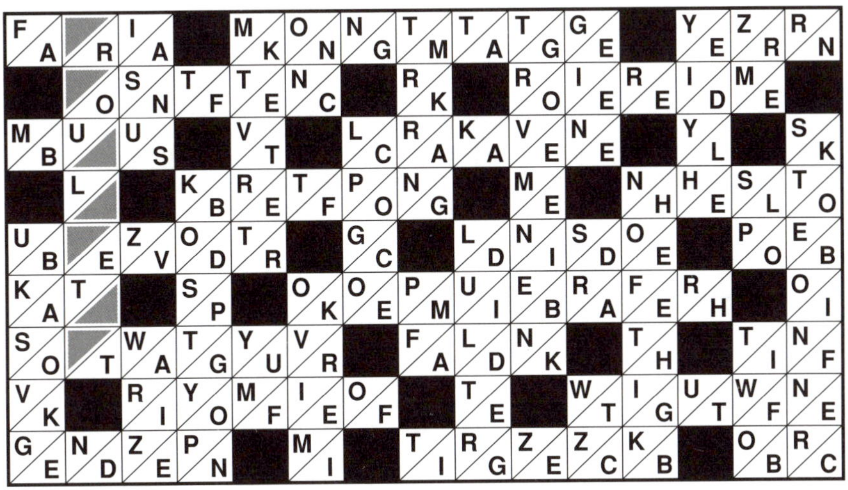

82 Labyrinth

83 Sudoku Diff

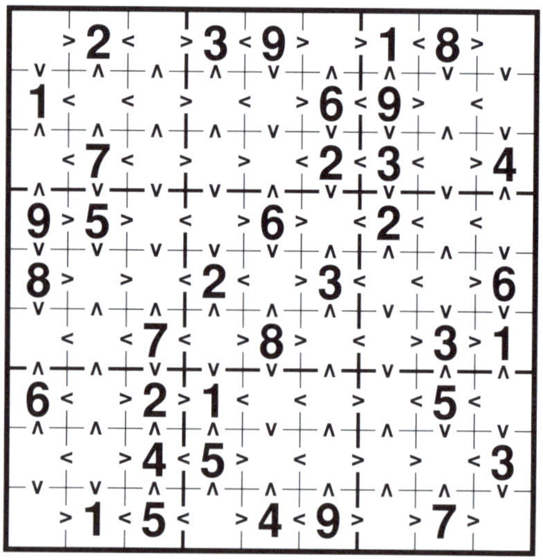

84 Atomium

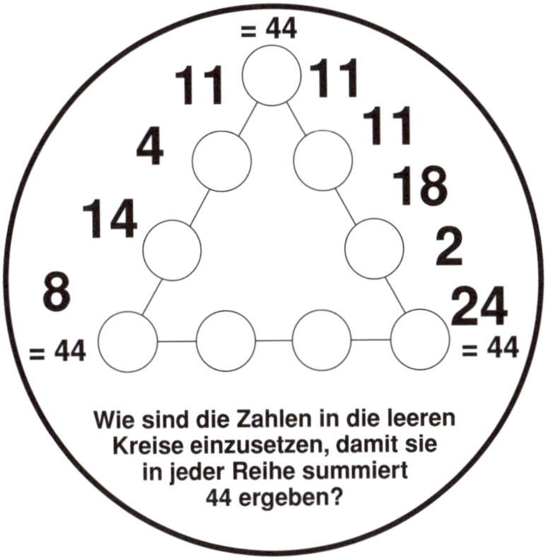

85 Streichholzrätsel

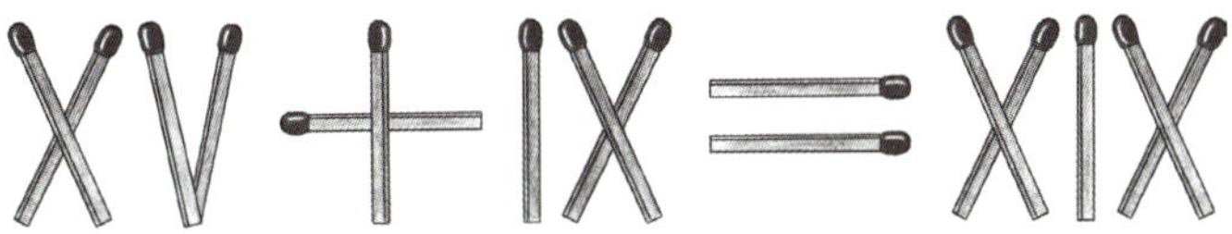

86 Rotationsrätsel

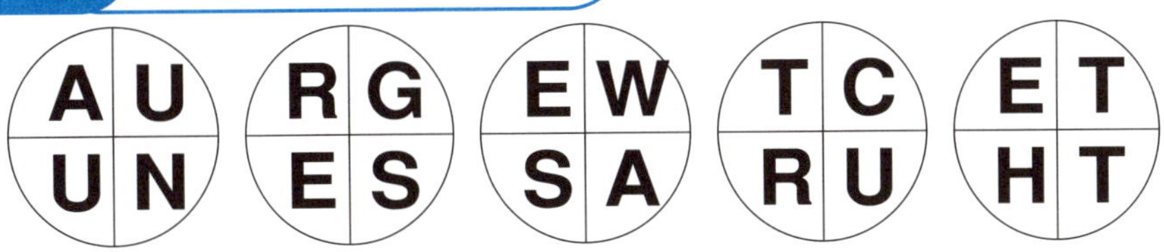

87 Cube

88 Sudoku Even

1		7						
					1		2	4
3				5		1		7
			5	9		4		
	2	6	7		3	5	9	
		1		4	6			
7		5		2				6
6	9		4					
						9		3

89 Missing Link

A A A D E E E E
G H H H K K L M
N N N N R R R R
S S S S T T U

90 Kreiskette

1. baumartige Graspflanze
2. Anfälle von Atemnot
3. eine Richtungsangabe
4. französisch: Frankreich
5. ungesitteter Mensch

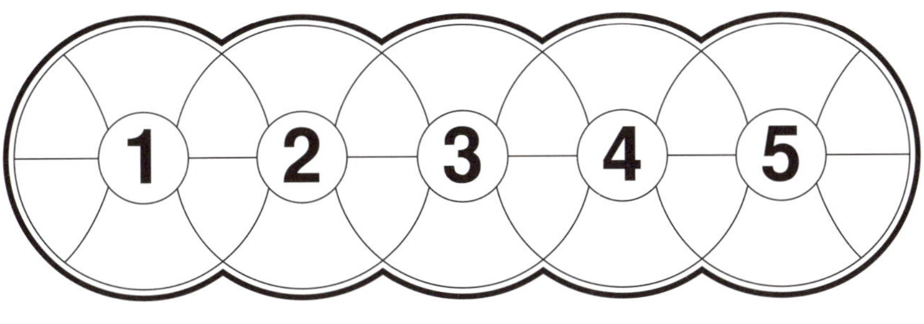

91 Nur Einer

B	N	I	O	A
H	P	Z	X	C
Q	G	D	L	J
E	K	S	T	R
W	Y	V	F	M

P	A	C	J	H
V	B	M	I	W
Q	S	D	N	U
F	K	Y	X	T
Z	E	R	O	L

A	B	F	L	U
X	E	S	K	P
Q	H	O	W	J
V	M	G	D	C
T	R	Y	N	Z

E	X	Z	G	L
Q	M	U	J	Y
F	A	P	T	K
N	I	H	W	C
S	R	B	D	O

U	L	G	P	R
A	M	I	O	T
H	Q	J	S	X
D	W	E	C	B
N	Y	K	V	Z

O	F	E	R	M
L	H	C	K	W
A	Y	G	T	X
J	U	P	N	Z
Q	B	V	D	I

Z	W	M	B	P
E	N	A	K	I
J	G	R	T	D
Q	H	L	C	S
F	V	X	U	O

H	Q	R	C	D
A	T	Z	K	E
O	N	V	W	U
L	X	P	I	J
Y	M	G	S	F

C	W	A	Q	H
F	O	I	X	V
R	M	T	L	B
S	J	K	E	D
N	G	U	Y	Z

Y	L	E	I	P
R	G	U	H	F
Z	S	M	O	B
C	A	W	D	T
J	N	K	Q	V

D	U	K	X	I
G	M	N	T	Y
F	O	L	S	R
Q	P	V	C	A
W	H	B	J	Z

W	L	H	S	O
M	I	C	F	J
P	Y	E	N	V
X	U	G	K	T
A	B	D	Q	R

P	W	U	Y	I
M	Q	L	F	R
H	J	Z	O	K
V	N	C	S	X
G	E	A	B	T

M	Y	V	T	Z
Q	H	C	N	B
R	P	F	X	D
U	L	O	G	K
E	S	J	W	I

Q	G	N	Z	B
K	P	M	Y	T
R	S	O	L	F
X	D	I	J	V
U	C	A	W	E

I	A	C	M	Z
L	S	X	N	E
U	T	B	P	V
W	O	H	Y	J
G	K	F	D	R

Z	X	L	H	G
Y	A	P	N	W
J	D	C	M	R
Q	I	S	B	U
T	E	V	K	F

V	Z	Q	I	H
E	T	N	G	B
C	Y	A	U	X
L	D	R	K	P
S	O	M	F	J

D	J	T	V	C
X	W	O	K	U
F	R	N	I	A
E	Z	G	B	Y
Q	P	H	S	L

T	C	E	M	B
R	Q	S	Y	H
W	U	I	O	F
A	X	N	L	P
Z	G	V	D	J

F	A	S	I	C
X	M	L	B	T
H	P	O	E	Y
K	N	V	D	W
G	U	Z	R	Q

I	X	K	L	W
C	H	Y	F	P
O	U	V	D	A
R	N	M	J	B
S	E	G	Z	Q

K	D	Y	Q	Z
C	P	M	J	G
R	F	O	X	V
B	U	S	H	T
I	L	E	A	W

C	E	W	B	U
F	A	V	Y	O
G	T	J	P	R
Z	K	M	H	X
D	S	N	I	Q

O	X	M	W	N
H	I	K	D	A
F	T	S	U	V
B	G	J	E	L
Z	Y	P	R	Q

92 Rotationsrätsel

G	R
E	A

F	I
F	W

N	I
N	N

R	E
E	I

R	T
I	N

93 Zahlenrad

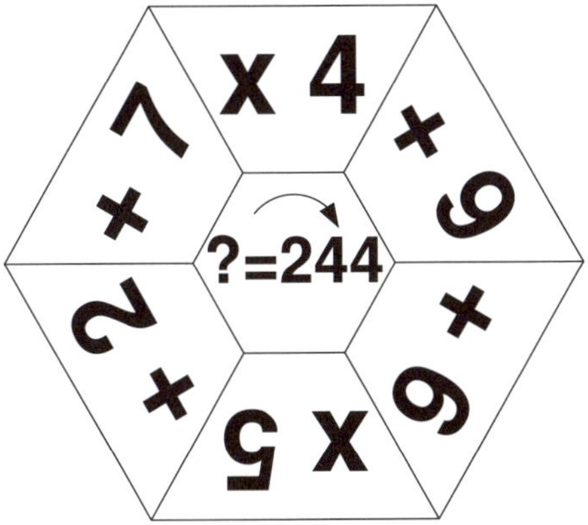

94 Bilderrad

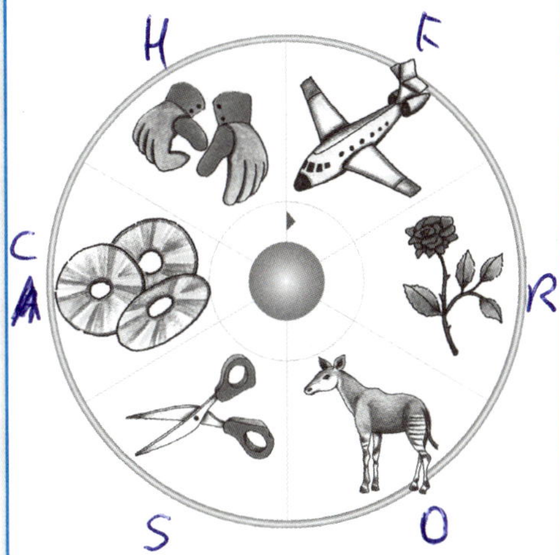

95 3 in 1 Rätsel

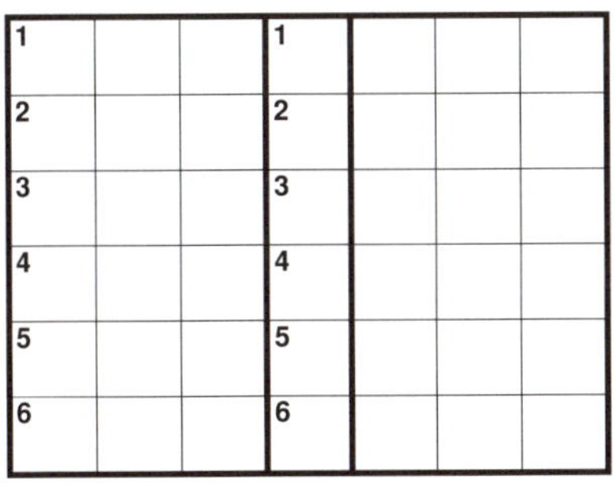

1 Teil des Fußballfeldes – früheres Druckmaß – Zimmer
2 Grasebene in Nordamerika – Fremdwortteil: vor – US-kanadischer Grenzsee
3 Bericht, Meldung – Stiel der Trauben – englisch, franz.: Hafen
4 ein Monat – Wortteil: acht – Gaststättenangestellter
5 daraus, aus jenem – an dieser Stelle – ugs.: hinaus
6 feierliche Veranstaltung – Feier – Feingefühl

96 Größer oder kleiner

	<	5	<		>	2	<	4
∨		∨		∨		∧		∧
	<		<		>	4	<	5
∨		∨		∨		∨		∨
	<		<		>	2	<	4
∨		∨		∨		=		∧
	<		<		>		<	
∧		=		∧		∧		=
	=		<	4	>		<	5

97 Ensaimada

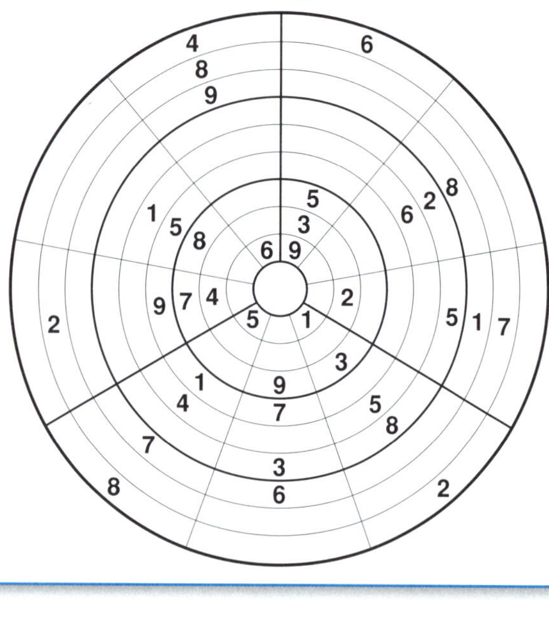

98 Vexierbild

99 Fächerrätsel

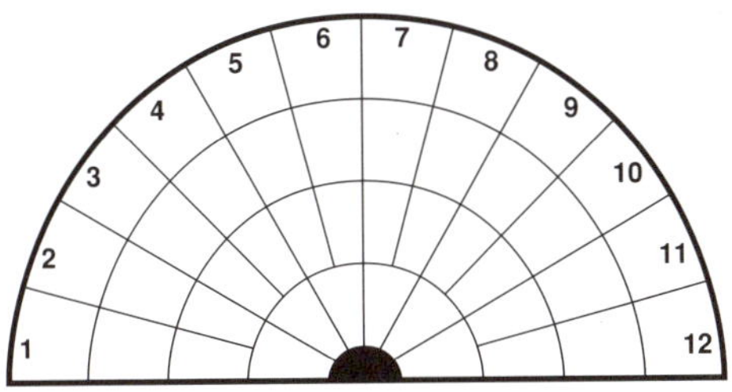

1. Ackerrand
2. Wärmespender
3. Pferdegangart
4. Flechtwerk
5. Kains Bruder
6. widerwärtiger Mensch (ugs.)
7. rosafarben
8. große Grünanlage
9. Erfinder des Revolvers
10. Broschüre
11. Bodenkrume
12. Sinnesorgan

100 Einer zu viel

101 Kammrätsel

1. Röstbrotscheibe
2. leichte Holzart
3. ein Sedimentgestein
4. Gebäudeteil
5. Wegstrecke

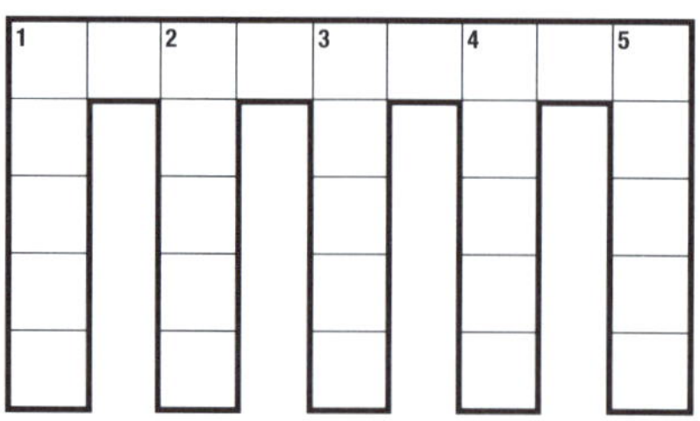

102 Zahlenpyramide

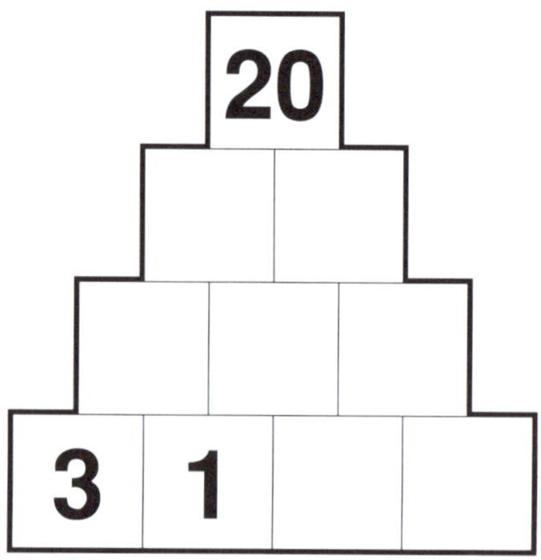

103 Kreiskette

1. russ. Schachweltmeister
2. Abitur der Schweiz
3. eh. spanische Währung
4. ein Werkzeug
5. Storch in der Fabel

104 Sudoku Stern

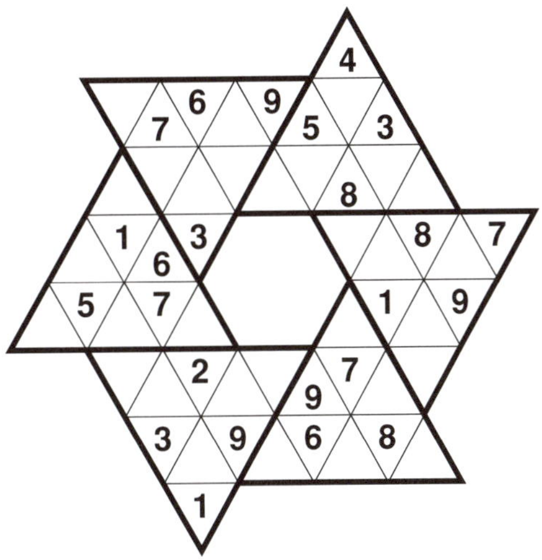

105 Kollapsrätsel

	V		M			R		A			A		P	
	E		E	E	E	T		A	B	B	R		N	
B	N		L	U	L	O		L	E	S	A		E	E
S	E		B	S	F	E		K	N	U	S		U	G
A	O	D	A	A	S	N		M	U	R	K	E	C	E
K	B	E	D	A	Z	U		E	T	U	I	Z	O	H
R	O	M	N	L	U	N	H	N	R	N	G	O	P	E
A	E	O	E	E	H	G	I	E	O	I	A	B	E	N
R	S	G	E	I	R	E	I	A	M	O	R	D	R	L

■														
B														
■														
S														
A														
K														
R														
A														
■														
R														
■														

106 Labyrinth

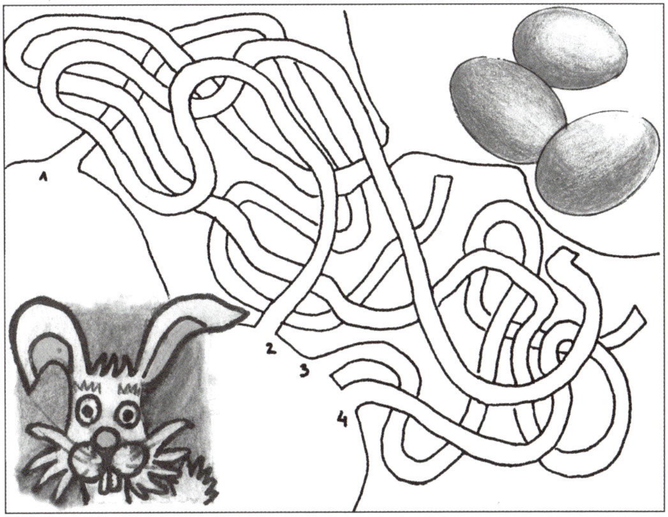

107 Rotationsrätsel

E F	O K	G R	N O	I E
L O	T E	T R	F A	I K

108 Streichholzrätsel

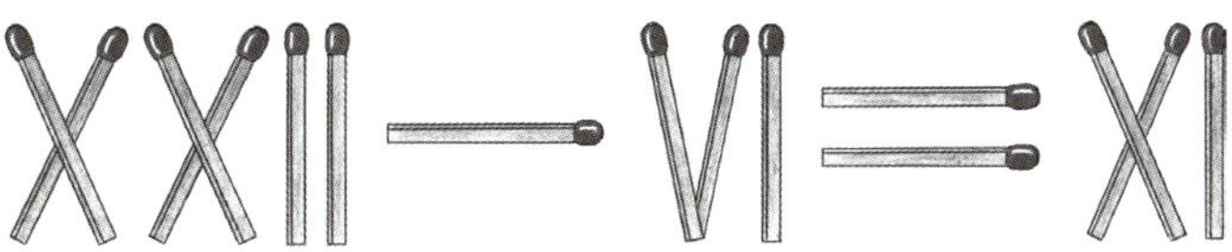

109 Drudel

110 Sudoku Diff

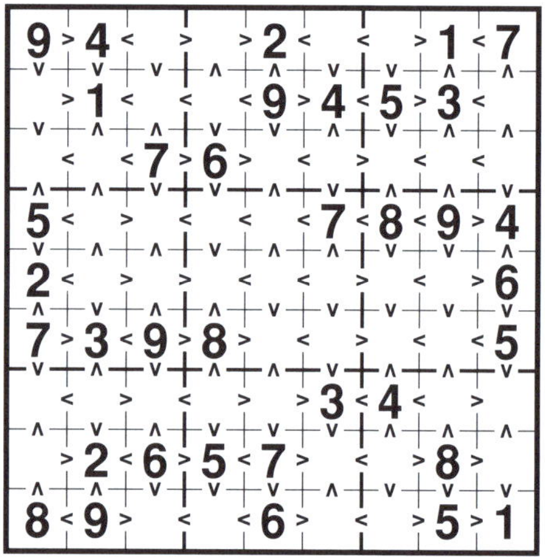

111 Sudoku

9		1	8				7	3
2				1	3		8	
			2	7		1		6
	2	7					5	4
6				3				1
8	9					7	6	
4		8		9	1			
	6		3	2				8
7	1				8	6		9

112 Sudoku Cross

3	7				6	
	2		6	5	7	3
		7		4		6
	6			7	3	4
	4	3	5			7
7	5		2			
	3	4	7	2	1	

113 Cube

114 3 in 1 Rätsel

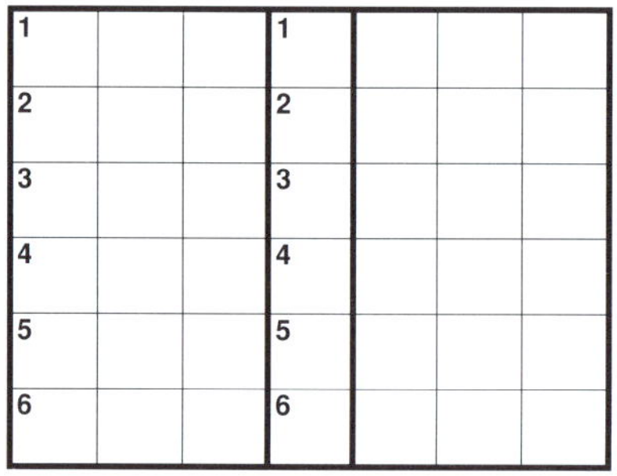

1 ausgeprägt, auffallend – Inhalt der Knochen – dt. Philosoph † 1804
2 Kegelschnitt – Fremdwortteil: gegenüber – Kains Bruder
3 Teil des Fußballfeldes – früheres Druckmaß – Zimmer
4 feierliche Veranstaltung – Feier – Feingefühl
5 öffentliches Verkehrsmittel – Kraftfahrzeug (Kw.) – Verkehrsmittel (Kw.)
6 eine Falschaussage – besitzanzeigendes Fürwort – Scheelsucht

115 Sudoku Stern

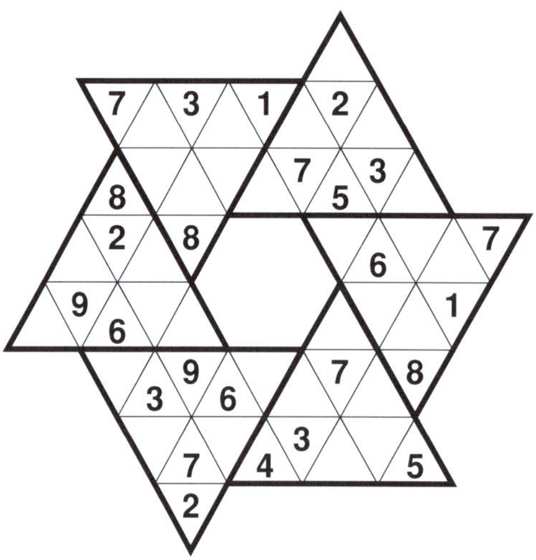

116 Ensaimada

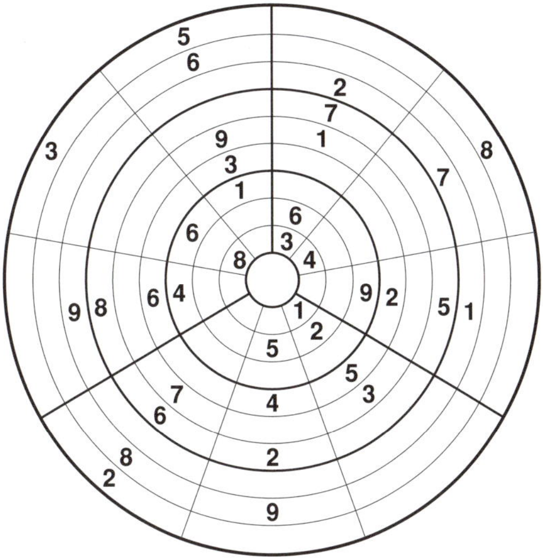

117 Missing Link

A A C E E E I K
L L L N N N P P
R R R R R S S S
T T T T T T T

	E	G		O		■	P	■		L	A		K	E
I	■	■	I	■	T	■	O	■	O	■	■	O	■	■
T	■	■	N	■		U		S		R	A		H	E
	A	N		E		■	T	■	S	■	■	K	■	■
E	■	■	■	■	■	■	K	■		A	L		N	
	A	S		E		■	U	■	A	■	■	■	■	H
O	■	■	A	■		N		E		N	A		■	R
	I	T		■	M	■	S	■	■	■	■	E	■	O
D	■	■	T	■	O	■	C	■	G	R	A		I	
E	■	■	E	■	N	■	H	■	■	■	■	R	■	■
	O	T		U		G		■	S	T	R		F	E

118 Sudoku

			2				9	1
	6	3					7	4
8			7	9			3	
		2	8				1	9
5	8				2	4		
	9			3	5			6
6	7					1	4	
3	1				7			

119 Zahlenrad

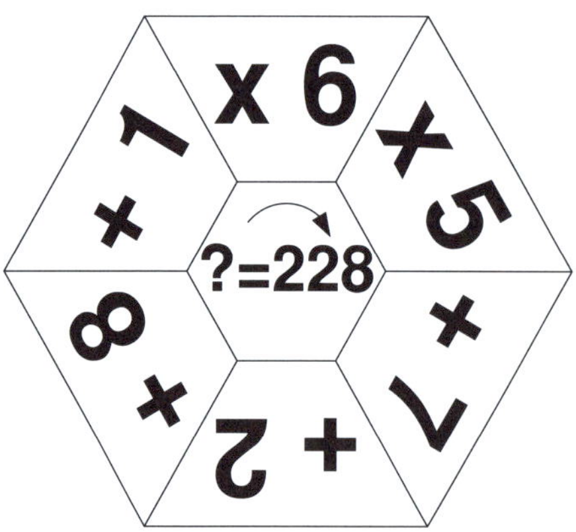

120 Silbenband

GEN – HAUS – HEMD – HER – IN – KAR – MEU – NAL – REI – RIM – WA – WUER

1. Männerkleidung
2. Einkaufsstätte
3. hoher kath. Würdenträger
4. loben, achten
5. Übergangslösung
6. gewaltsamer Aufruhr

121 Nur Einer

R	O	U	J	S
B	M	N	W	Q
C	K	L	Z	Y
D	V	A	G	T
E	H	I	X	F

N	K	U	S	V
G	C	H	P	D
O	Q	R	W	Y
T	I	L	J	Z
F	B	X	E	M

K	H	L	E	I
A	C	T	M	J
N	Q	S	B	Y
W	Z	F	X	G
R	P	O	D	V

S	U	H	K	E
Q	Y	F	J	N
P	B	L	D	G
O	W	V	A	C
I	M	R	X	T

S	L	V	I	B
Z	Y	O	J	N
Q	A	D	U	W
F	H	T	C	P
X	K	E	G	R

D	K	F	J	H
R	A	E	O	Q
L	U	G	Z	W
I	V	T	B	C
Y	N	X	P	M

T	E	L	G	S
R	P	K	A	Z
C	F	O	M	Y
D	Q	H	B	W
U	J	X	N	V

C	L	Z	E	T
G	N	X	K	Q
F	P	R	A	S
U	M	H	W	V
J	Y	O	B	I

A	K	M	P	U
V	T	O	N	G
Q	Y	H	D	X
J	E	Z	R	I
F	S	C	W	L

F	K	J	R	E
Q	U	L	G	N
T	D	B	I	S
O	M	H	W	P
Z	Y	A	X	C

Q	G	L	B	T
V	N	C	K	S
A	H	Y	F	Z
R	P	U	D	O
W	M	J	E	I

C	Z	U	R	X
K	Y	F	I	J
Q	G	D	A	B
N	P	S	H	L
E	O	M	V	W

I	V	G	B	U
L	N	S	F	H
K	J	E	Z	R
Y	T	P	C	W
X	O	A	M	D

R	F	N	O	J
H	X	T	I	K
V	D	S	A	Z
P	Q	W	B	C
L	Y	U	E	M

J	N	I	G	M
O	L	C	D	F
Z	A	Q	E	B
V	P	R	S	K
W	X	Y	U	T

W	Q	Z	U	P
F	T	A	M	V
S	J	B	I	X
G	N	C	Y	K
L	R	H	E	D

Q	T	R	A	F
M	H	U	V	D
E	J	B	O	C
W	K	N	S	P
G	L	Z	I	X

Y	R	C	N	J
K	Q	D	O	T
S	U	I	Z	W
A	X	B	G	P
L	H	V	M	E

B	R	K	W	I
G	Z	P	U	E
N	A	M	V	J
S	Y	F	X	C
O	T	Q	D	H

O	Z	F	U	Y
K	T	C	A	V
S	M	Q	X	L
E	P	I	G	B
R	J	H	W	D

X	Z	F	C	M
Q	U	E	R	G
L	O	W	T	S
D	V	N	H	K
A	Y	P	I	B

F	G	Y	H	C
B	M	V	J	D
E	I	W	A	P
U	O	Q	K	N
Z	X	S	L	T

W	F	N	G	Q
R	J	C	O	E
V	B	U	Y	I
H	L	D	S	T
X	Z	P	A	M

B	D	T	Y	I
W	M	J	S	L
Z	H	F	N	K
Q	G	P	O	V
R	X	U	C	A

J	K	L	U	O
V	E	P	G	N
M	S	Q	T	B
F	R	D	I	X
Y	Z	C	A	H

122 Streichholzrätsel

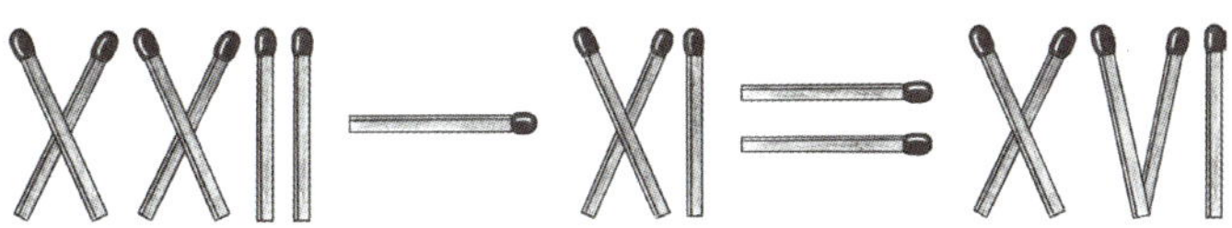

123 Bilderrad

124 Zahlenpyramide

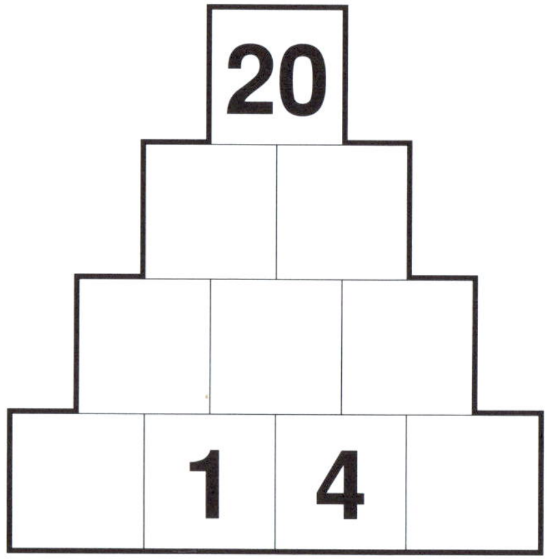

125 Fächerrätsel

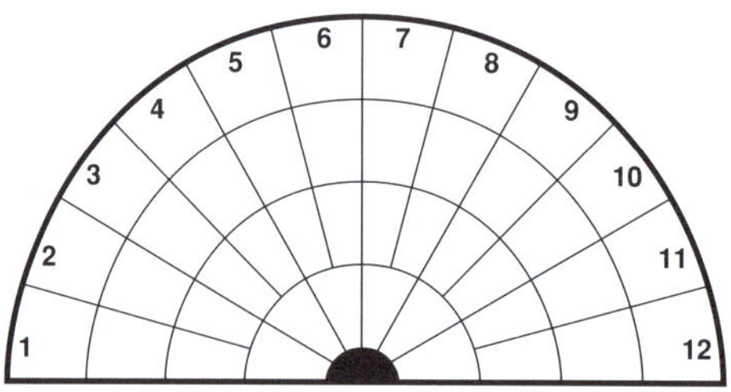

1. US-Raumfahrtbehörde
2. Mutter Marias
3. Holzschuh
4. abfallendes Gelände
5. Gärstoff
6. abzüglich
7. Weintraubenernte
8. kochsalzhaltige Quelle
9. zusammengehörige Zwei
10. Gerät zur Kammherstellung
11. Schaffensfreude
12. Faserpflanze

126 Sudoku Even

		8			2	5		
4		2		9				3
6					1		7	
8		9	1					
7	4	5		8		3	9	1
					5	6		7
	8		5					6
9				2		8		4
		4	8			7		

127 Symbolpfad

△ 6	□ 6	◇ 6	⬡ 8	□ 5	◇ 2	⬡ 6	◇ 7	△ 1	□ 3	☆ 3	□ 7
○ 7	◇ 2	○ 7	○ 7	□ 5	△ 5	⬡ 2	□ 1	□ 7	◇ 3	□ 1	◇ 3
△ 4	△ 2	○ 3	□ 4	◇ 8	◇ 6	○ 7	△ 1	△ 5	◇ 1	◇ 3	△ 2
△ 7	△ 1	□ 8	⬡ 6	□ 5	□ 7	○ 8	◇ 2	⬡ 4	□ 8	△ 3	⬡ 8
△ 5	⬡ 6	□ 4	◇ 2	△ 6	○ 8	◇ 8	◇ 2	○ 7	⬡ 5	⬡ 3	◇ 7
○ 7	⬡ 2	△ 2	□ 8	□ 5	□ 6	⬡ 7	△ 6	⬡ 5	○ 5	□ 8	○ 4
☆ 1	⬡ 6	○ 4	□ 5	◇ 4	□ 7	◇ 2	□ 5	△ 5	□ 3	△ 6	□ 1
⬡ 1	□ 1	◇ 1	◇ 5	△ 8	□ 1	○ 1	○ 5	⬡ 8	○ 8	⬡ 3	⬡ 7

128 Atomium

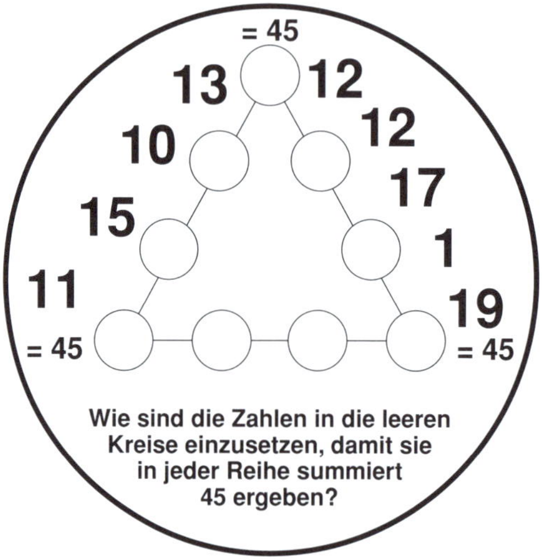

129 Sudoku

		4				2		
9			3		4		7	
	6	7				4		3
6	5			4		8		
8		2	5	1	9	7		4
		9		6			2	1
7		3				9	1	
	4		9		2			7
		6				3		

130 Größer oder kleiner

	=		<	4	<		<	
∨		∨		∨		∨		∨
	=		<		<		<	
∧		∨		∨		∨		∨
	>		<		<		<	4
∨		∧		∧		=		∨
2	=		<	5	>		=	3
∨		∧		=		∧		=
	<	3	<		=	5	>	

131 Cube

132 Drudel

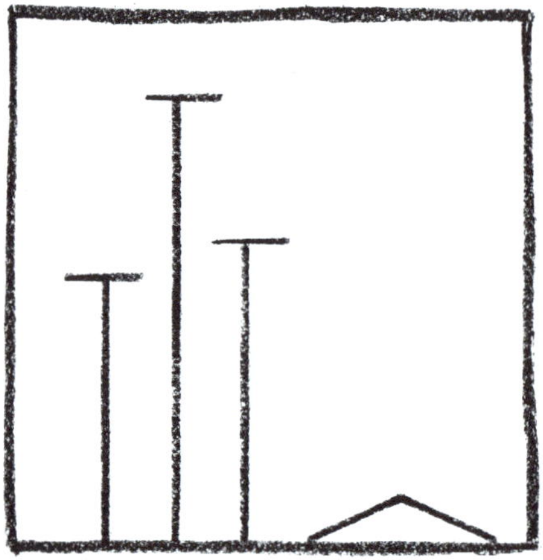

133 Kammrätsel

1. Teil des Hubschraubers
2. Agavenblattfaser
3. Harze von Tropenbäumen
4. herbe Limonade
5. Vorname Kästners

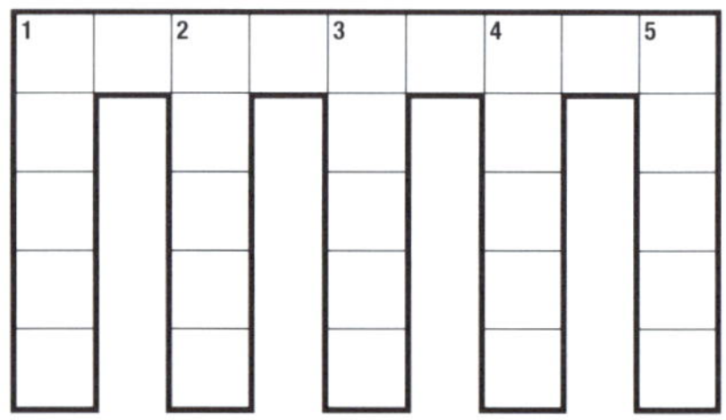

134 Einer zu viel

R/B	E/B	O/L	M/E	V/N	O/A	O/N	T/S	■	Y/H	T/I	N/L	H/A	V/U	R/F
O/H	M/H	U/M	■	P/I	■	S/E	R/M	R/H	T/O	W/L	■	V/C	■	R/K
■	R/I	■	R/K	H/E	V/I	H/E	U/E	■	N/K	■	N/H	K/A	M/H	L/E
Z/H	Y/E	N/G	Y/E	W/R	■	T/M	■	T/	/I	R/	/O	/L	■	M/F
U/M	O/N	■	T/G	■	F/B	O/E	Z/M	U/A	G/E	■	T/I	■	V/S	W/D
M/A	■	W/R	U/E	M/B	E/C	N/K	■	W/E	■	N/H	V/E	Z/C	K/D	E/A
R/A	U/S	E/A	O/N	■	N/D	■	U/E	R/E	H/D	R/E	■	W/I	E/B	R/B
N/H	■	R/H	■	W/F	H/E	I/C	T/N	■	G/A	H/D	K/E	■	Z/E	■
■	V/A	E/C	Y/T	O/E	■	T/I	M/A	N/L	■	W/E	R/I	S/B	T/P	V/E

135 Vexierbild

136 Kreiskette

1. Organist
2. schöne Frau der griech. Sage
3. Nesseltier
4. Insel im Bodensee
5. Königin von Spanien

137 3 in 1 Rätsel

1			1			
2			2			
3			3			
4			4			
5			5			
6			6			

1 Überfahrt – Ausweisdokument – Legende
2 ein Monat – Wortteil: acht – Gaststättenangestellter
3 altrömische Goldmünze – eine Steuer, Abgabe (Kw.) – Teil des altröm. Kalenders
4 Teil des Fußballfeldes – früheres Druckmaß – Zimmer
5 Aluminiumoxid – Erdarten – unser Planet
6 beobachten – dt. Miterfinder des Computers – Lebensgemeinschaften

138 Sudoku

	6	5			8		4	
			4	6			9	5
1	4	9				6		
9				7		2	8	
7				5				4
	8	6		4				3
		3				8	2	6
6	9			3	5			
	2		6			3	5	

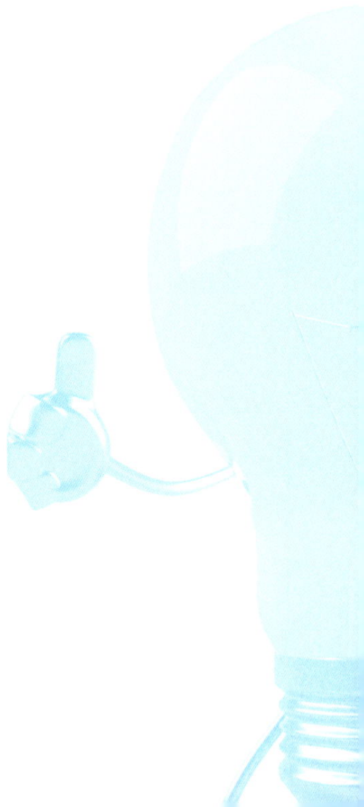

139 Ensaimada

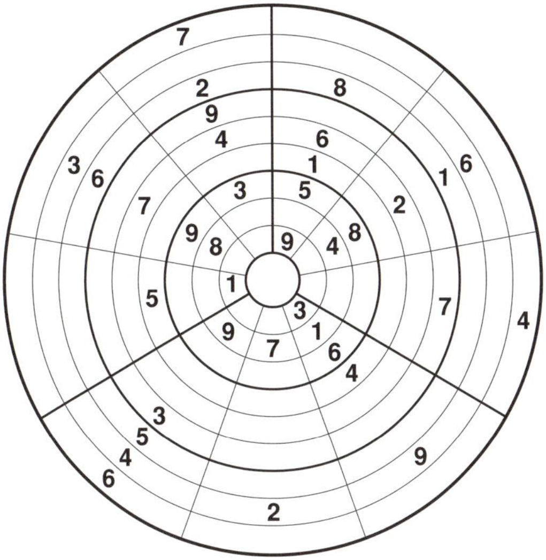

140 Labyrinth

141 Fächerrätsel

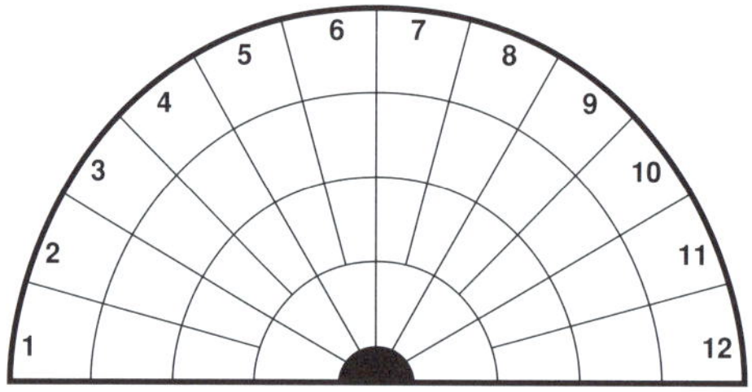

1. Wachszelle der Biene
2. ein Balte
3. Lebewesen
4. Kohleprodukt
5. Teil des Tischs
6. gerade erst
7. Welle
8. Kamin
9. Zimmer
10. Hausse an der Börse
11. Riese im Alten Testament
12. schlank, geschmeidig

142 Sudoku Stern

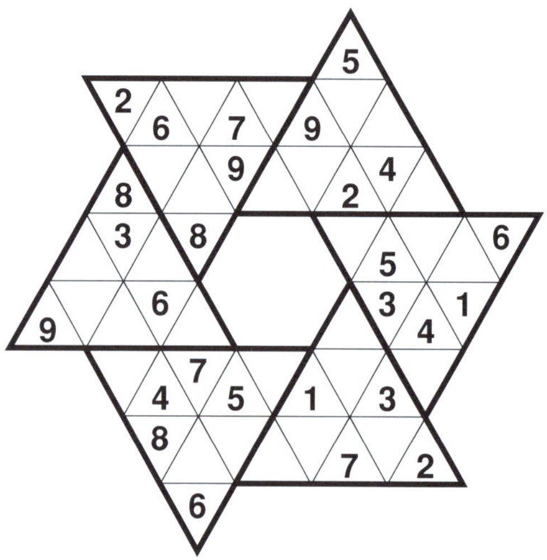

143 Missing Link

A A A A B B E E
E E E F I K L N
N N N N N N R S
S S T T T T U

	E	G		L		■	W	■		U	M		L	T
A	■	■	N	■	E	■	A	■	O	■	■	M	■	■
N	■	■	T	■		I		F		E	R		E	N
	K	T		U		■	D	■	S	■	■	R	■	■
L	■	■	■	■	■	■	E	■		O	R		U	
	T	A		I		■	R	■	E	■	■	■	■	T
N	■	■	A	■		E		A		G	E		■	E
	A	M		■	G	■	A	■	■	■	■	O	■	T
E	■	■	E	■	A	■	H	■	T	E	N		I	
L	■	■	I	■	B	■	R	■	■	■	■	N	■	■
	E	N		W		R		■	N	A	H		Z	U

144 Symbolpfad

△ 4	□ 4	□ 8	□ 4	◇ 7	○ 6	△ 8	△ 5	△ 3	△ 1	☆ 1	◇ 3
○ 4	⬡ 6	△ 2	○ 4	○ 8	◇ 1	△ 3	◇ 7	□ 2	⬡ 6	△ 8	□ 8
○ 3	□ 2	○ 8	⬡ 8	○ 1	△ 4	□ 3	○ 3	○ 4	○ 7	⬡ 7	△ 1
⬡ 3	⬡ 5	◇ 2	□ 6	○ 4	⬡ 3	◇ 6	⬡ 8	◇ 7	□ 4	⬡ 6	□ 6
□ 4	○ 5	⬡ 3	△ 8	□ 4	◇ 4	⬡ 2	□ 5	□ 4	□ 1	△ 4	○ 6
△ 5	□ 5	○ 6	◇ 5	⬡ 6	◇ 7	□ 7	⬡ 7	□ 5	△ 5	◇ 7	⬡ 6
☆ 5	◇ 8	△ 1	○ 6	◇ 2	△ 1	◇ 5	⬡ 4	○ 4	△ 7	□ 5	⬡ 1
◇ 2	◇ 8	△ 7	□ 8	△ 4	○ 4	○ 7	□ 7	○ 1	⬡ 1	⬡ 4	⬡ 6

145 Zahlenrad

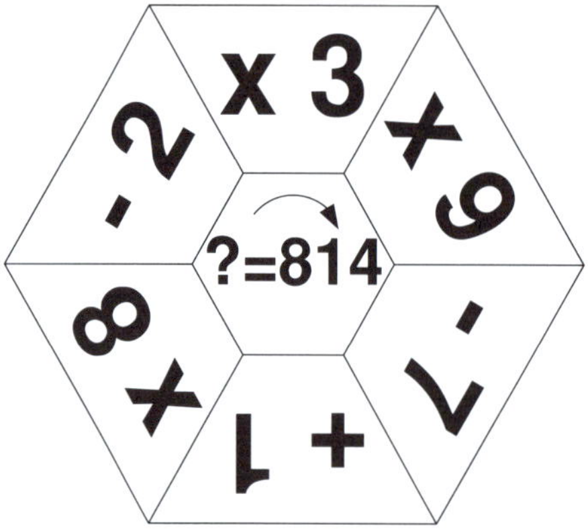

146 Zahlenpyramide

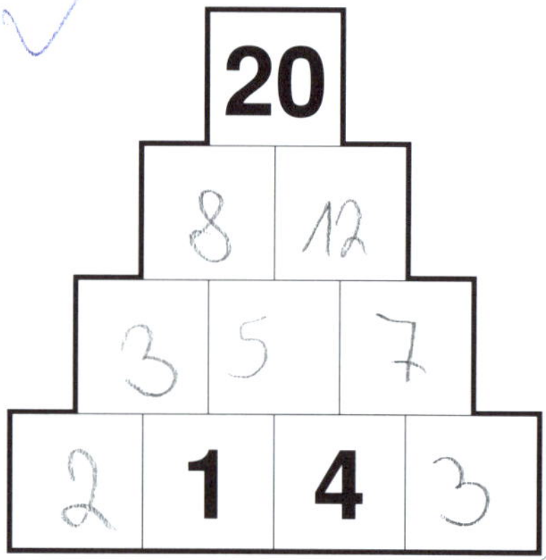

147 Größer oder kleiner

	>		=		=		<	2
=		∧		∧		∧		=
4	>		>		=		=	
∧		=		∨		∨		=
	>		>		=	1	<	
∧		∧		∧		=		∧
	>		>		>		<	3
∨		=		∧		∧		∨
	>		>		>		=	

148 Bildersalat

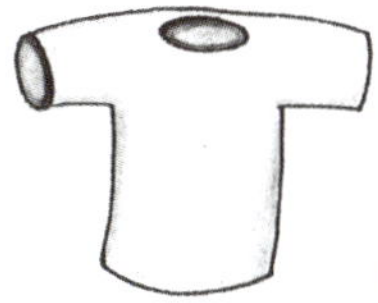

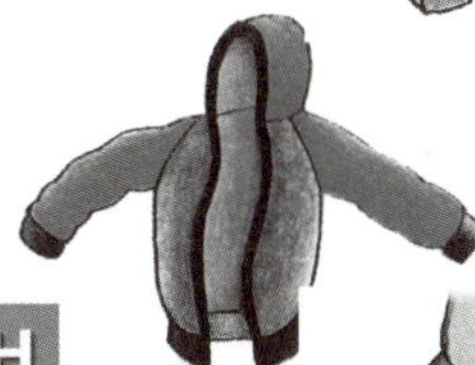

						G	F	Z	R	H						
				J	L	J	V	F	O	Y	O	P				
			W	Q	Q	O	Q	W	C	S	X	S	M			
		O	Z	G	I	I	W	J	K	O	H	F	E	V		
	Y	P	U	L	L	O	V	E	R	C	L	Z	X	C	B	
	U	V	Y	Q	S	O	B	E	P	K	B	Q	E	S	A	
C	H	F	R	M	L	D	E	T	R	E	M	B	P	V	S	S
D	K	N	U	L	D	R	J	**P**	**O**	**N**	**C**	**H**	**O**	I	W	L
J	H	A	N	D	S	C	H	U	H	F	O	R	E	G	B	M
C	N	P	Y	D	R	E	Z	S	A	N	Z	U	G	O	L	E
R	F	H	E	M	D	C	D	I	T	D	E	X	S	K	X	C
	I	B	K	C	F	I	T	R	U	S	F	F	X	G	Q	
	E	M	L	E	E	J	I	C	C	C	Y	C	Z	N	Z	
		Y	Z	L	U	H	K	U	A	E	R	R	A	Q		
			K	B	S	J	A	C	K	E	T	A	B			
				T	C	Z	X	M	J	A	E	J				
						Y	R	C	Z	E						

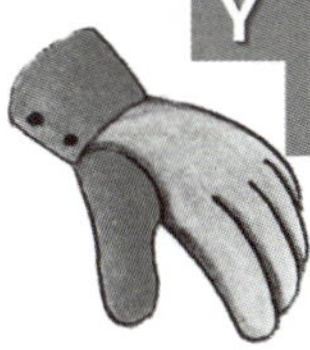
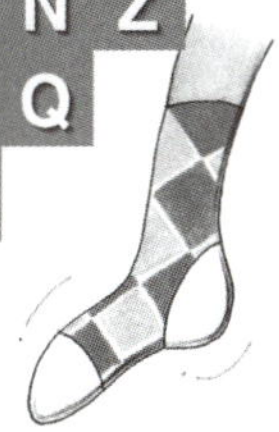

149 Rotationsrätsel

K	S	D	N	A	G	T	A	U	M
A	C	L	H	I	D	A	B	U	R

150 Nur Einer

T	L	E	B	F
O	S	P	X	W
H	A	J	G	V
Q	U	Y	R	C
D	M	N	I	K

X	M	R	J	G
V	S	L	N	B
Y	W	T	Q	F
P	H	E	K	D
I	U	A	Z	C

Q	H	V	Z	D
J	P	L	F	O
I	Y	N	K	U
G	A	W	R	E
B	S	T	M	X

N	Q	D	J	P
O	U	H	L	R
M	F	B	C	T
W	E	K	Z	I
S	A	G	Y	V

Y	P	X	M	N
U	I	F	H	S
E	B	A	R	V
C	W	Q	L	Z
T	J	D	O	G

A	H	B	U	V
F	T	K	Y	J
X	O	L	R	Z
D	I	E	Q	S
W	C	P	G	M

O	U	F	T	A
V	I	W	X	P
E	Q	L	G	N
Y	Z	J	C	S
B	R	D	K	H

R	G	Y	K	I
T	M	P	F	L
W	Z	O	E	D
C	Q	N	S	X
J	U	B	H	V

T	S	F	J	L
D	M	A	V	P
E	W	U	Y	G
O	Z	N	Q	X
B	K	H	C	R

G	C	L	J	B
I	R	O	X	Z
D	N	K	A	T
S	E	V	W	P
Q	M	H	U	F

K	V	H	W	R
D	P	U	X	Y
B	M	Q	N	G
J	A	C	S	F
I	Z	L	T	O

G	E	S	I	M
C	O	Y	U	Z
T	A	W	X	P
Q	K	J	B	R
H	L	D	N	F

D	A	C	E	U
X	L	R	W	J
I	Y	O	B	P
F	N	S	H	M
V	K	Z	Q	T

Q	C	I	K	P
T	U	Z	F	O
J	S	X	M	G
L	E	Y	B	N
W	V	A	D	H

X	S	J	H	G
E	A	Q	O	K
B	Z	P	Y	T
N	U	C	L	M
I	D	F	R	V

L	E	S	M	G
X	H	C	P	N
Z	Y	D	F	W
B	J	A	V	U
R	I	Q	K	O

K	B	I	C	Y
E	F	H	N	L
Z	Q	O	W	A
M	R	U	T	G
P	X	J	V	D

G	U	Z	O	V
I	E	M	F	P
J	T	Y	S	L
N	C	D	K	R
A	W	X	B	H

V	D	R	G	X
C	S	I	O	B
E	J	Q	Z	F
N	W	A	K	T
P	Y	L	M	H

T	F	R	O	U
B	H	Y	V	N
L	E	I	G	K
Z	Q	W	S	P
M	C	X	D	A

H	L	C	S	R
U	M	D	X	O
W	I	P	V	J
G	Z	A	N	K
B	T	E	Y	Q

H	D	V	Y	B
J	I	Z	W	Q
A	U	E	O	P
S	K	G	R	M
N	F	X	T	C

J	L	E	V	K
U	S	A	W	R
X	I	D	O	Q
N	T	G	P	C
M	B	Z	Y	F

V	Z	M	T	J
A	X	D	S	O
E	F	G	H	N
C	W	I	K	Q
L	Y	U	R	B

H	D	U	N	S
X	Q	R	J	V
T	Y	E	O	G
P	K	Z	W	F
M	C	L	A	I

151 Sudoku Cross

	4	6	3	5	1	7
4			6		2	
3			2	1	5	
5		3				
7		5		3		
	3	2	7		6	5
6	7				3	1

152 Atomium

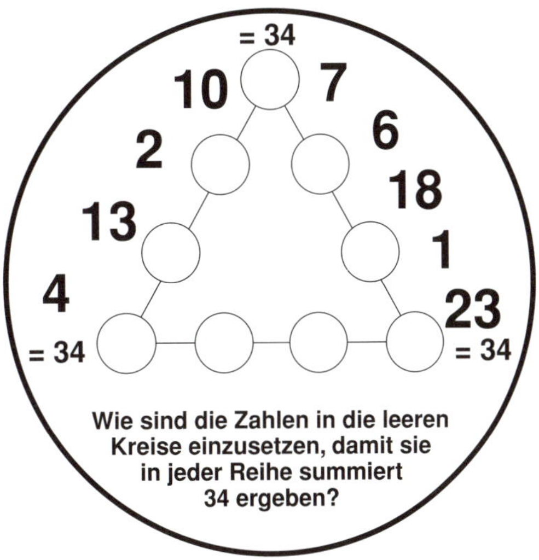

Wie sind die Zahlen in die leeren Kreise einzusetzen, damit sie in jeder Reihe summiert 34 ergeben?

153 Sudoku

		4	7	2	3	6		
				4	8		3	
2	6	3					8	
5				6		8		
1		2	8		5	9		3
		8		3				5
	5					2	9	7
	8		9	5				
		6	3	1	7	5		

154 Cube

155 Silbenband

AMT – AN – CKEN – DES –
EH – GEN – NEN – PAR –
RAD – REN – TIE – WIND

1. Kinderkrankheit
2. Tyrannei
3. reden, plaudern
4. Angelegenheit
5. Radwettbewerb, Tour
6. soziale Aufgabe ohne Entgelt

156 Drudel

157 Einer zu viel

K/F	C/A	V/H	L/D	■	Z/G	Z/A	Y/E	H/C	N/I	U/E	N/L	■	Z/D	U/N
V/E	■	M/A	T/F	V/O	O/L	R/L	■	U/E	■	P/B	K/A	R/N	T/A	T/O
T/E	L/D	V/U	■	U/K	R/O	L/A	I/	L/B	U/R	M/I	■	V/A	R/F	W/A
■	B/A	R/A	V/R	■	R/B	■	/S	Y/E	I/C	T/K	H/E	■	T/S	■
V/E	■	N/M	■	P/M	K/I	T/R	O/	V/L	■	P/A	■	Y/A	U/R	S/M
M/E	L/A	R/N	E/C	L/H	V/E	■	L/	■	V/S	P/K	E/A	N/H	N/C	■
O/C	R/N	U/A	■	O/F	■	L/E	/D	I/G	U/T	N/H	■	Y/T	■	R/B
■	N/E	■	V/S	T/S	S/O	R/I	/E	■	U/I	■	T/A	U/A	T/G	T/E
R/G	U/A	T/C	T/I	O/B	■	L/F	■	W/B	R/H	U/R	Y/N	P/N	W/E	N/I

158 Vexierbild

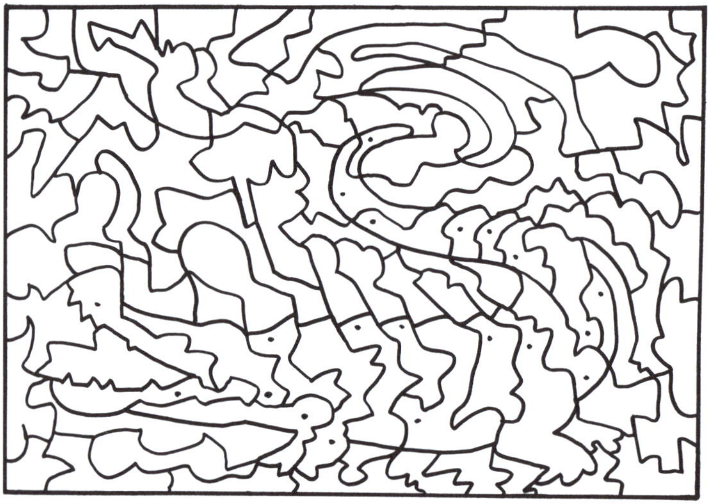

159 Missing Link

A A A B B E E E
E E E G G G H I
I L L L L M N N
N N R R S T U

	I	N		I		■	G	■		E	T		L	L
I	■	■	T	■	A	■	A	■	A	■	■	G	■	■
N	■	■	W	■		I		L		G	W		R	E
	E	R		D		■	L	■	L	■	■	V	■	■
E	■	■	■	■	■	■	E	■		R	R		A	
	I	N		E		■	N	■	N	■	■	■	■	A
I	■	■	E	■		N		E		A	B		■	M
	E	N		■	B	■	L	■	■	■	■	A	■	P
S	■	■	I	■	I	■	A	■	S	U	E		Z	
E	■	■	A	■	N	■	S	■	■	■	■	O	■	■
	O	T		U		G		■	B	R	O		Z	E

160 3 in 1 Rätsel

1			1			
2			2			
3			3			
4			4			
5			5			
6			6			

1 Zeitmesser in der Küche – Backzutaten – Darmepidemie
2 span. Inselgruppe (Kw.) – biblischer Ort im N.T. – Flächenmaß der Schweiz (Mz.)
3 Stil – österr. Physiker † 1916 – gefühllos
4 Vorname d. Opernsängers Prey – Kanalinsel – Autor v. „Professor Unrat"
5 Comedy-Star (Anke) – Platzmangel – Vorname d. Schauspielerin Sommer
6 goldgelbes Pflanzenfett – Feldfrucht – franz.: Weihnachten

161 Sudoku Stern

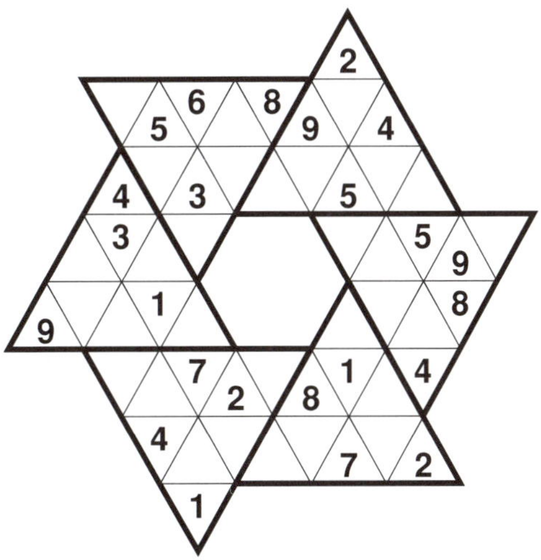

162 Sudoku Even

5						1		8
6	7		8					
1		8		4				3
		6		5	4			
	5		3		1		7	
			9	6		8		
9				7		4		1
					6		5	9
3		5						7

163 Bilderrad

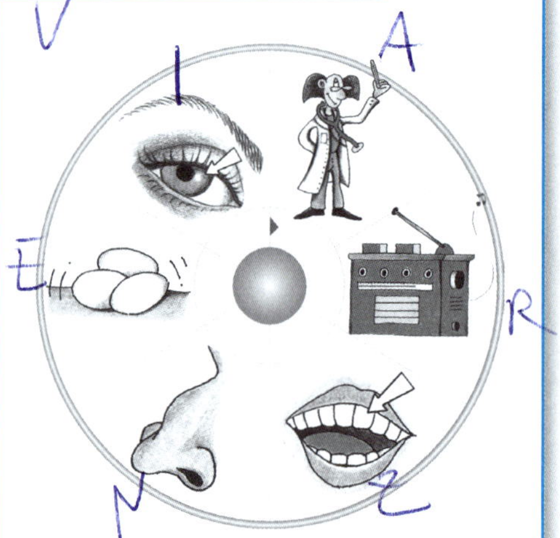

164 Kammrätsel

1. Verbrennungsrückstand
2. Fundamentalist (ugs.)
3. reizvoll
4. riesige Menschenmenge
5. Material des Fußballs

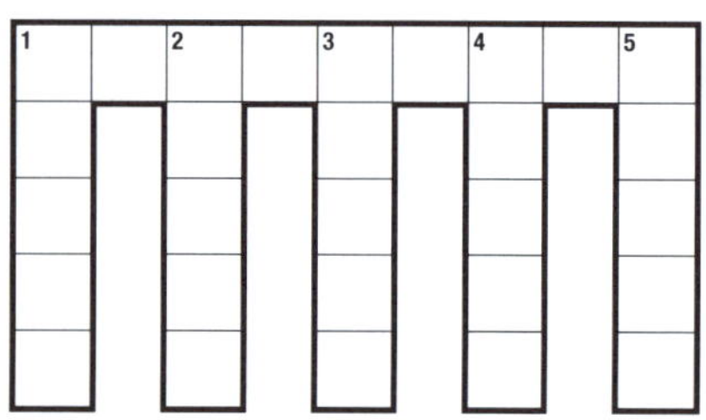

KÖNNER

★★

Mittelschwere Aufgaben

165 Sudoku

	11		7			3				8	
	5	4		2				6	7		
12		1		8					4		3
	8	3		11	2						12
	4	12	11	10		8		9	6	1	
5		2	9	6							8
6							1	8	11		4
	10	9	4		7		12	2	1	5	
1						2	6		10	12	
9		8					4		2		5
		10	12				2		8	11	
	2				3			12		4	

166 Spiegelrätsel

1 Täuschung, Einbildung – Sicherheitsriemen im Auto
2 männliches Schwein – Weinstock
3 Kinderfrau – Roman von Jane Austen
4 Haarwuchs im Gesicht – Pferdegangart
5 Insektenlarve – holländ. Käsestadt
6 Aristokratie – Geliebte des Zeus

1			1			
2			2			
3			3			
4			4			
5			5			
6			6			

168 Mittelwort

VIEL		ATHLET
OBST		MOND
KORALLEN		GRUPPE
FAST		CREME
NIEDRIG		LINSE
FEIER		STERN
DAUMEN		PROBE
OBER		WEISS

167 Rechenproblem

	☐	3	+	☐	8	0	=	☐	2	3
	+				+					+
2	☐	1	+	2	☐	9	=	☐	9	0
☐	4	4	+	5	☐	9	=	8	1	☐

169 Sudoku Diff

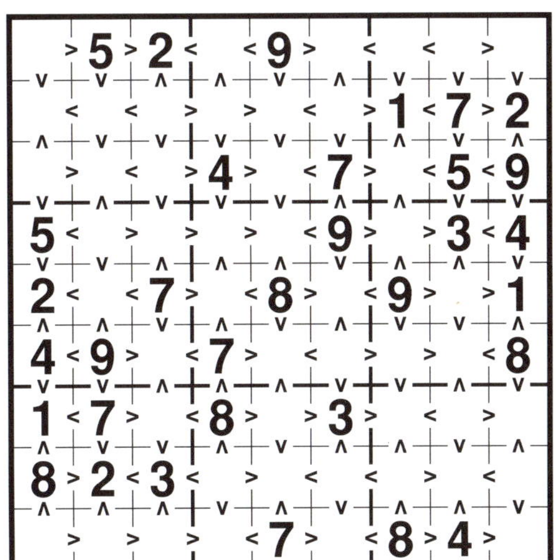

170 Blindfeldsuche

Aus den in den Trennfeldern stehenden Buchstaben ergibt sich, zeilenweise von oben nach unten gelesen, ein russisches Sprichwort.

T	A	N	G	A	D	Z	I	E	L	L	I	N	I	E
E	T	R	R	E	B	U	S	E	E	R	N	A	C	H
M	E	T	E	R	S	S	T	F	I	N	S	T	E	R
A	M	E	N	E	B	E	D	E	I	T	A	O	E	F
S	R	A	Z	U	R	K	O	R	T	U	S	C	P	U
T	I	B	E	T	E	R	H	N	E	A	S	T	E	R
K	I	L	N	N	M	G	M	E	I	L	E	E	R	C
O	R	A	A	L	E	S	E	R	E	L	T	A	E	H
R	E	G	L	E	R	Z	G	U	S	T	E	R	M	T
B	O	E	K	E	L	F	A	C	H	A	R	Z	T	U
M	S	P	P	R	A	E	E	W	E	G	N	T	O	R

171 Tunnel

	0	0	2	3	1	1	1	1	1	1	1	2
9												
2												
2												
1												
0												
0												
0												

172 Ensaimada

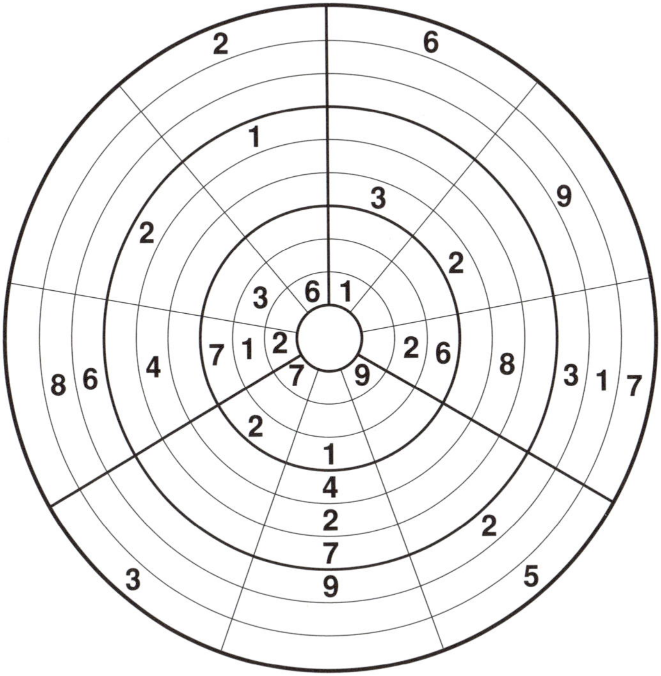

173 Rätselgleichung

$$(a - b) + (c - d) + (e - f) + (g - h) = x$$

a = Glücksempfinden
b = Ansprache
c = sportlicher Wettkämpfer
d = Schriftsetzerwerkzeug
e = medizinisch-techn. Beruf
f = Lehre vom Licht
g = Sumpffieber
h = Vorname der Schell
x = die Schlusslösung

174 Am Faden

Wenn Sie den richtigen Anfang finden und den Linien folgen ergibt sich ein altes Sprichwort.

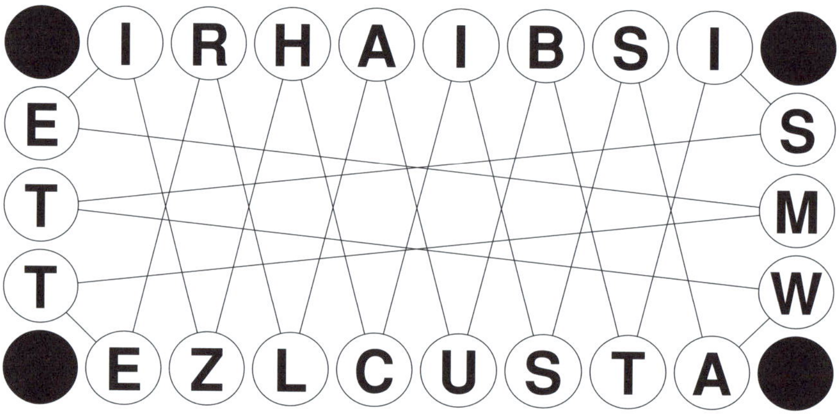

175 Rebus

176 Zahlenrad

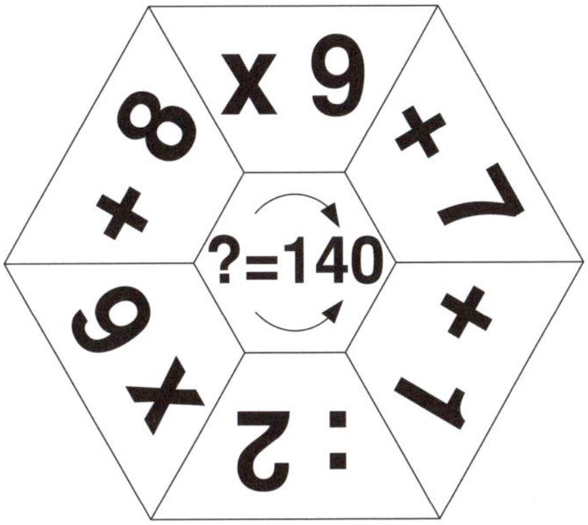

177 Business

178 Atomium

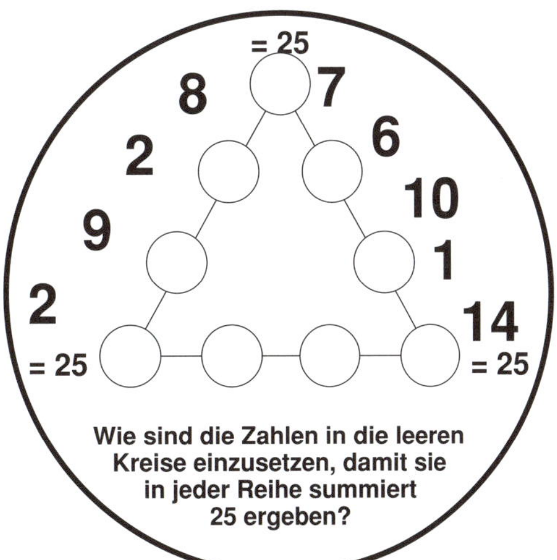

179 Sudoku Even

9	4				3			8
		2		8			3	4
3		5	6	1				9
					1		4	2
		7		6		3		
8	5		3					
5				2	6	4		7
4	7			3		9		
2			8				1	3

180 Darträtsel

1. ein Weißwal
2. Hauptstadt von Kanada
3. muslimisches Volk im Sudan
4. schmerzhaftes Gliederreißen
5. Abitur der Schweiz
6. Anfälle von Atemnot
7. Einheitsmuster
8. Urkunde im Völkerrecht
9. Geliebte des Paris (griech. Sage)
10. „Italien“ in der Landessprache
11. US-Bundesstaat
12. ein Kontinent

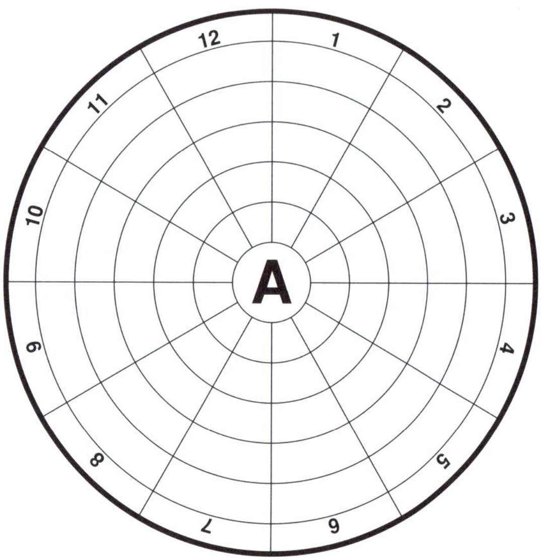

181 Rechenquadrat

28	+		+		37
+		x		+	
	-		-		2
-		-		+	
	+		-		3
33		23		13	

182 Summen-Sudoku

4			12			4
	11	12			14	
	11			14	14	
		16	10			10
13				11	12	
	14		12			8
6		7		10		

183 Sudoku

	7			8			2	4	6		
11		4					7	3			2
	5								12		
		12	5		2					4	8
4	1		2			3			11		
		3		4	9			1		7	5
3	9		12			7	11		1		
		11			4			2		3	6
5	10					6		7	9		
		8								2	
6			9	10					4		12
		10	7	11			12			5	

184 Trenne mit drei Strichen

185 Schwedenrätsel

Verbindungsmasse aus Gips	M	Form der Magersucht	B	S	stehende Gewässer	geschlossener Hausvorbau	D	italienisch: drei	M	Meerkatze	hochwertig, kostbar	Markierung
V	O	R	U	E	B	E	R	Lebenshauch	A	T	E	M
vergangen, vorbei	E	Berufsausbildung	L	E	H	R	E	Transportgerät	K	Vorname des Fußballers Özil	D	A
D	R	A	I	N	engl. Fährhafen		Höckertier	K	A	M	E	L
Entwässerungsrohr	T	messerartige Stoßwaffe	M	Desaster				A	K	E	L	Autoabstellräume
Herausgeber	E	D	I	T	O	R	kegelförmige Papstkrone	R	Subtraktion	S	Währung in Mosambik	G
A	L	O	E	Nähfaden (Mz.)		seelische Erschütterung	T	R	A	U	M	A
afrikanisches Liliengewächs	ohne Fachwissen	L	Liebhaber	G	E	L	I	E	B	T	E	R
größere Gruppe	S	C	H	A	R	älteste Stadt Deutschlands		schweizerisch: bis jetzt		chem. Zeichen für Tantal	T	A
N	A	H	Großstadt am Niger (Nigeria)	R	betrübt	T	R	A	U	R	I	G
in Reichweite	C	Zustrom	A	N	D	R	A	N	G	intelligenzschwach		E
Kleintier mit langen Ohren	H	A	S	E	Hintergaumenlaut		hierher		Rang beim Karate			N
kleine, rote Gartenfrüchte		gefeierte Künstlerin		Gefährt (ugs.)	V	E	H	I	K	E	L	Vorname des Schausp. Astaire †
E	R	D	B	E	E	R	E	N	englisch: Biene		biblischer König	
H	E	I	A	Frauenunterkleidung (Abk.)		scherzhaft: US-Soldat	R	alkohol. Hopfengetränk	B	I	E	R
„Bett“ in der Kindersprache		V	Kleinigkeit	B	A	G	A	T	E	L	L	E
Hausanbau für Regenwasser	D	A	C	H	R	I	N	N	E	Fremdwortteil: zu, nach		

187 Rechenproblem

1		1	+		9	4	=	4	6		
	+				+					+	
2		1	+	1	1		=	3	7		
	3	2	+		0	5	=	8	3		

186 Zahlenpyramide

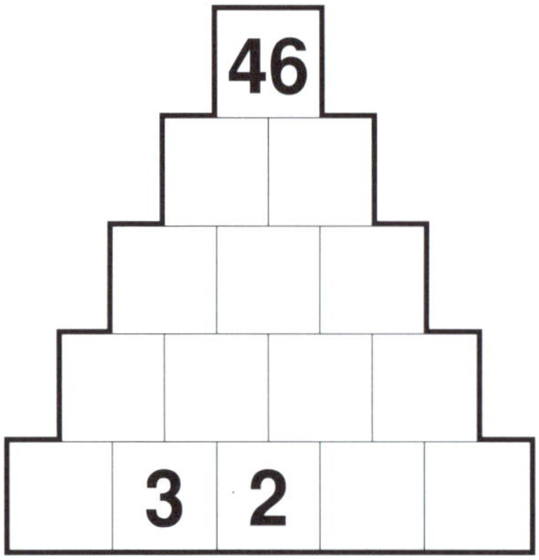

188 Tunnel

	0	2	3	1	2	2	2	1	2	3	2	1
0												
0												
2												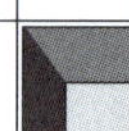
5												
4												
6												
4		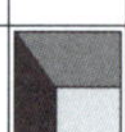										

189 Spiegelrätsel

1 Wäschestück – helle Biersorte
2 Impfstoffe – griech. Kriegsgott
3 Teppichoberfläche – Vorname Hochhuths
4 Metallbolzen – Reizstoff im Tee
5 Diebesgut – Vorname des Sängers Ramazotti
6 „Mutter" in der Kindersprache – Vorbeter in der Moschee

1			1			
2			2			
3			3			
4			4			
5			5			
6			6			

190 Sudoku

	4	7		6		2					5
			10	7				6		4	
		1		5	4		12	9			3
10			5	3						1	2
	2					5	11	12	6		4
4	6			1	2	9					10
3					10	4	6			7	12
11		8	1	9	7					5	
7	12						3	10			11
5			2	12		11	9		8		
	7		11				5	2			
8					1		10		5	6	

191 Ensaimada

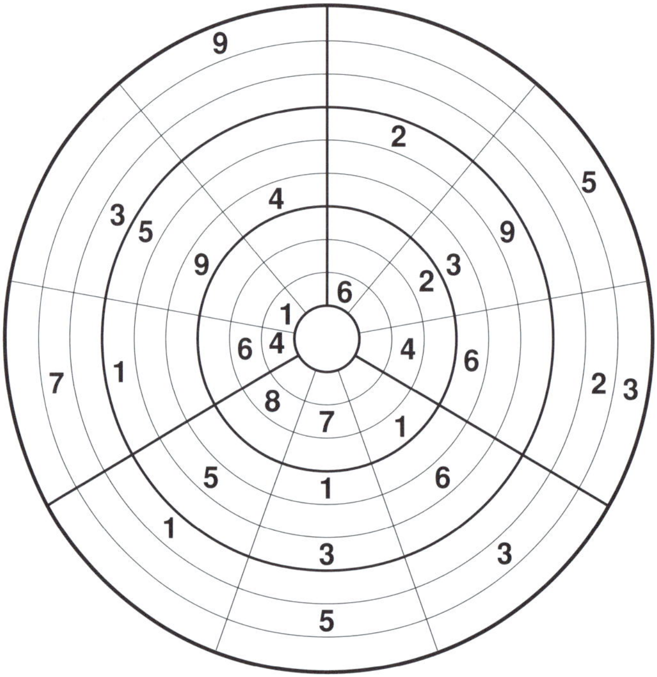

192 Streichholzrätsel

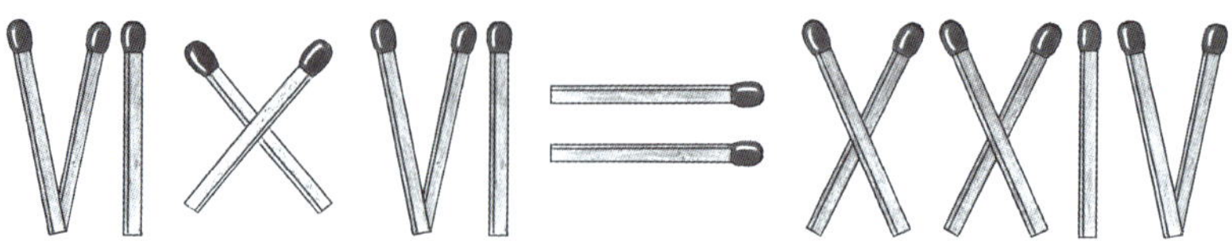

je länger der Mund, je länger die Hände

193 Rebus

NEST ADLER MUND

FLUGZEUG FLIEGER LAGERFEUER PENDEL

194 Am Faden

Wenn Sie den richtigen Anfang finden und den Linien folgen ergibt sich ein Sprichwort.

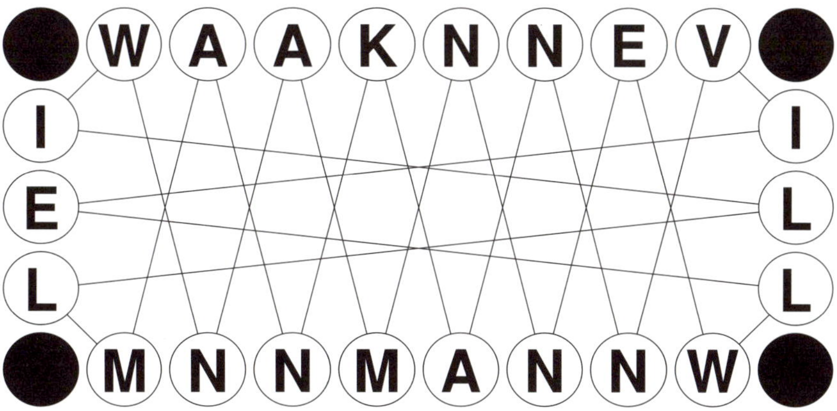

195 Darträtsel

1. Laubbaumfrucht
2. Stadt am Vesuv
3. religiöser Kultbau
4. Warnzeichen
5. Modeschöpferin (Coco)
6. Griff an Eimern
7. US-Filmkomiker (Stan) †
8. Autor von „1984“
9. Schuhschnürband
10. Fechtwaffe
11. französischer Ingenieur (Turm)
12. Nerven betreffend

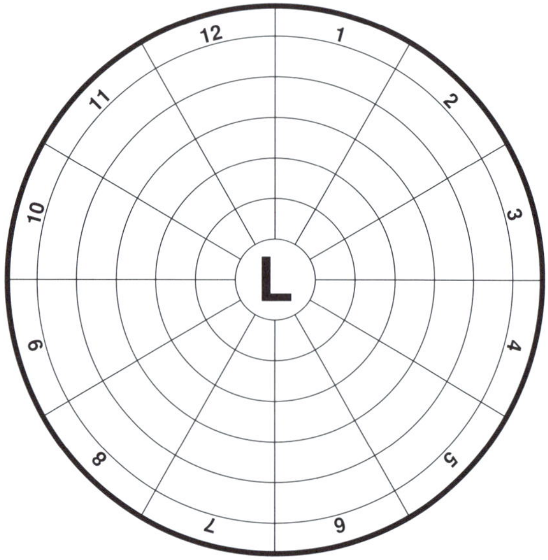

196 Rechenquadrat

26	-		-		19
+		+		x	
	x		+		38
-		+		+	
	x		-		5
24		12		33	

197 Summen-Sudoku

		10		9		4
9	16				10	
			15	12		8
10		11			14	
	9		15		15	
	10	10				9
4			9	10		

198 Zahlenrad

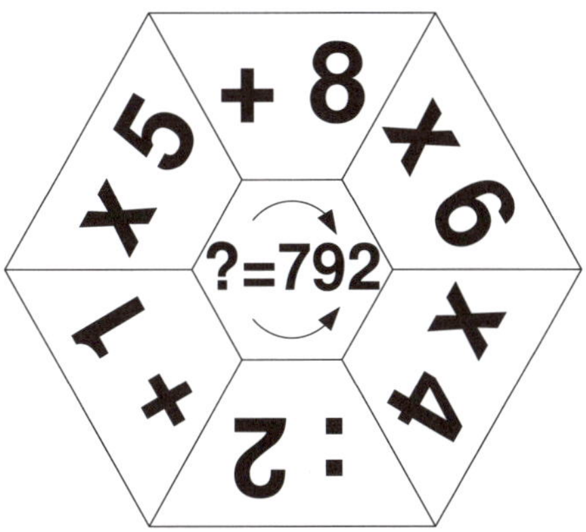

199 Mittelwort

HEIL		STRECKE
WEIN		FLAECHE
BERN		HUHN
FEST		MACHER
TRUEB		BILD
AROMA		TENNIS
HALB		HAUS
SPIEL		STEIGER

200 Blindfeldsuche

Aus den in den Trennfeldern stehenden Buchstaben ergibt sich, zeilenweise von oben nach unten gelesen, ein altes Sprichwort.

R	I	V	T	A	R	A	I	S	E	E	H	U	N	D
E	R	T	R	A	G	E	N	E	U	L	U	N	Z	E
M	K	V	O	R	O	G	E	B	E	E	R	E	P	C
P	R	F	M	E	L	I	T	E	R	G	D	E	B	K
E	I	S	B	A	E	R	H	G	E	P	E	R	L	E
L	A	I	E	N	I	S	H	I	G	H	C	A	U	L
N	H	E	W	A	M	M	O	N	I	A	K	E	T	R
U	E	R	B	E	N	E	R	N	T	R	E	A	B	I
S	T	R	E	S	S	R	M	E	M	A	M	B	A	I
E	N	A	N	E	E	P	O	R	T	O	N	E	H	E
N	A	H	U	N	I	O	N	U	V	T	U	R	N	E

201 Trenne mit drei Strichen

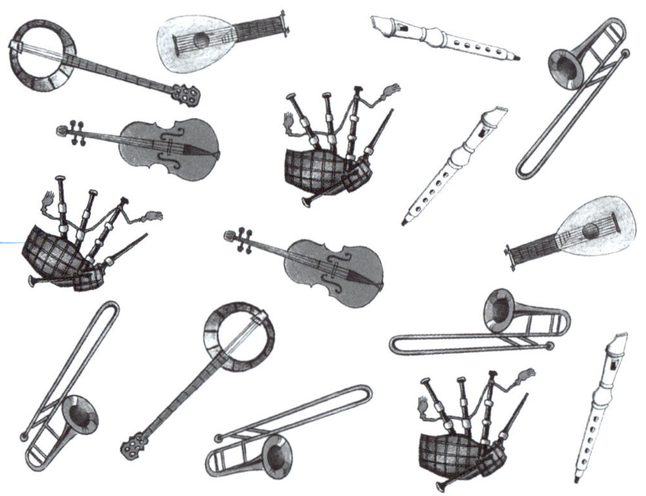

202 Sudoku Diff

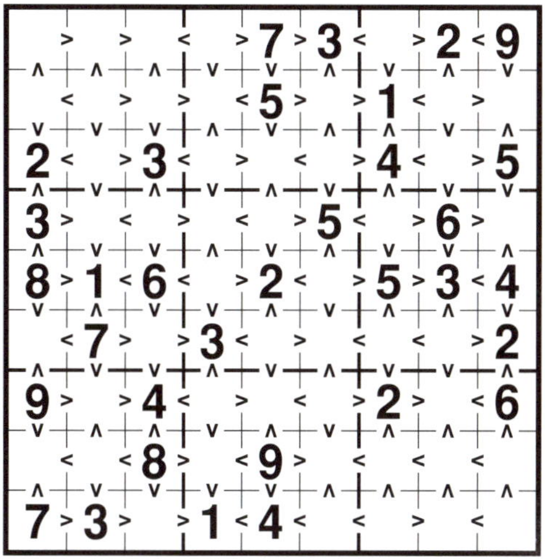

203 Tunnel

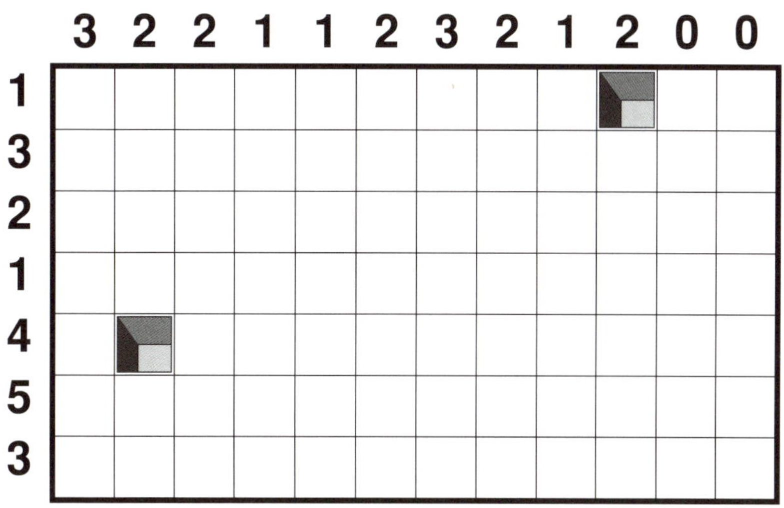

204 Rechenproblem

1	8	☐	+			☐	=	1	9	☐
	+				+					+
☐	7	4	+	☐	3	2	=	☐	0	6
5	☐	5	+	☐	4	1	=	7	☐	6

205 Business

Paolo Tälonge

\-------------

206 Sudoku

		5		9	10	1	6				7
								5		6	11
		4		11	5	7			9		
	2		10			8	12	9	11		
	12		8	5	11						3
	9	3					2	6			
			6	3					12	7	
9						11	7	8		4	
		12	7	8	6			10		5	
		11			8	2	1		7		
3	10		2								
7				6	12	3	5		4		

207 Spiegelrätsel

1 Bund, Bündnis – munter
2 Vorzeichen – Figur bei Jules Verne †
3 blindwütiges Töten – tiefe Ohnmacht
4 „Irland“ in der Landessprache – US-kanadischer Grenzsee
5 besitzanzeigendes Fürwort – Bedauern
6 engl. Schulstadt – Tonzeichen

1			1			
2			2			
3			3			
4			4			
5			5			
6			6			

208 Atomium

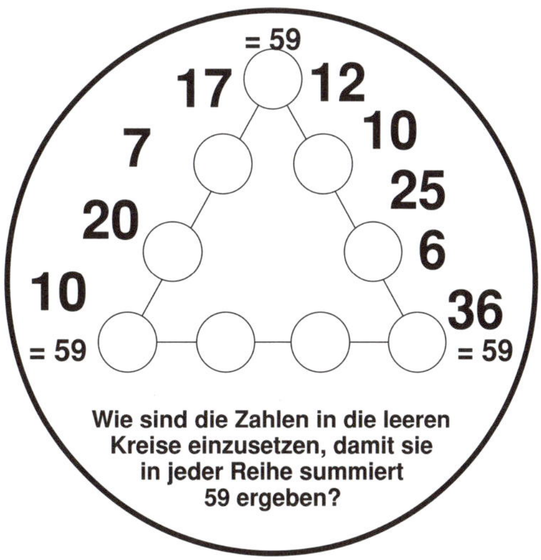

209 Am Faden

Wenn Sie den richtigen Anfang finden und den Linien folgen ergibt sich ein Sprichwort.

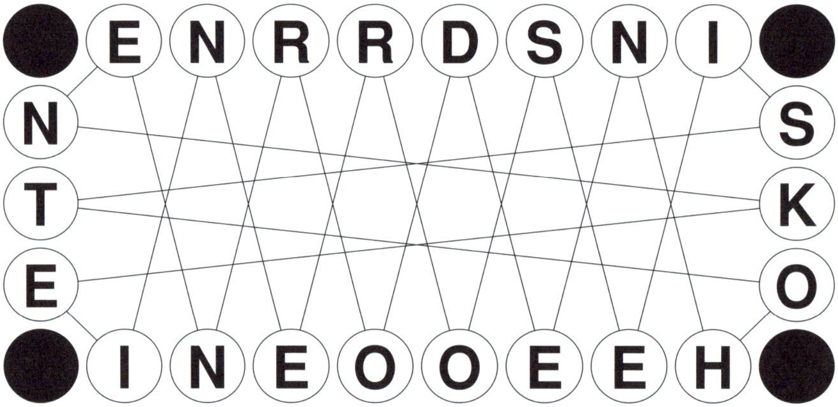

210 Sudoku Even

		6		1	8	7	3	
5	3			2			1	9
	1			6				
	7	3		4				
			2	9	7			
				3		2	8	
				5			7	
3	6			7			4	2
	4	7	6	8		1		

211 Streichholzrätsel

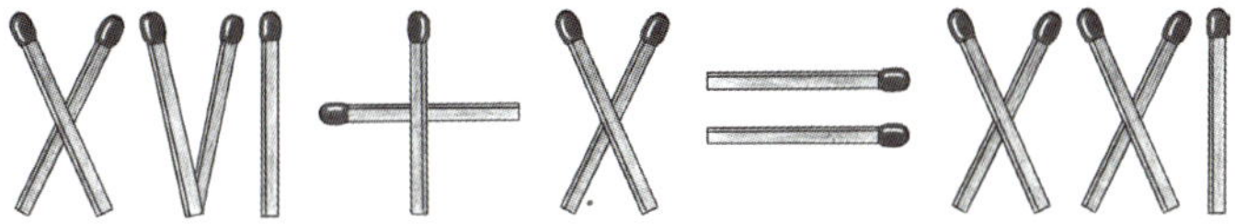

212 Endstück

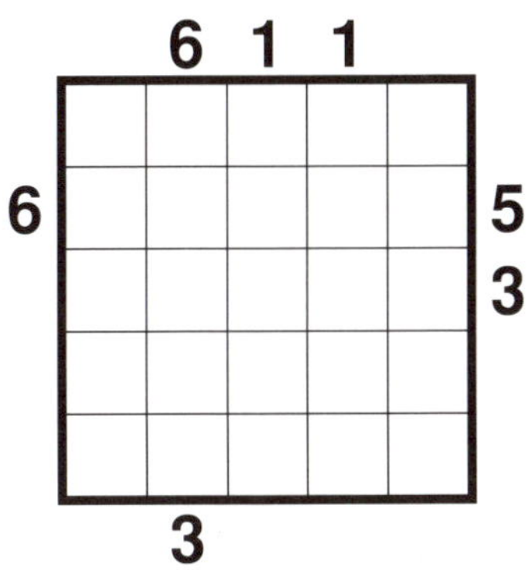

213 Rechenproblem

2		2	+		9	2	=		3	4
	+				+				+	
	8		+	1		1	=	2	6	
3	2		+	4		3	=	8	0	

214 Rätselgleichung

$$(a - b) + (c - d) + (e - f) + (g - h) = x$$

a = reliefartig
b = Vermächtnis empfangen
c = kleines Fischerboot
d = Wahlübung beim Sport
e = Erkennungsmelodie
f = ehem. deutsche Silbermünze
g = ein Kartenspiel
h = Wasserbrotwurzel
x = die Schlusslösung

215 Darträtsel

1. Wandmalerei auf Kalk
2. Vorname von Caruso
3. freier Verteidiger beim Fußball
4. Steinanlegespiel
5. pigmentstoffarmes Tier
6. Stilepoche
7. span. Volkstanz
8. geländegängiges Motorrad
9. blauer Naturfarbstoff
10. nicht berittener Stierkämpfer
11. Bewohner der Arktis
12. Brücke in Venedig

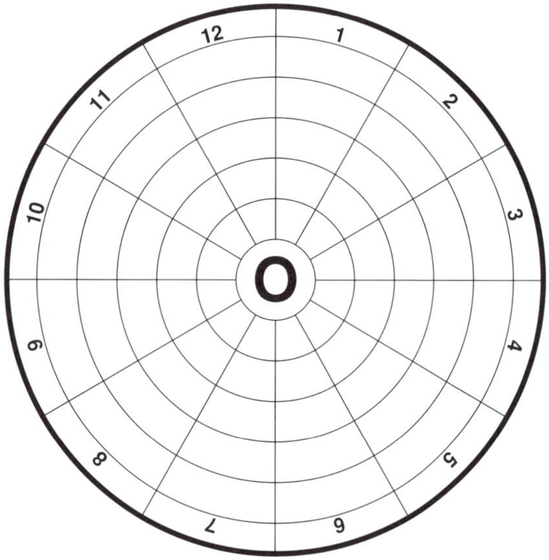

216 Tunnel

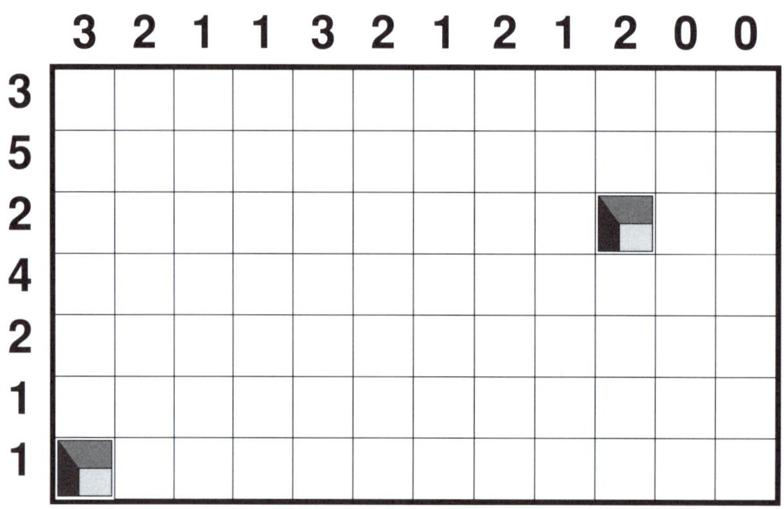

217 Summen-Sudoku

4			10		8	
	14	14		12		
		14		11		10
12			10		12	
	12		16			7
	11	11			14	
4				13		6

218 Blindfeldsuche

Aus den in den Trennfeldern stehenden Buchstaben ergibt sich, zeilenweise von oben nach unten gelesen, ein Zitat von Novalis.

A	R	K	A	D	E	G	G	U	M	M	I	L	G	N
R	U	I	E	E	R	K	E	R	C	A	K	U	R	I
I	S	L	A	N	D	I	W	S	S	C	H	N	E	E
D	O	N	T	E	T	A	E	R	A	A	O	F	T	L
E	I	N	E	B	E	N	B	I	L	D	T	A	F	A
G	R	A	L	U	A	T	E	E	O	R	K	I	N	N
R	E	G	E	N	D	E	A	S	O	N	A	R	S	E
A	E	S	M	C	M	I	L	A	N	H	M	I	M	C
P	C	R	E	G	A	L	K	R	S	U	M	I	A	K
P	E	I	N	A	M	I	K	R	O	W	E	L	L	E
A	U	F	T	R	A	G	G	E	B	E	R	L	I	N

219 Schwedenrätsel

in Kürze	gesetzlich erlaubt		Kitzel	altröm. Göttin der Feldfrüchte		Stammvater	W	Kerzenmaterial	Kaffeesorte	überholt (engl.)	Singvogel	Südslawe
	L					Schmiedeeisen	A					
R	E	N	N	E	N	guatem. Maya-Ruinenstätte	C	Angelstock	R	U	T	E
Pferdesport	G		Schiffsanlegeplatz		Schauspielhaus	T	H	E	A	T	E	R
das Ganze, insgesamt	A	unentschieden beim Schach					S	Reitdromedar		Vorname von Musiker John		
A	L	L	E	S	Ballaststoff		Kosewort für „Katze“	M	I	E	Z	E
rundes Blumenbeet	Goldbrasse	Passahmonat		kleines Orchester						L		zerstritten
		A					Filmreihe		eine Pferdekrankheit	T	niedrige Sofas	U
		P		dt. Politiker (Fritz) † 1967		Lokal im „Wilden Westen“	S	A	L	O	O	N
französische Käseart		R	ein Wasservogel				E		E	N	T	E
Gestell zum Rösten		I				Gemisch	R	öffentl. Verkehrsmittel		chem. Zeichen für Titan	T	I
		L	Schlagrhythmen		Auftrag	M	I	U				N
Schriftstellerverband (Abk.)	harzreiches Kiefernholz	populär	B	E	L	I	E	B	T	Frauenkurzname		I
Wahlübung beim Sport			E		„heilig“ in portug. Städtenamen	X	niederländisch: eins	A	witzige Filmszene	G		G
Glaube an Treue		ägyptischer Sonnengott	A	entwenden	S	T	E	H	L	E	N	englisch: auf
V	E	R	T	R	A	U	E	N	lateinisch: Löwe	L		O
afrikanischer „Dickhäuter“	N	A	S	H	O	R	N	ein Bindewort	D	A	N	N

220 Zahlenrad

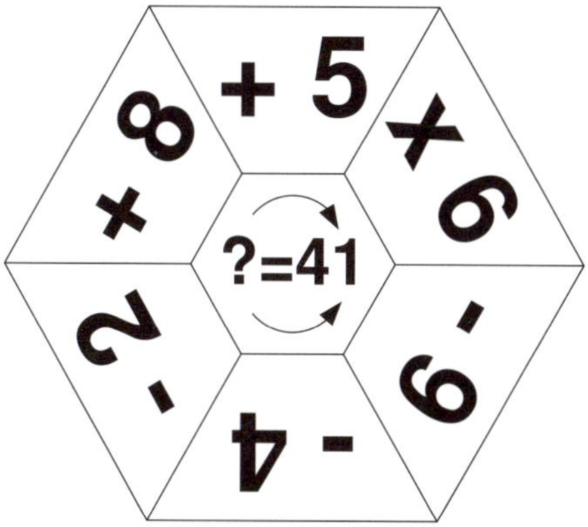

221 Rechenproblem

		2	+			7	=		8			
	+				+				+			
	2	1	+		0	3	=	3		4		
1	3		+	2		0	=		1	3		

222 Ensaimada

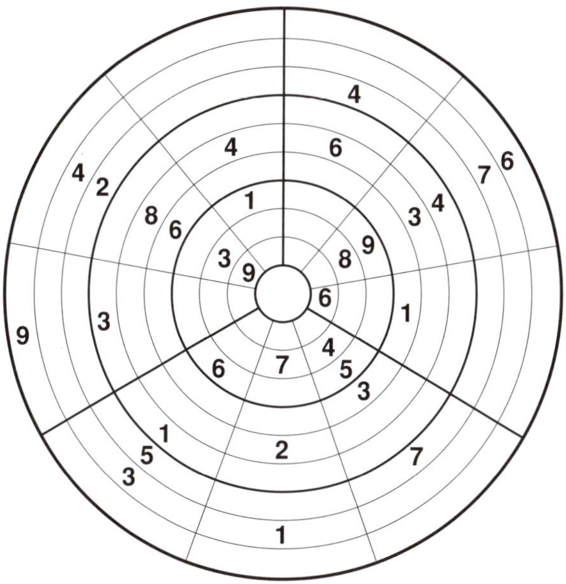

223 Am Faden

Wenn Sie den richtigen Anfang finden und den Linien folgen ergibt sich ein Zitat von Archimedes.

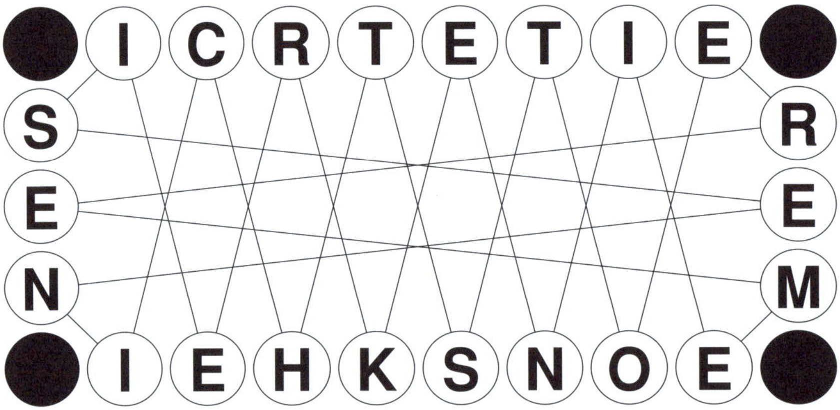

224 Darträtsel

1. Badegefäß
2. blaue Alpenblume
3. untergehen
4. ein christliches Fest
5. foppen
6. schneidern
7. hart, unnachgiebig
8. betrügen
9. nach innen
10. Vater und Mutter
11. innerhalb
12. maßregeln, rügen

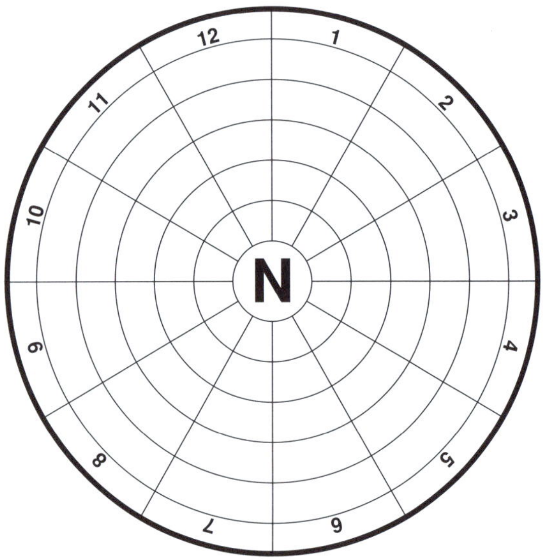

225 Rebus

226 Sudoku

8			12		4		1		5		
	10		4	8				12			
5	6			7		9			8	2	
10	1			6				7			4
4		5	9			10				8	
6	8			2	11	7				10	1
11	2				3	12	9			5	7
	12				8			1	2		11
7			8				6			9	12
	11	10			12		2			4	8
			7				10	2		11	
		9		1		11		3			6

227 Atomium

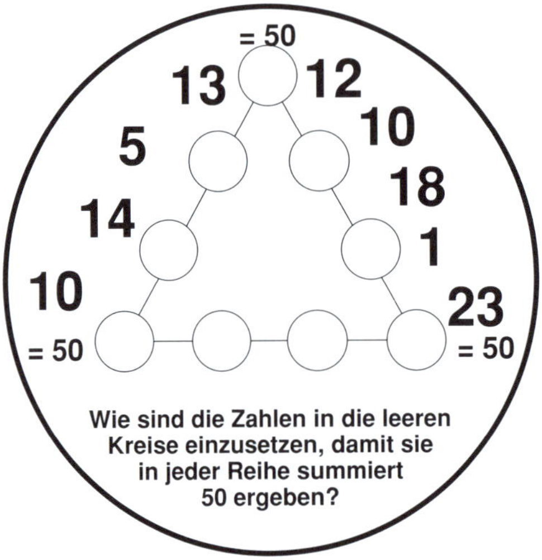

228 Mittelwort

LINKS		PFOSTEN
HALB		ARMUT
GROS		PASS
LEBER		SPORT
LIEB		VOLL
FUSS		HAKEN
WECHSEL		BUCH
GROSS		GEBIET

229 Zahlenpyramide

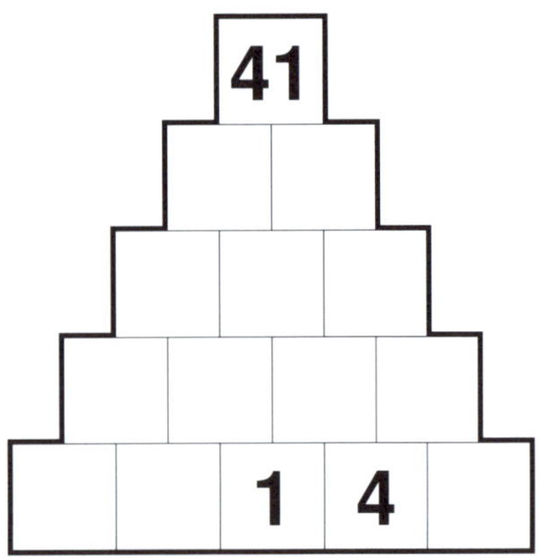

230 Sudoku Diff

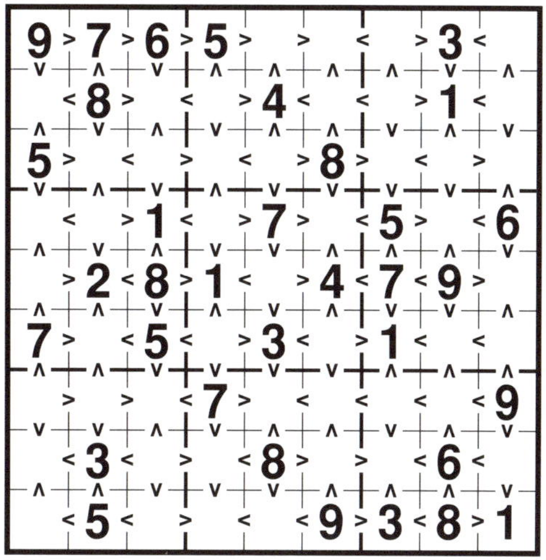

231 Spiegelrätsel

1 junges Rind – Lampenruß
2 Adelstitel in England – Schiffstau
3 französische Königsanrede – griech. Göttin der Zwietracht
4 Kitzel – Dekor
5 betriebsam – Sterbeort Wallensteins
6 gleichgültig – Getränkerunde

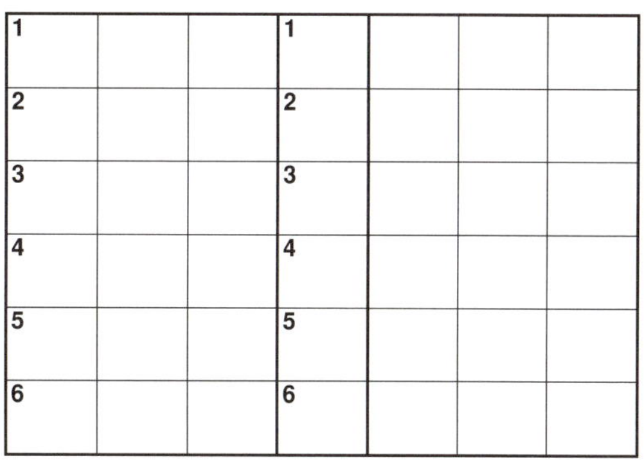

232 Blindfeldsuche

Aus den in den Trennfeldern stehenden Buchstaben ergibt sich, zeilenweise von oben nach unten gelesen, ein Sprichwort.

Z	U	F	L	U	C	H	T	S	O	R	T	A	J	E
A	V	E	U	T	O	T	C	P	H	E	I	G	E	N
N	A	S	A	E	T	I	M	O	B	I	L	N	S	O
K	B	S	L	S	O	M	I	T	I	B	N	K	U	R
D	B	E	B	E	N	E	N	S	E	A	R	L	H	M
M	A	L	U	E	H	P	I	N	S	C	H	E	R	N
F	T	I	E	L	E	A	N	O	C	H	D	M	E	L
T	A	B	L	E	T	T	E	T	H	M	A	M	M	E
I	A	E	I	N	L	R	E	S	E	N	K	E	I	I
E	D	D	A	N	L	O	R	E	N	K	K	O	I	N
R	O	E	S	T	E	N	R	T	N	K	U	T	T	E

233 Sudoku Even

	1	2	8	5		6		
				3				2
8	4		2	9			5	
6		1			9		2	
	7						3	
	2		6			7		9
	3			2	1		4	8
1				4				
		4		6	3	1	7	

235 Business

234 Rechenproblem

		1	+		6	9	=		6	0
	+				+				+	
1	8		+	3	5		=		3	9
2		2	+	5	2		=	7		9

236 Rechenquadrat

22	-		+		21
-	■	-	■	x	■
	+		x		60
x	■	x	■	x	■
	x		-		58
98	■	18	■	90	■

237 Rebus

238 Tunnel

	3	2	6	1	1	1	4	5	2	2	4	0
6												
4										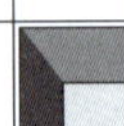		
3												
4												
7												
4												
3			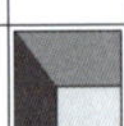									

239 Sudoku

		2		5	10		8				1
8	1		6	2				5			9
		10		11						3	
	9	6				11	1		2		12
		12			9					6	
10	3					5		8	1		
		4	10		7					11	2
	6					1			9		
3		11		6	2				8	12	
	8						11		5		
11			7				4	3		1	6
2				3		7	6		10		

240 Darträtsel

1. poetisch: Insel
2. finanziell flüssig
3. widersinnig
4. Stadt am Meer
5. waschaktive Substanz
6. nordeurop. Inselstaat
7. Salz der Blausäure
8. das eigene Staatsgebiet
9. Buch der Juden
10. Stückzahlentlohnung
11. oval
12. sittliche Haltung, Anstand

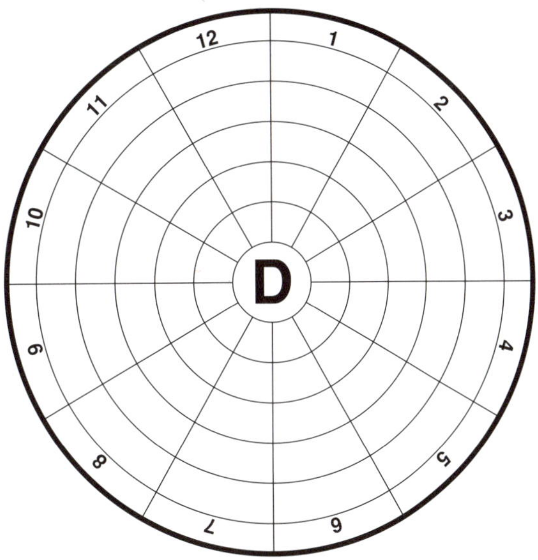

241 Rätselgleichung

$$(a - b) + (c - d) + (e - f) + (g - h) = x$$

a = Feuererscheinung
b = junges Schaf
c = tragendes Bauteil
d = Zweig des Weinstocks
e = von kräftiger Statur
f = ein Börsenspekulant
g = Notlage
h = Spieleinsatz
x = die Schlusslösung

242 Ensaimada

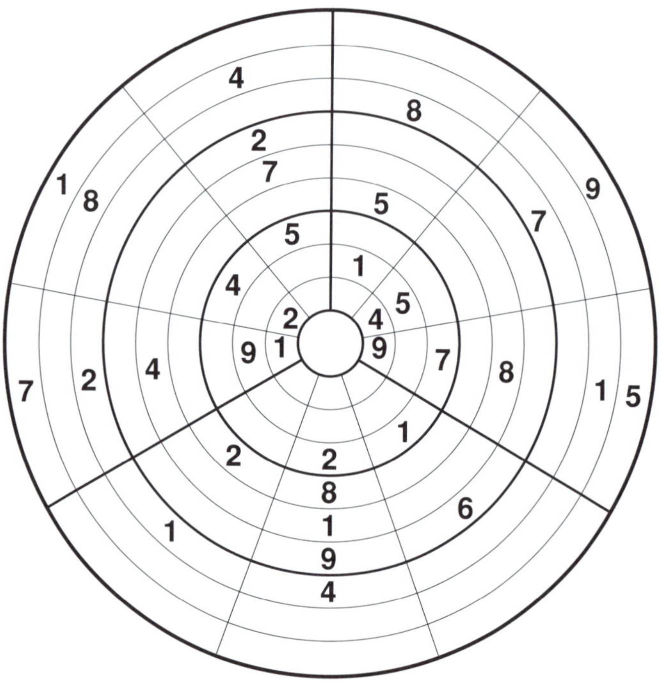

243 Blindfeldsuche

Aus den in den Trennfeldern stehenden Buchstaben ergibt sich, zeilenweise von oben nach unten gelesen, ein Zitat aus der Bibel.

A	L	S	O	L	M	E	H	R	D	E	U	T	I	G
N	I	E	L	L	O	A	S	E	T	S	R	S	N	A
K	L	E	P	P	E	R	T	G	E	M	I	T	T	E
E	I	B	E	U	H	C	B	E	Z	U	G	H	R	N
R	G	A	E	D	R	A	L	L	N	S	U	V	A	G
G	G	E	L	E	E	S	U	E	O	E	D	E	I	E
V	E	R	N	K	A	L	E	K	T	U	E	R	E	N
D	L	E	D	R	E	I	M	M	I	M	W	T	A	V
B	A	G	U	E	T	T	E	S	T	D	E	R	L	E
A	G	E	N	T	A	H	I	P	I	E	T	A	E	T
B	E	R	G	S	B	O	N	U	S	T	A	G	I	O

244 Endstück

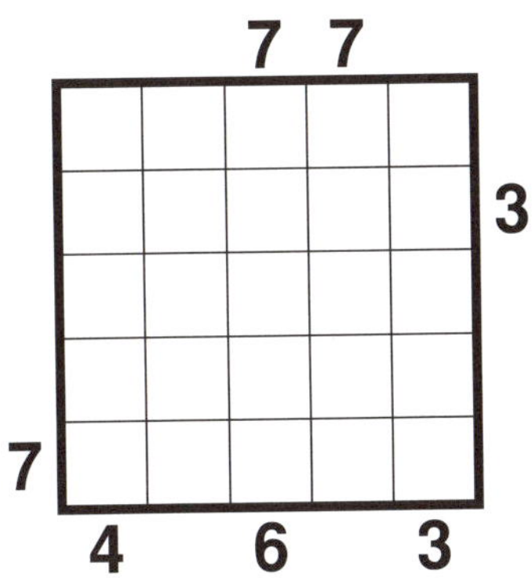

245 Zahlenrad

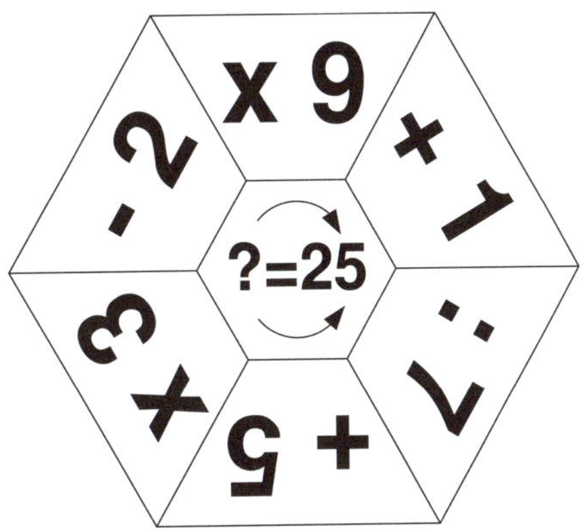

246 Trenne mit drei Strichen

247 Am Faden

Wenn Sie den richtigen Anfang finden und den Linien folgen ergibt sich ein französisches Sprichwort.

248 Summen-Sudoku

	10		14			3
3			19		15	
9	15			10		
		10			13	10
	15	11	7			
10				14		12
		11		10	7	

249 Rechenquadrat

26	+		-		27
+	■	+	■	-	■
	x		-		29
x	■	-	■	+	■
	x		-		11
60	■	5	■	9	■

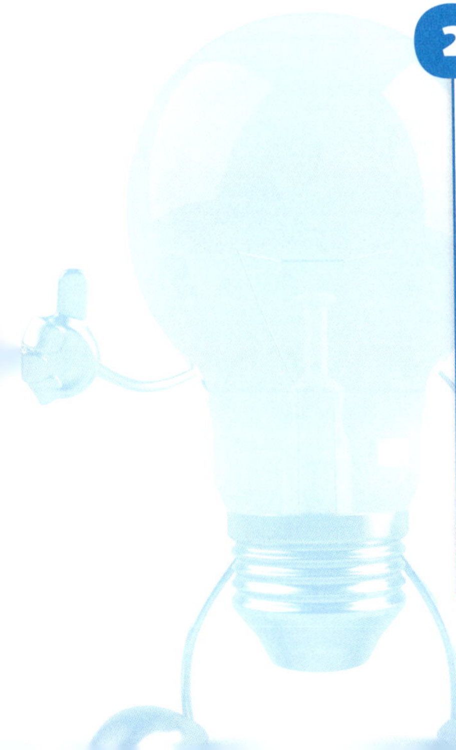

250 Sudoku

		3	7	4		1	2	8			
	10	4	1				6	5	9		
					9		8				
	11			9			3	7		10	1
	7			2			5		6		11
	8	6	3						4		
		11						9		4	5
3		9		5			11			1	
10	12		6	3			1			2	
				1		3					
		1	11	6				12	8	9	
			4	12	8		10	6	1		

251 Rebus

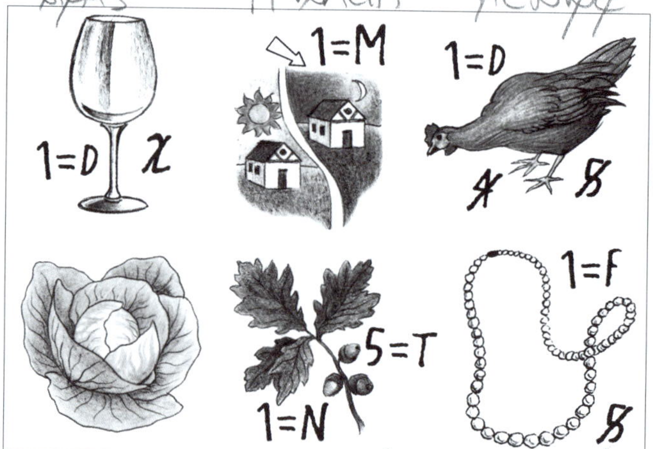

252 Schwedenrätsel

Vater von Ikarus		A	Anfälle von Atemnot	alt-ägyptischer Pharao		Fluss durch Grenoble		Bildungs-veranstaltung		Spaß	Robbenart	S
Brand-rückstand	A	S	C	H	E	ätzende Flüssigkeit	S	A	E	U	R	E
B	E	T	T	die fünf Bücher Mosis		männliche Ente		französische Anrede (Abk.)		L		E
Nachtlager		H	Aufwind	T	H	E	R	M	I	K	flüssiges Gewürz	L
antikes Gefäß für Wein		M				R		austral. Schauspieler †, ... Ledger		Abk.: Ehrenordnung	E	O
		A	König der griech. Sage		Männername	P	dt. Handelsbund im MA.	H	A	N	S	E
im Stil von (franz.)		Halteband an Kleidern	T	R	A	E	G	E	R	medizinisch: Haut	S	W
Ton, Geräusch	S	C	H	A	L	L	südd., österr.: Maulwurf		bestimmter Artikel	D	I	E
mohammedanisch	Brustband	fester, farbloser Überzug		organ. Isolierschicht (Beet)		Gebirgspfad	S	T	E	I	G	Ureinwohner Amerikas
I	S	L	A	M	I	S	C	H	Gift der Tollkirsche		US-Bundesstaat	I
lateinisch: Fall	C	A	S	U	S	Staat in Westafrika	H	organ. Stickstoffverbindung			I	N
Ohren der Rehe	H	S	schott. Autor † (Sir Walter)	L	Vorrat		E				N	D
L	A	U	S	C	H	E	R	Sommermonat		Ex-Frau von Prinz Charles (Lady...) †	D	I
		R		H	japanische Münze		König von Juda	J			I	A
dt. Schauspieler (Heino)		altrömische Kupfermünze		eingedickter Fruchtsaft	S	I	R	U	P	Abk.: am Ende	A	N
kleine Fehler machen	P	A	T	Z	E	N	Urwaldpflanze	L	I	A	N	E
Osteuropäerin	P	O	L	I	N	geradlinig	L	I	N	E	A	R

253 Rechenproblem

	7		+		1	5	=		9	0
	+				+				+	
	2	7	+	2		0	=	4		7
3	0		+	4		5	=	7		7

254 Zahlenrad

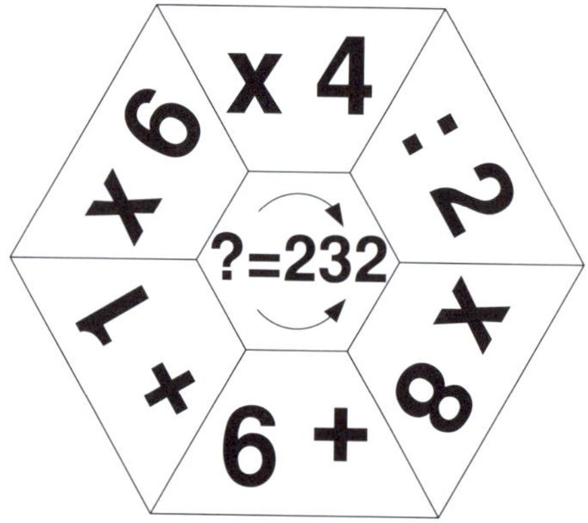

255 Blindfeldsuche

Aus den in den Trennfeldern stehenden Buchstaben ergibt sich, zeilenweise von oben nach unten gelesen, ein Zitat von Friedrich von Schiller aus „Wilhelm Tell".

B	A	L	T	H	A	S	A	R	V	A	E	V	O	R
A	N	O	N	Y	M	R	L	R	A	N	L	A	G	E
N	O	T	A	P	T	S	E	N	N	A	U	K	N	F
D	D	A	R	E	M	I	S	R	N	G	C	A	F	E
G	E	I	E	R	W	N	O	K	E	L	L	N	E	R
A	N	H	I	N	S	T	E	R	L	P	I	T	A	A
B	U	A	N	H	O	E	H	E	N	S	Q	C	E	T
E	N	G	H	I	R	R	T	D	I	F	U	R	I	E
L	U	R	E	N	B	A	P	I	L	L	E	L	N	L
N	E	A	N	Z	E	N	I	T	E	U	C	B	E	O
K	A	R	M	U	T	E	K	N	S	T	R	E	S	S

256 Ensaimada

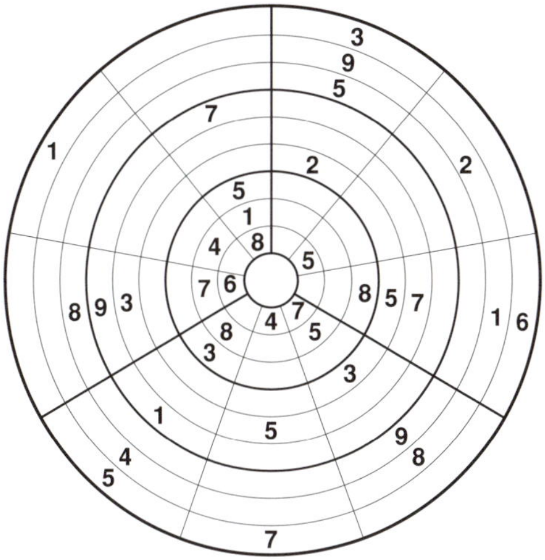

257 Tunnel

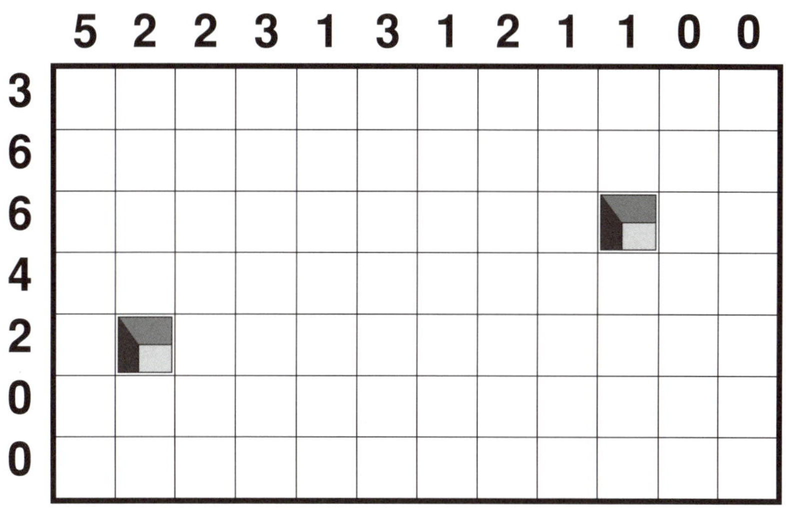

258 Spiegelrätsel

1 römischer Liebesgott – fahrendes Volk
2 Fremdwortteil: vor – US-Westernlegende (Wyatt)
3 eine Getreidepflanze – alter Name von Thailand
4 Traubenernte – Lasttier
5 Kochstelle – Kniff, Trick
6 Vorname der Fitzgerald † – jede, jeder

1			1			
2			2			
3			3			
4			4			
5			5			
6			6			

259 Sudoku Diff

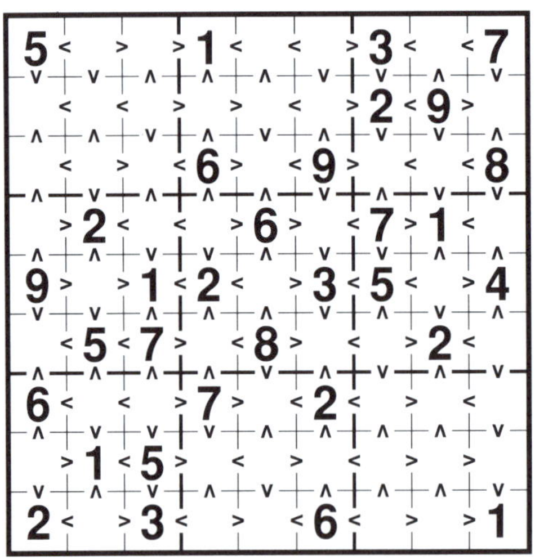

260 Sudoku

4	5	10									3
6		2		5			4	12			
					7			6		2	
8	12					7	2				10
11		1	2	9		3		8	12		
			5	12	11	6		2			
			3		10	4	11	9			
		4	1		8		3	10	7		5
7				6	1					3	8
	2		11			5					
			6	3			9		4		1
1									10	9	2

261 Rechenquadrat

35	-		+		40
+		+		-	
	x		+		14
-		x		x	
	x		-		58
28		49		10	

262 Sudoku

					2		11			12	3
12					5					1	
7			6	12		8			5		
	8	9		10		3	7	5	2	11	1
5	2		3					4	7		
		7			9				3		
		3				1			4		
		1	4					3		10	6
8	9	12	10	3	4		6		11	5	
		4			11		12	6			9
	6					10					8
2	12			6		4					

263 Darträtsel

1. umsonst
2. Abbruch eines Gebäudes
3. kleiner Fehler
4. riesig, enorm
5. kleine Geldspende
6. Leere
7. Beifahrer, Teilhaber
8. Sohn (latein.)
9. Antrieb, Anstoß
10. grob gemahlenes Getreide
11. Kontur
12. ohne hilfreiche Idee

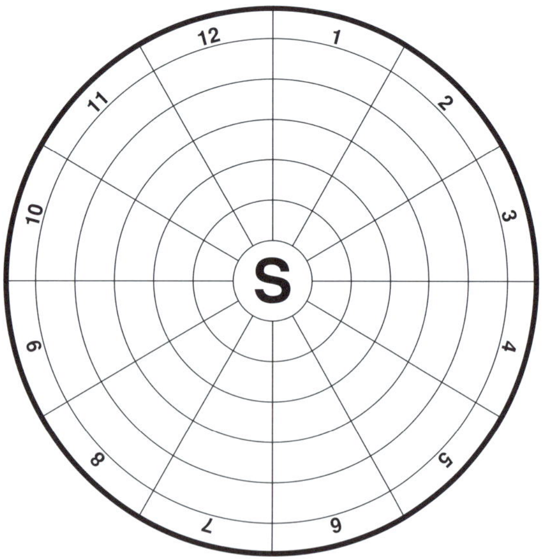

264 Rebus

265 Am Faden

Wenn Sie den richtigen Anfang finden und den Linien folgen ergibt sich ein Sprichwort.

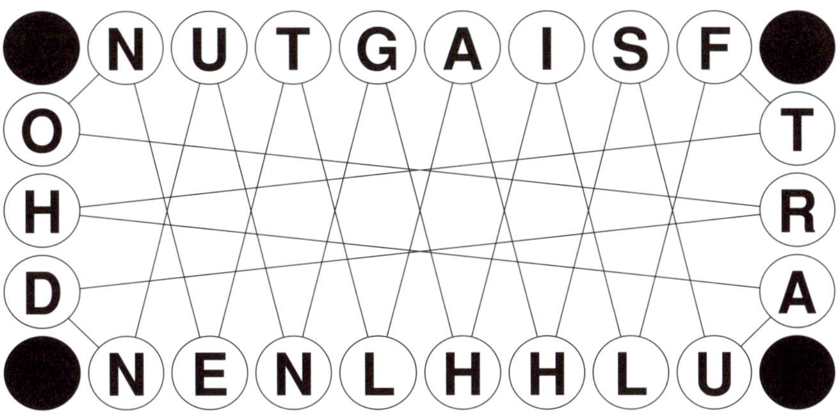

266 Blindfeldsuche

Aus den in den Trennfeldern stehenden Buchstaben ergibt sich, zeilenweise von oben nach unten gelesen, ein Sprichwort.

B	E	G	E	I	S	T	E	R	N	M	N	A	S	E
E	A	I	S	E	N	R	S	I	O	N	E	N	O	K
F	O	L	S	L	R	E	C	K	E	D	I	E	S	Z
U	N	G	E	N	A	U	N	S	T	K	N	E	T	E
N	E	O	N	A	B	G	S	C	H	I	N	R	O	M
D	I	S	C	B	E	G	E	H	R	E	N	H	E	T
V	A	S	I	A	O	E	N	A	R	M	D	A	R	A
H	O	E	H	L	E	E	K	M	G	E	I	G	E	A
E	R	N	B	K	E	F	E	G	E	N	N	A	D	E
I	T	L	T	A	D	E	L	O	R	B	O	P	E	R
T	A	L	O	N	E	E	N	M	A	N	U	E	L	L

267 Atomium

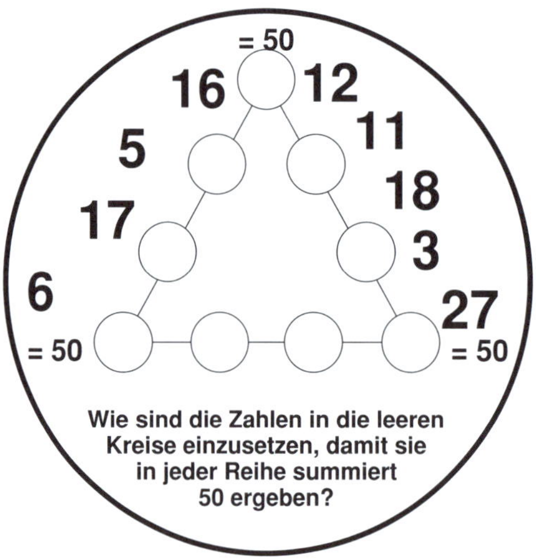

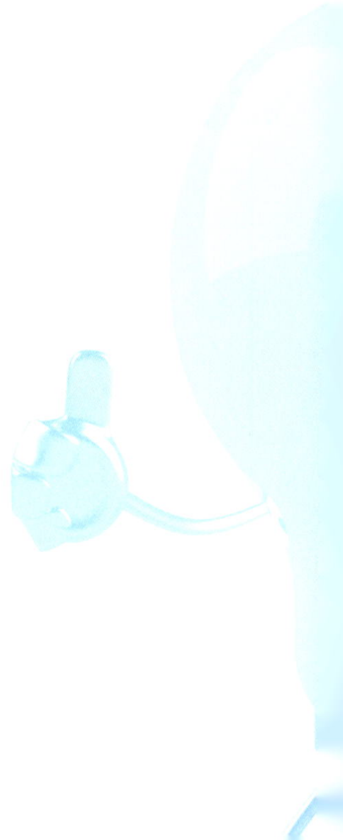

268 Rechenproblem

7	2		+		2	1	=	8	4			
–					–					–		
4		1	+			3	=	4		4		
	5	9	+	1		8	=	3	6			

269 Mittelwort

KREUZ		GETREU
HALS		HUETTE
KONTO		AKTIE
HAAR		WALD
FEHLER		ZEICHEN
SPRINKLER		BERATER
KAISER		BLUME
WEIT		GRENZE

270 Sudoku

				9		10					8
12				2		6				9	
2			9	12	5		11		10		
	7	5		1	10		9		11	2	12
9	6							10	3		
		10				3	2		1		
		1		8	2				4		
		4	10							8	7
3	5	8		6		1	4		2	12	
		7		11		12	1	9			4
	3				7		6				11
1					8		5				

271 Trenne mit drei Strichen

272 Sudoku Even

	3	1	9	4		6		
				2				1
9	8		1	7	6		4	
6		3			7			
	5						2	
			6			5		7
	2		4	1	3		8	9
3				8				
		8		6	2	3	5	

273 Tunnel

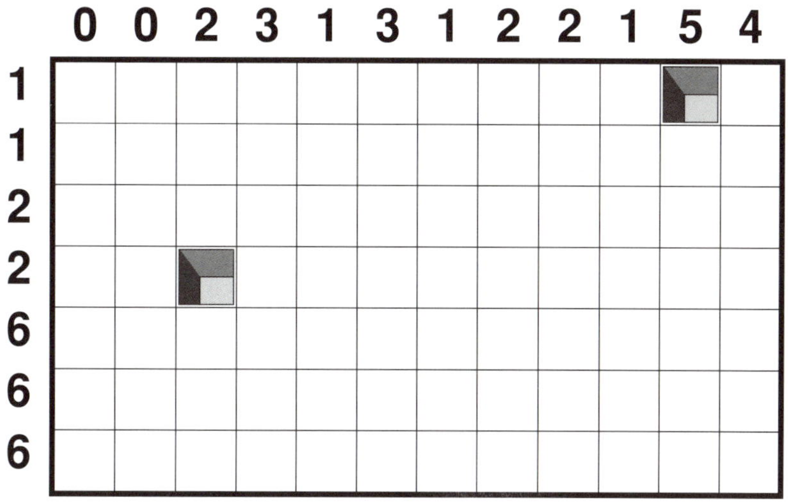

274 Darträtsel

1. Heiligenbilder der Ostkirche
2. die Unwahrheit sagen
3. Körperstellung
4. ohne Vergnügen
5. Windrichtung
6. Geräusch der Uhr
7. Schultornister
8. Staat in Südasien
9. Prüfung
10. Wettlauf
11. schleppen
12. ein Schiff erobern

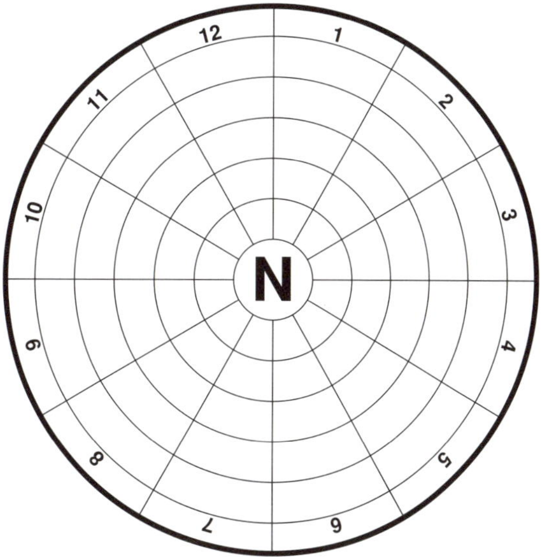

275 Rebus

276 Am Faden

Wenn Sie den richtigen Anfang finden und den Linien folgen ergibt sich ein Sprichwort.

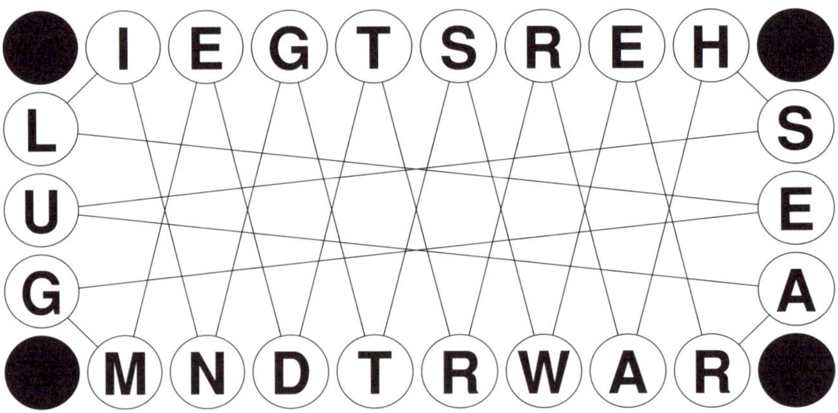

277 Summen-Sudoku

	11			8		5
		13	13		10	
10				12		8
6		17		13		
	10		14			10
	12	12			15	
5			10		11	

278 Rechenquadrat

34	-		-		18
+		-		x	
	x		+		11
-		x		+	
	+		+		18
30		24		43	

279 Ensaimada

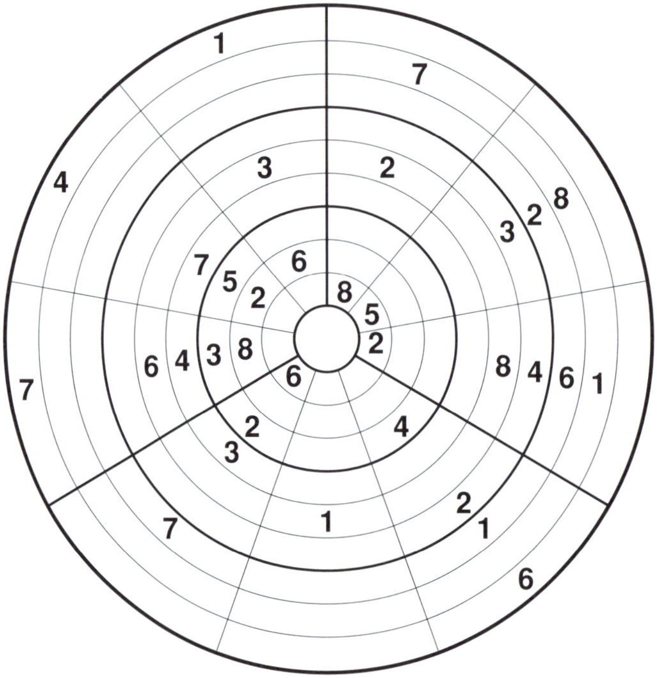

280 Rätselgleichung

$$(a - b) + (c - d) + (e - f) + (g - h) = x$$

a = Beginn
b = erjagtes Wild
c = ein Ruderboot
d = Dekor
e = Farbe zum Zeichnen
f = Wollstoff
g = genau richtig
h = Wort beim Poker
x = die Schlusslösung

281 Rechenproblem

2	8		+	3		=	3		9		
+				+					+		
2	9		+	3	3		=		3	1	
	7	9	+	3		1	=		5	0	

282 Endstück

	3	2				
3						5
						7
						5
		7				

283 Blindfeldsuche

Aus den in den Trennfeldern stehenden Buchstaben ergibt sich, zeilenweise von oben nach unten gelesen, ein englisches Sprichwort.

M	E	K	K	A	B	S	P	U	T	N	I	K	E	R
S	F	S	E	S	S	E	N	E	E	R	L	E	W	A
S	E	I	F	E	Z	I	U	R	E	T	T	I	C	H
A	U	R	I	U	I	N	R	I	N	O	S	T	P	M
R	A	K	R	A	N	S	A	T	E	S	C	E	E	E
K	E	N	N	E	D	O	D	U	E	A	H	O	R	N
A	T	O	M	N	I	Z	D	A	T	E	I	E	D	I
S	T	L	A	P	E	D	A	L	L	R	S	L	T	U
M	E	L	D	E	N	G	U	A	P	A	P	I	E	R
U	T	E	R	R	N	O	E	D	E	I	U	N	I	C
S	T	H	R	U	E	H	R	U	N	G	T	O	L	M

284 Streichholzrätsel

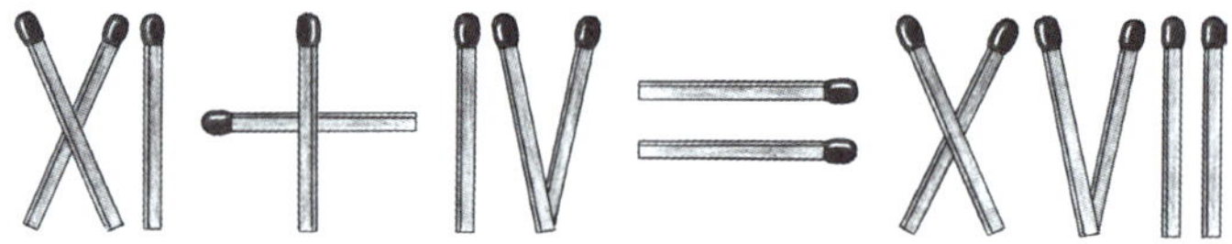

285 Business

286 Zahlenrad

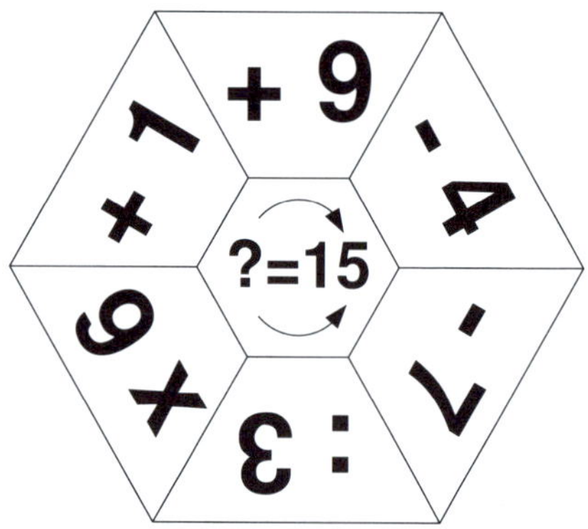

287 Rätselgleichung

$$(a - b) + (c - d) + (e - f) + (g - h) = x$$

a = Dolchhalterung
b = ein zartes Gewebe
c = ein Apostel
d = zusätzlich
e = kurze Sporthose
f = Kindertagesstätte
g = Gesamtheit
h = völlig, ungeteilt
x = die Schlusslösung

288 Schwedenrätsel

Meldung	Vorname von Chruschtschow	Formgestaltungen		Reisemesse in Berlin (Abk.)	grob gemahlenes Getreide	N	Anfängerin	türkischer Würdenträger		Einheit der Stoffmenge	mundartlich: Ameise	französisch: Straße
						E	Fragewort					R
äußerste Sorgfalt		Wasserwirbel	S	T	R	U	D	E	L	„blaublütig"		U
						E	brennbares Gas		germanische Gottheit			E
Teil der Autobahn		Baumfrucht		Tanzlokal (Kw.)		medizinischer Verband						altrömische Silbermünze
		A		D					ergeben		norditalienische Lagunenstadt	D
halbrunde Altarnische		P		I		Schnur am Webstuhl		Radiodirektübertragung	L	I	V	E
junge Frau	vertreten	F	Reduktionskost	S	Salzbildner	H	A	L	O	G	E	N
M	A	E	D	C	H	E	N	Kindertagesstätten (Kw.)	Y	bayrisch: nein	N	A
	U	L	I	O	ein Alleebaum		männliche Katze	K	A	T	E	R
Vorname des Sängers Iglesias	S	Männername	A	alte Waffe (... und Bogen)	P	F	E	I	L	„harte" Fremdwährung	D	Jackenaufschlag
großer Hohlraum im Felsen	H	O	E	H	L	E	schweizerisch: Patin	T	kroatische Adria-Insel	V	I	R
N	E	S	T	Figur von Erich Kästner		Autoabstellraum	G	A	R	A	G	E
Brutstätte	L	S	moralische Gesinnung	E				S	Volksgruppe der Mayas	L	alte franz. 5-Centime-Münze	V
Geschäftsbezeichnung	F	I	R	M	A	Ziffernkennung (engl.)		griech. Göttin der Kunst	M	U	S	E
	E	E	Anreger, Urheber	I	N	I	T	I	A	T	O	R
japan. Verwaltungsbezirk	N	Nachtflugtier	F	L	E	D	E	R	M	A	U	S

289 Tunnel

	0	1	1	2	2	4	2	1	1	1	0	0
4												
2												
1												
1												
2												
2												
3												

290 Sudoku

				9		5	12	3	7		
			8		1	7		12	11		4
6	10		7		11						
8	2				6					7	
4						11		8	1		3
	5	1	11	3	7	2	8			6	
	9			7		12	5	10	6	4	
5		4	12			10					9
	7					8				12	1
				10		4				1	12
1		8	5		9	6		4			
		2	10	5	12		3				

291 Rechenproblem

2	4		+			8	=	2		2
	+				+				+	
1		8	+	4	7		=	6	4	
	1	2	+		1	6	=	9		8

292 Business

293 Am Faden

Wenn Sie den richtigen Anfang finden und den Linien folgen ergibt sich ein Sprichwort.

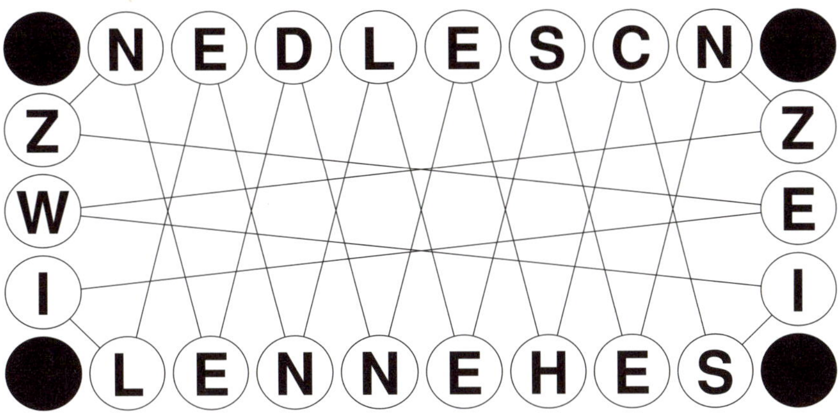

294 Darträtsel

1. Gesamtheit der Zähne
2. extra, speziell
3. zu jener Zeit
4. flüchtiger Brennstoff
5. besonderes Ansehen
6. Weltwunder d. Antike, Rhodos
7. furchtsam, resigniert
8. ein großer Planet
9. französische Landschaft
10. zu sehr später Stunde
11. Volkszählung
12. ohne Ende

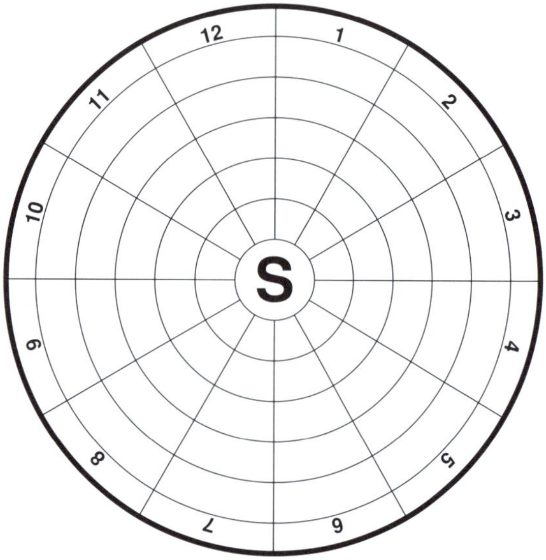

295 Rechenquadrat

37	-		-		24
+		+		x	
	x		x		84
-		-		+	
	x		-		19
31		13		29	

296 Rebus

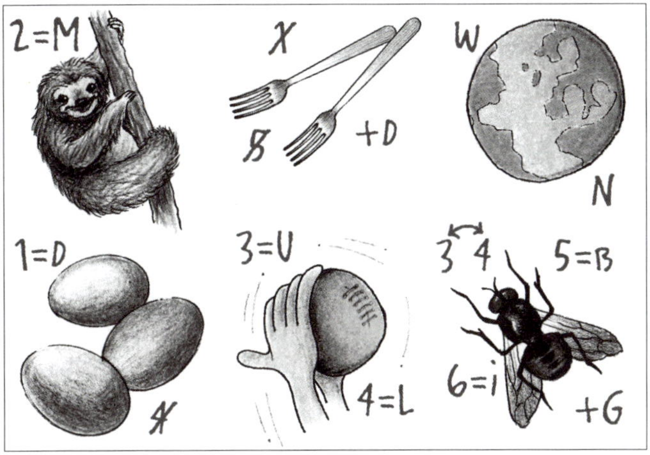

297 Sudoku

9	1			6		4					
			4		8	2		7	10		
				7		1	3	6	5		11
10	4	2	6			9	7			8	
8						6	2		4		7
1	9					10				11	
	11				2					5	10
3		1		9		12					4
	2			3	11	5		12	1	7	9
2		11	3	8	6		9				
		12	9		1	11		10			
					12			11		6	2

298 Atomium

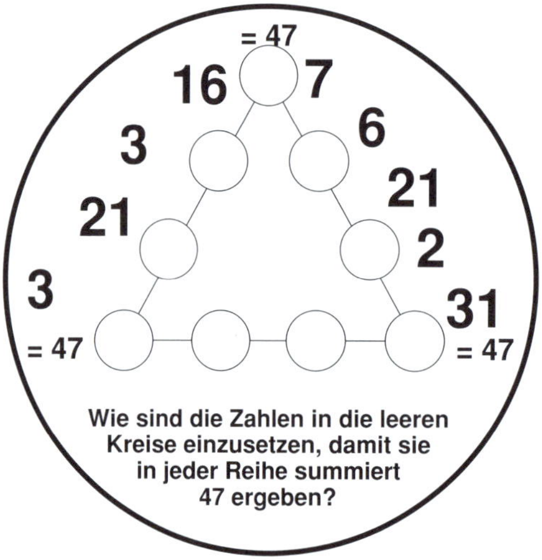

299 Blindfeldsuche

Aus den in den Trennfeldern stehenden Buchstaben ergibt sich, zeilenweise von oben nach unten gelesen, ein Zitat von Blaise Pascal.

L	U	S	H	O	P	P	I	N	G	N	M	U	S	Z
A	L	K	N	R	O	M	T	E	E	K	E	T	T	E
M	A	A	R	R	O	B	P	I	R	A	T	R	I	D
A	O	G	C	A	L	A	I	N	H	R	E	O	L	E
N	R	E	B	U	S	E	N	B	M	O	N	T	U	R
T	U	N	E	L	R	G	I	N	A	E	E	I	S	D
S	M	A	D	A	R	L	E	H	E	N	M	T	K	A
P	A	L	E	E	I	A	N	I	D	T	B	I	S	S
F	E	L	G	E	L	S	A	R	E	M	U	S	N	Y
A	N	G	E	W	D	U	S	E	L	E	B	I	A	L
D	E	H	N	B	A	R	L	E	T	S	E	I	D	E

300 Sudoku Even

		4						9
8			2		4			
		6	3			8	5	4
1	5		8		6		4	
	3		4		1		2	8
6	4	1			8	9		
			9		7			6
7						3		

301 Endstück

	2		2			
1						
	1			5	1	

302 Zahlenpyramide

51				
			2	4

303 Business

Nat Warkt

----

304 Rechenproblem

	2		+	1		0	=	1	7	
	+				+				+	
	2	4	+	4	3		=	5		0
1	4		+		8	6	=		3	3

305 Rebus

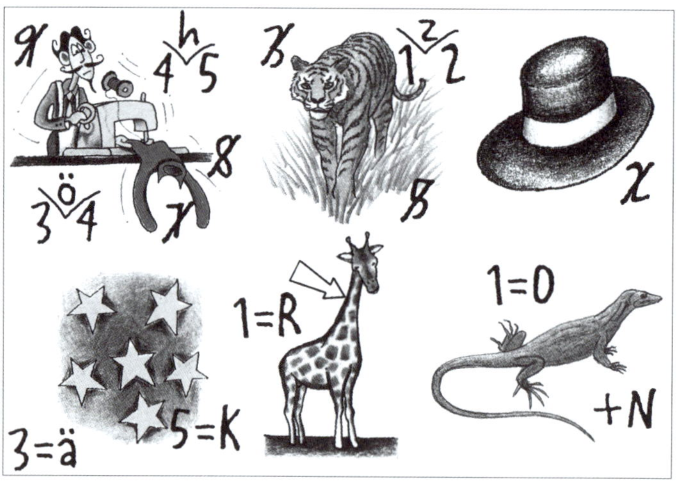

306 Ensaimada

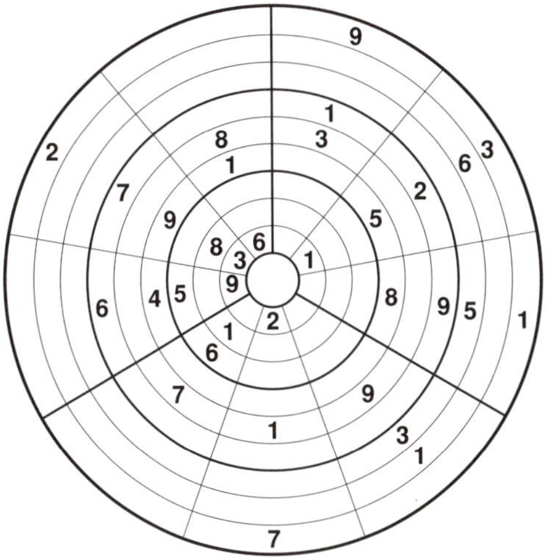

307 Rechenquadrat

22	-		-		5
-		+		x	
	x		+		23
-		x		-	
	+		x		26
11		78		25	

308 Summen-Sudoku

		12		11	5	
10				14		9
	12	12	12			
		10			15	10
8	15			9		
5			14		16	
	10		10			5

309 Spiegelrätsel

1 eh. Autorennstrecke in Berlin – Hauptstadt der Fidschi-Inseln
2 Sicherheitsriemen im Auto – Täuschung, Einbildung
3 Insektenlarve – holländ. Käsestadt
4 Aristokratie – Geliebte des Zeus
5 Spaltwerkzeug – artig, brav
6 Roman von Jane Austen – Kinderfrau

1			1			
2			2			
3			3			
4			4			
5			5			
6			6			

310 Am Faden

Wenn Sie den richtigen Anfang finden und den Linien folgen ergibt sich ein Sprichwort.

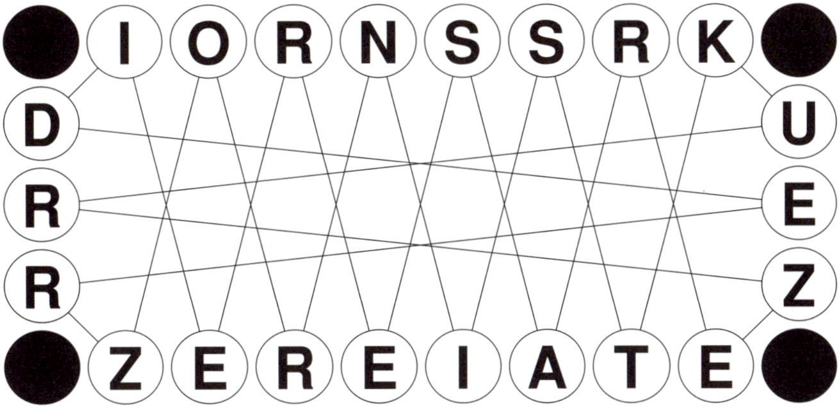

311 Trenne mit drei Strichen

312 Tunnel

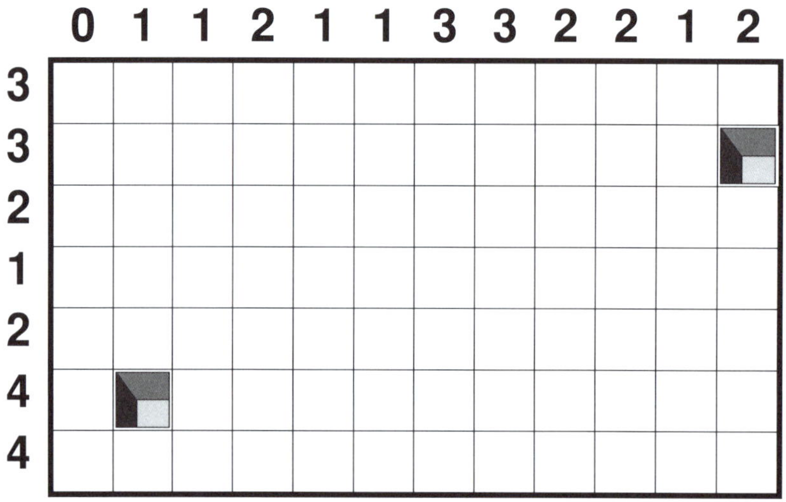

313 Darträtsel

1. Reise reservieren
2. sehr ausgelassen
3. Banknote
4. viereckiger Behälter
5. begeistert bemühen
6. ein Planet
7. winziges Längenmaß
8. Quatsch, Nonsens
9. außerhalb
10. fester Zeitpunkt
11. heftig ziehen, reißen
12. amerikanischer Erfinder † 1931

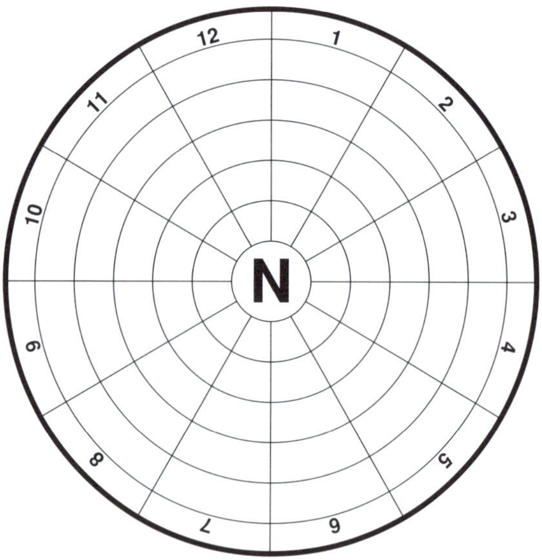

314 Mittelwort

SCHLEUDER		GABE
HAND		STAG
RUND		ZIEL
ELFENBEIN		FALKE
WEIN		GURKE
RISIKO		STAG
GOLD		MANTEL
GROSS		TOCHTER

315 Zahlenpyramide

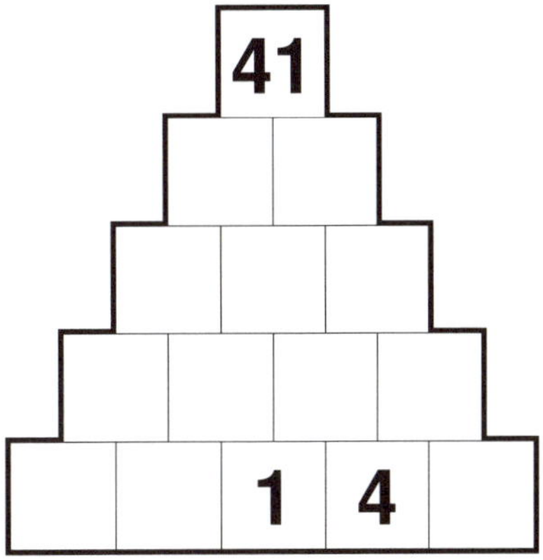

316 Zahlenrad

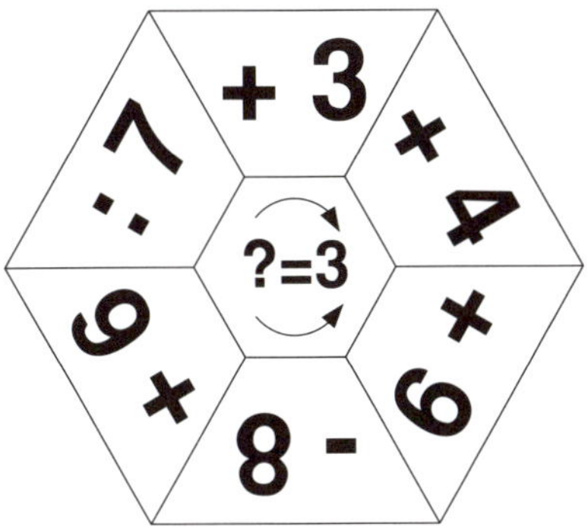

317 Business

318 Rechenquadrat

40	-		-		26
-		+		-	
	+		x		60
-		+		x	
	+		x		40
25		10		12	

319 Sudoku

6			3	7		12				11	
			7		11				2		
					8		1	10			
	9	12		5		10	3		1	8	
		8	11				12			3	4
	3			8	9		4			10	12
8	10			1		2	9			4	
4	2			11				6	5		
	7	9		10	4		6		11	1	
			8	6		4					
		6				5		12			
	4				1		7	9			6

320 Am Faden

Wenn Sie den richtigen Anfang finden und den Linien folgen ergibt sich ein russisches Sprichwort.

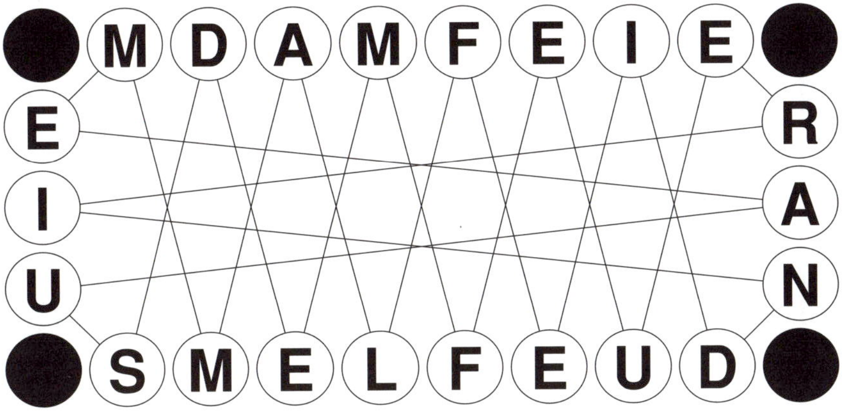

322 Rechenproblem

1 6 □	+	2 6 □	=	4 □ 3
+		+		+
1 □ 9	+	□ 4 4	=	3 □ 3
3 4 □	+	4 1 □	=	□ 5 6

321 Endstück

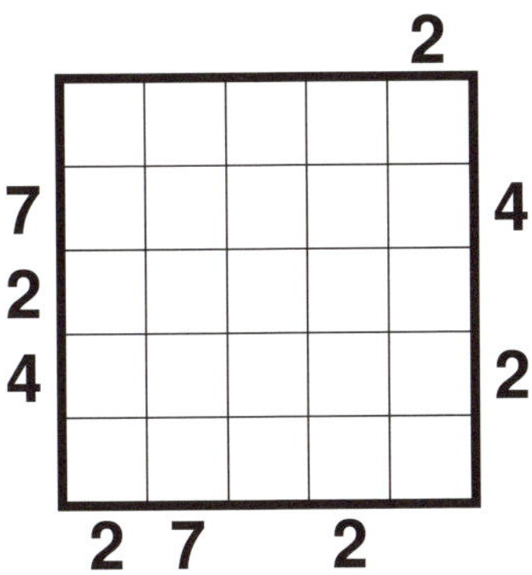

323 Schwedenrätsel

tierisches Fett	Fachmann, Experte	Heilpflanze, Blaustern		A	künstler. Nacktdarstellung		Weltmeer	Kornreinigungsmaschine	Wenderuf beim Segeln	Tropenfrucht	A	spanischer Artikel
S	P	E	C	K	Südfrucht						N	
	R			T	Kurort in Südtirol		ehem. Name von Tallinn				A	
Planetenumlaufbahn	O	Olympiastadt 2004		Frauenname						Getränk (engl.)	N	Teile der Fußballschuhe
exakt knicken	F	A	L	T	E	N	Glied eines Spinnenbeins		sächlicher Artikel	D	A	S
K	I	T	A	franz. Departement-hptst.		hoher dt. Adelstitel	F	U	E	R	S	T
Kindertagesstätte (Kw.)	Hauptstadt Togos		Aufbewahrungsort						biblischer Ort im A.T.	I	Gespräch mit Gott	O
Gründer der Sowjetunion						Fruchtbonbons		Miterfinder des Tonfilms		N	G	P
			tiefe Gesteinsfuge im Gebirge		Arroganz					K	E	P
französische Verneinung		Geräusch bei Glasbruch	K	L	I	R	R	Weihnachtsbaumschmuck		weidm.: starker Keiler	B	E
Unterarmknochen					europäische Giftschlange		offen anerkennen				E	L
Gewürzpflanze	erfolgreicher Golfschlag	antiker Name von Troja		Automat							T	Ort bei Hannover
							afghanisches Zentralgebirge		russischer Zarenname		vorher	
W	A	L	T	Vorname von Sänger Stewart		Entführungsopfer	G	E	I	S	E	L
Vorname Disneys			Normmaß	R								
indische Seerose				O		tschech. Männername (Otto)				Sprechweise einer dt. Ligatur		
Vorname der Autorin Blyton				B	Sprengkörper							

324 Sudoku Diff

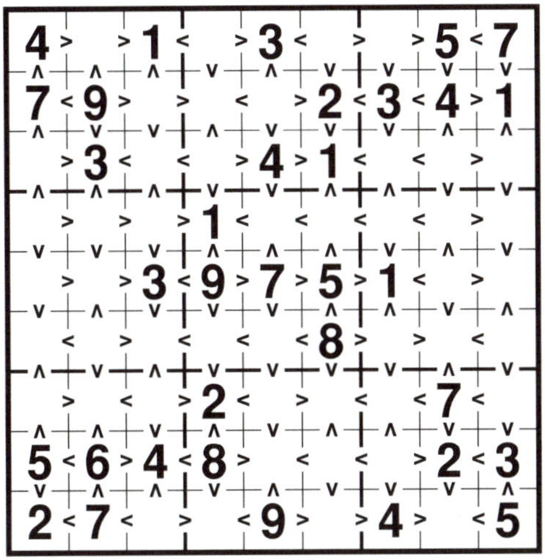

325 Atomium

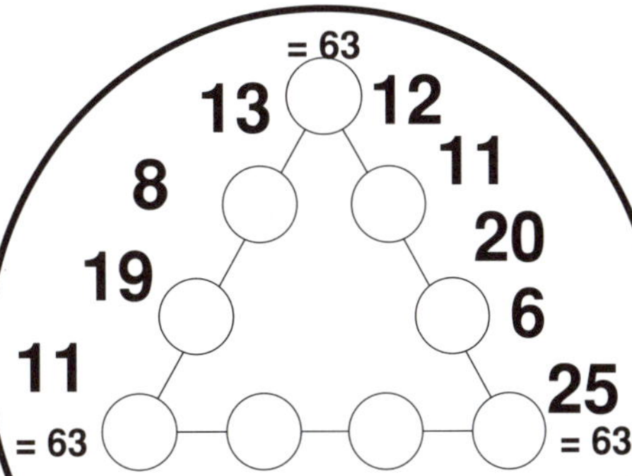

Wie sind die Zahlen in die leeren Kreise einzusetzen, damit sie in jeder Reihe summiert 63 ergeben?

326 Rebus

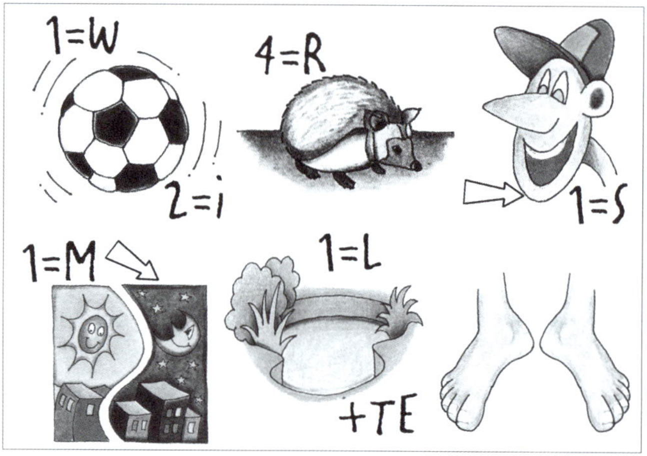

327 Ensaimada

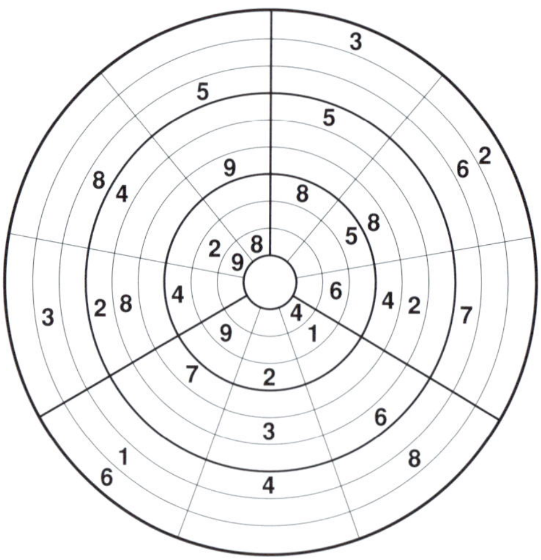

328 Tunnel

	3	3	1	1	3	1	3	1	3	1	1	0
6												
3												
8												
1												
2												
1		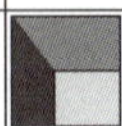										
0												

329 Spiegelrätsel

1 männliches Schwein – Weinstock
2 „Mutter“ in der Kindersprache – Vorbeter in der Moschee
3 Reizstoff im Tee – Metallbolzen
4 schwed. Tennisspieler (Björn) – derb, ungehobelt
5 Diebesgut – Vorname des Sängers Ramazotti
6 Teppichoberfläche – Vorname Hochhuths

1			1			
2			2			
3			3			
4			4			
5			5			
6			6			

330 Business

331 Zahlenrad

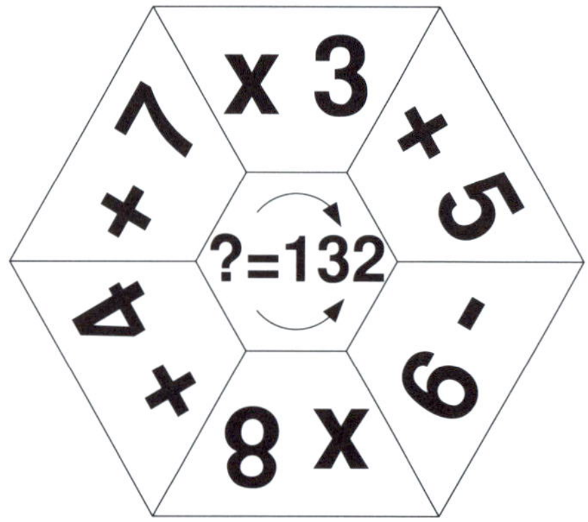

332 Sudoku

				12	11			2		1	
12				9			7	3			
1	9	5	11			3					12
8						12	3				4
11				7		8		12	6		
10			9	2	6	5		7			
			1		3	2	10	11			7
		10	8		7		9				2
5				1	4						8
7					1			10	5	11	6
			10	6			11				3
	1		3			4	5				

PROFIS

★★★

Schwere Aufgaben

333 Selfmade-Salat

ABSEGNEN
ANBAHNEN
ANDY
CABS
CLAN
DADA
DIAGNOSE
DROPS
EBENE
EINWAND
FEIND
GELB
GOENNEN
GRAUGELB
KINN
KNESSET
LAND
LEBEN
LETTLAND
MAGD
MIKRO
NEBEN
PFAND
REGAL
SCHAEFER
STEHLEN
STELE
STRENG
TOKIO
URNE
VENE
WEDA

334 Tunnel

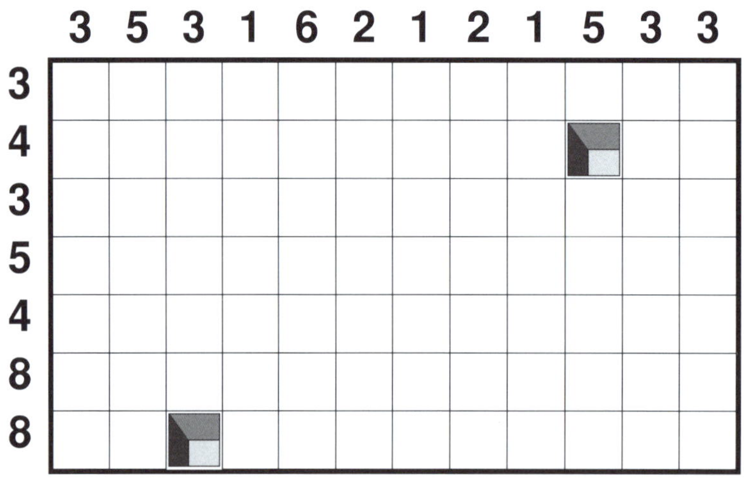

335 Zahlenrad

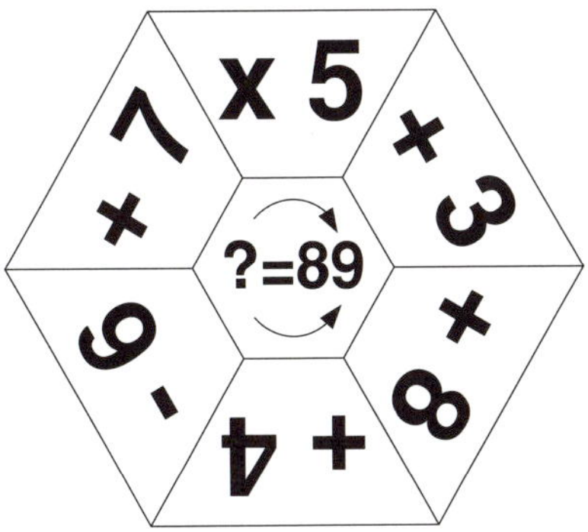

336 Symbolrätsel

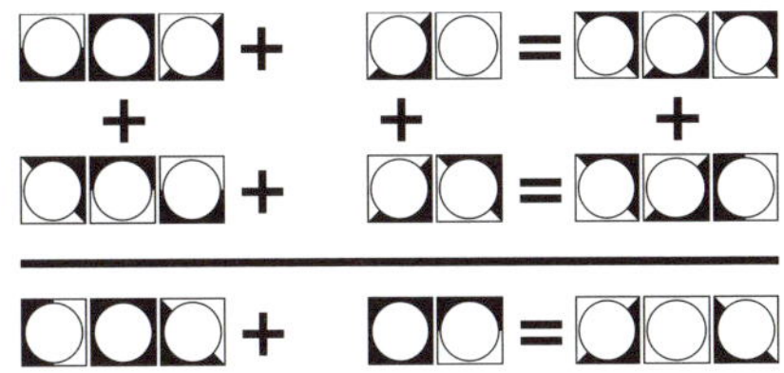

337 Buchstabenschieben

U	U	T	T
T	R	N	S
O	O	N	N
O	N	N	N
O	G	I	G
E	C	H	G
A	C	E	E
A	A	C	A

Y				
Y				
Y				
Y				
Y				
Y				
Y				
Y				

338 Samurai

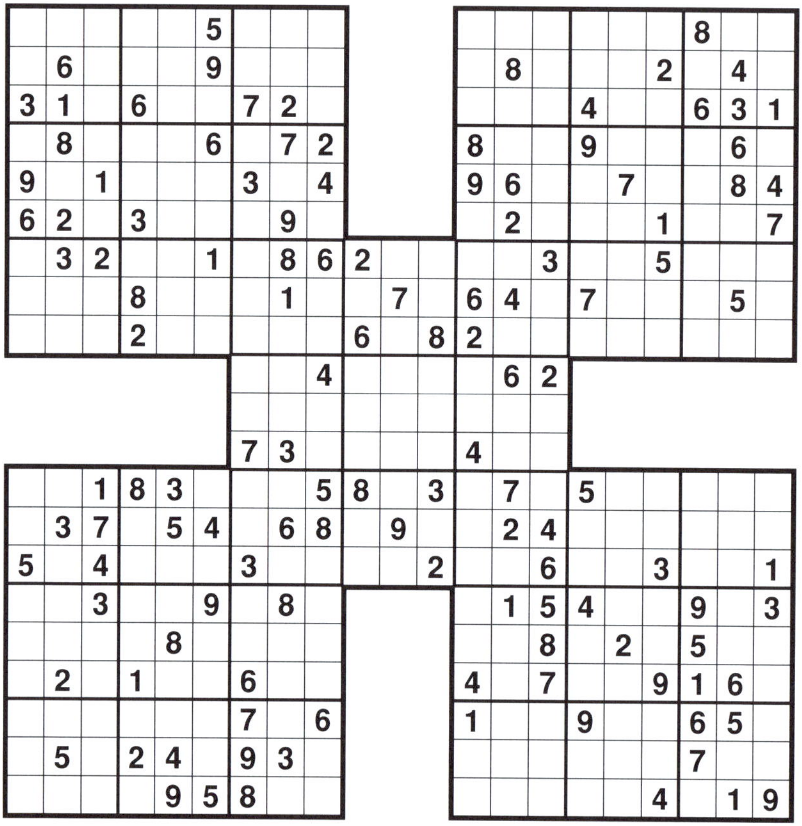

339 Streichholzrätsel

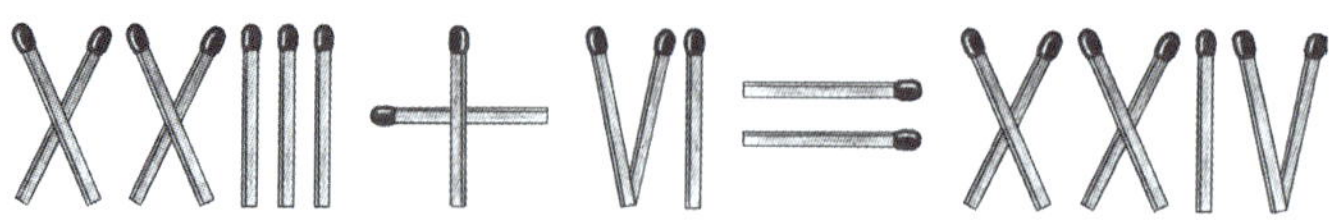

340 Zitatsuche

C	U	S	J	U	Y	T	B	I	O	Q	F	T	R
O	T	Q	D	R	H	R	M	A	N	S	W	W	E
X	U	U	C	S	N	L	U	T	B	C	H	T	S
F	E	G	Z	G	F	Z	A	N	N	I	N	B	V
W	C	J	U	V	A	E	K	T	U	R	S	I	B
F	E	B	J	I	S	H	I	J	P	E	V	R	K
P	N	N	I	Z	K	Z	B	T	L	L	A	T	S
N	E	D	G	N	I	F	I	B	U	J	Y	I	E
W	E	R	G	F	C	H	M	V	Y	U	S	T	D
M	F	C	K	G	D	T	E	H	R	T	I	X	D

341 Hitori

8	8	8	7	4	3	5	2
5	3	4	1	1	1	7	2
6	6	6	8	7	5	1	2
1	2	5	4	7	6	6	3
2	4	2	6	7	8	3	5
3	5	7	5	8	4	2	1
4	5	3	3	3	2	8	8
7	5	1	2	6	4	8	8

342 Silbengewirr

Sumpf-, Ackervogel –
ein Monatsname –
still, ohne Geräusch –
Zahl über dem Bruchstrich –
Wissensdurst –
ältestes historisches Volk –
angerichtete Speisen –
Angeh. einer christl. Sekte –
höchster Berg im Harz –
nachgebend, elastisch –
große Gartenfrucht –
Wortbedeutungsinhalt – entzückend, charmant –
alter Handwerksberuf –
Wundstarrkrampf –
Frauenname –
Nase der Elefanten –
Erfolg beim Schießen –
ein Singvogel –
anmutig

AR – BAER – BAP – BE – BEL – BIEG – BIS – BITZ – BRO – BRU – BUE – CKEN – FE – FER – FETT – GER – GIER – GRIFF – KIE – KUER – LAUT – LER – LER – LIEB – LOS – ME – MUEL – NEU – NUS – REI – REI – RER – ROHR – RUES – SAEN – SAM – SEL – SU – TA – TE – TIST – TREF – ZAEH – ZEND – ZEND

343 Symbolrätsel

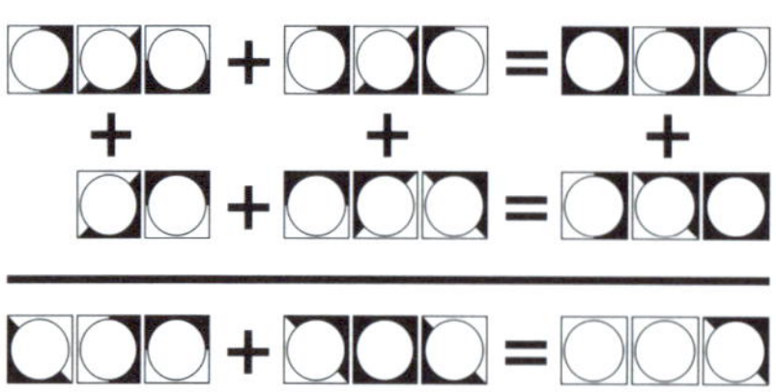

344 Schüttelrätsel

Stark – Natur – Pesen – Ruhen – Leiden – Altai – Regie – Tuner – Rennen – Stege

345 Zahlenschlange

1	14	4	6	9	9	2	6	9	8
4	13	22	11	16	5	22	21	12	21
15	7	13	19	23	10	7	7	6	16
22	18	12	14	23	18	12	10	21	19
20	4	7	18	16	21	16	15	6	20
9	9	3	5	9	2	4	8	6	17
18	18	18	23	3	20	11	22	4	24

346 Rätselwurm

Nach rechts unten: 1. besitzanzeigendes Fürwort, 2. Ackergrund, 3. Schlitten, 4. gepflegte Grünfläche, 5. Tuch herstellen, 6. Mönch mit Priesterweihen, 7. Kautschukmilch, 8. Kniff, Trick, 9. magische Silbe der Brahmanen

Nach links unten: 2. Abk.: Bund, 3. niederl. Name der Rur, 4. Schöpfer der Plastik „Der Denker" †, 5. Beinmuskeln, 6. ugs.: eilen, rennen, 7. Klebemarke, 8. Fakten, 9. die Position ermitteln, 10. Ozean

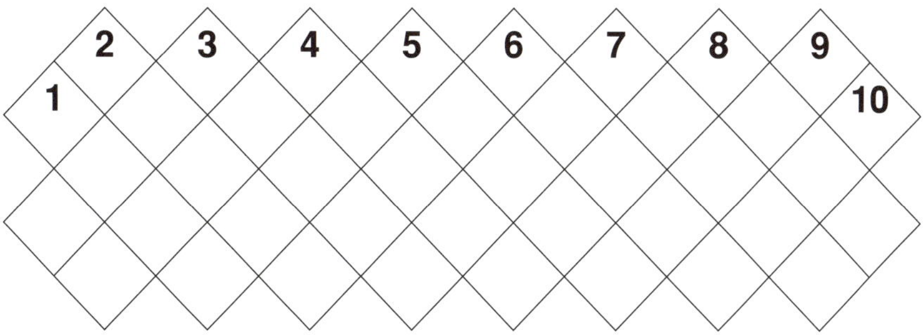

347 Reduktion

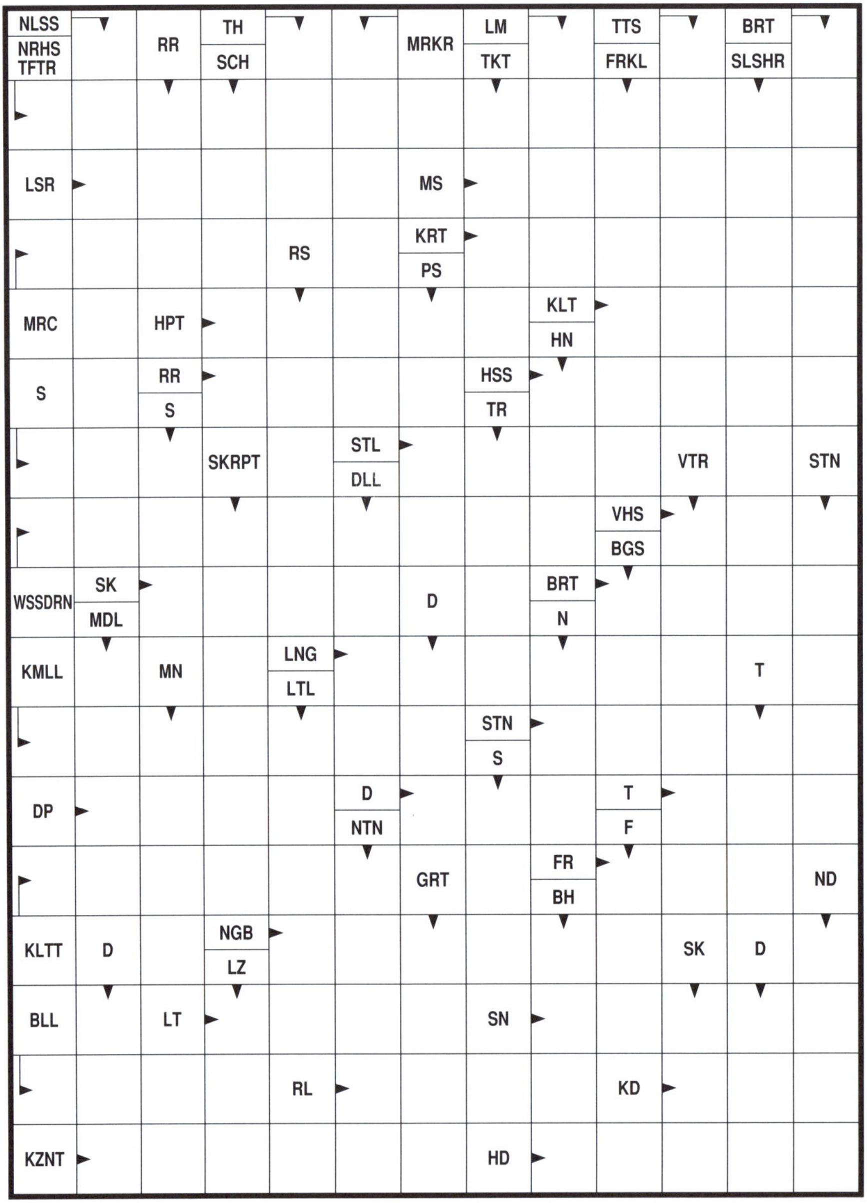

349 Sudoku

		10		11		4		3			8
	3				6						12
2					10		3				
	8	11		3		10	1		4	7	
		5	10							6	3
		1			5				10		
		9				8			1		
7	2							10	9		
	12	8		9	1		6		2	4	
				4		2					1
11						7				5	
9			3		12		11		7		

348 Schüttelrätsel

Geber – Heuern – Strich – Drehen – Image – Marone – Lachen – Unehre – Sterne – Eiger

350 Zahlenrad

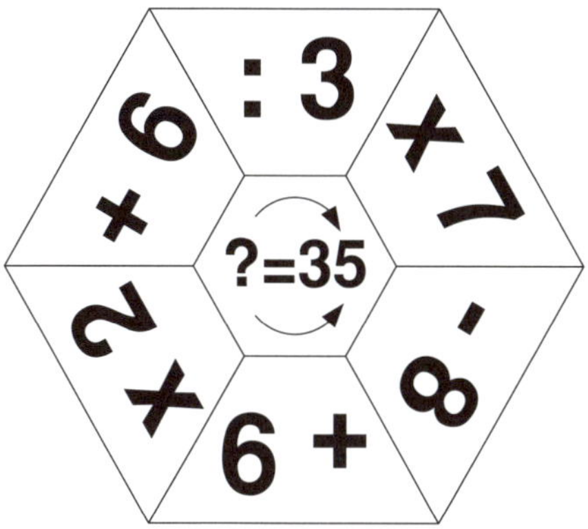

351 Schach

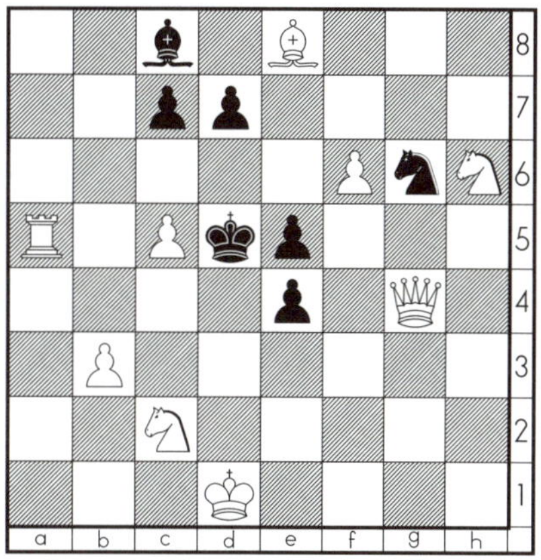

352 Sprüche

Die Balken sind so zu verschieben, dass die waagerechten Reihen ein Zitat von Mark Twain ergeben.

1	2	3	4	5	6	7
GE	NI	EN	SU	RW	WE	DE
NN	DE	HN	OC	HD	ER	AC
ST	ER	ZW	EN	ZI	EN	AN
UT	IN	EI	EN	RP	GM	NE
GT	DI	RE	GE	ET	RE	TT

353 Zahlenpyramide

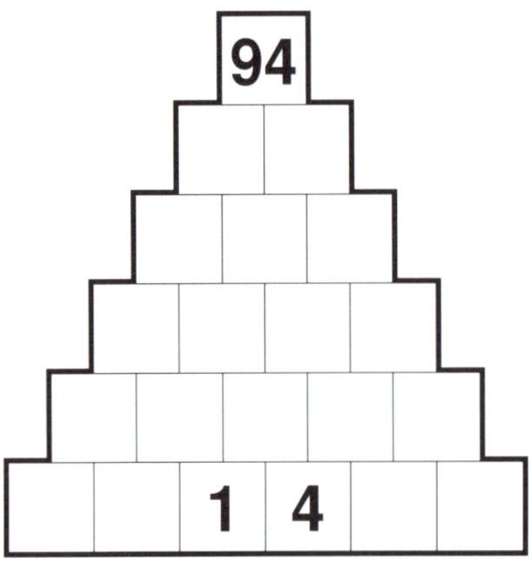

354 Solingo

355 Sudoku

	2				4	5	3	12			
		12				1	8	7	2		5
	10			11							
11								2		4	
	3	10					11				9
2			5				9	6	12		
		4	9	7				11			2
3				4					7	9	
	11		2								6
							6			10	
10		11	1	12	8				9		
			3	10	7	9				8	

356 Selfmade-Salat

ALOE	MASS
ANORAK	MOMENTAN
BANKNOTE	NEBENAN
BRAD	NIVEAU
FEATURE	OBOE
FUNKTION	OUTFIT
GAMS	PROTEGE
HAENDLER	RADIKALE
INGE	RINGER
IRANER	SAKKO
KANU	SKALAR
KEINER	STUNK
LEISTUNG	TIBERIUS

		■	■	■			R		T			
	R			■		■	■	I		■		
	A		A	■		■	F		N			
	D		N						■	G	O	
			K		U				■	■	E	E
		A	N	O	R		K	E				R
		M	O		E		T	A		■	■	
		S	T							■	■	
N	E		E					■		A		S
	■	■	■				N				R	■

357 Summen-Sudoku

	10		10			5
5			14		16	
6	9			15		
		10			15	10
	14	14	14			
10				12		9
		14		5	5	

358 Buchstabenschieben

T	S	Z	Z
N	O	T	Z
N	I	O	O
M	I	O	N
L	I	L	M
D	D	I	L
D	A	G	E
B	A	E	A

I				
I				
I				
I				
I				
I				
I				
I				

359 Symbolrätsel

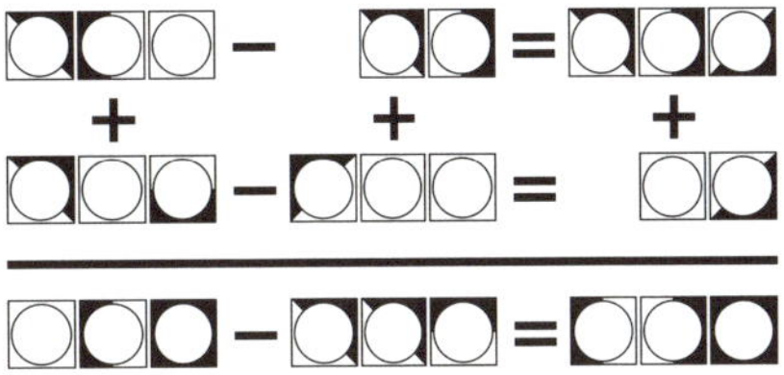

360 Schüttelrätsel

Stuten – Senna – Forsch – Semit – Terra – Serbe – Darin – Eklat – Dirne – Negus

361 Ensaimada

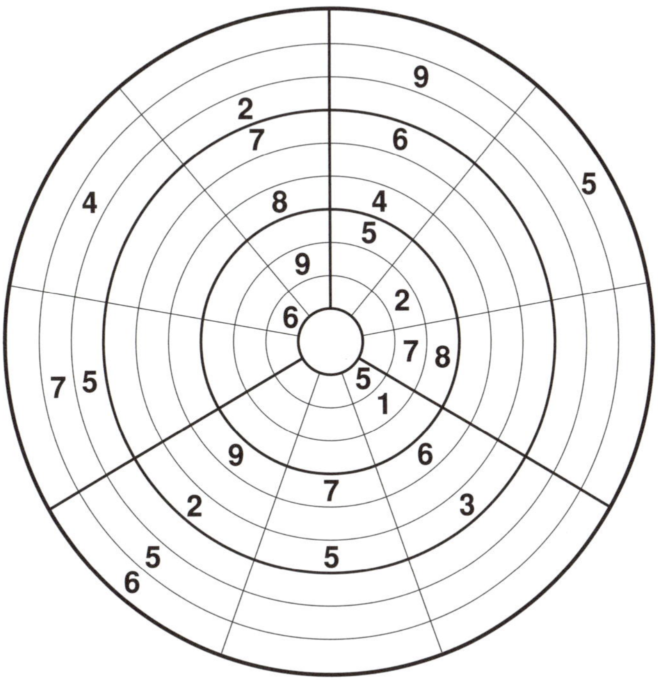

362 Flickwerk

Die folgenden Wörter sind so in die Grafik einzusetzen, dass ein französisches Sprichwort entsteht.

Boese das das den die Dreistigkeit Gute haben hat muss Mut Wenn

			E					S			
		S							E		
			K					A			
		D							D		
			U					E			

363 Zitatsuche

R	F	E	I	N	M	A	L	E	Q	N	E	N	S
I	V	E	X	B	L	W	A	B	B	N	U	M	Y
T	W	I	G	S	P	V	X	H	R	E	J	U	S
U	G	O	L	O	R	Q	B	B	U	Y	I	D	V
J	G	S	Y	X	O	V	S	O	T	Z	R	N	B
C	A	T	S	D	H	O	L	S	G	T	O	K	O
N	I	S	T	N	J	N	X	V	R	E	Q	C	D
E	H	Z	M	U	A	X	L	B	J	Q	O	I	K
D	E	I	Y	L	N	A	M	S	Z	U	W	P	U
R	E	I	M	A	Z	O	S	U	F	B	I	I	I

364 Samurai

		4		1													9			
		3	4		6	1	2										1		4	
			2	8		3							2	9	4				1	8
		1			2		8	5				8	9				2		3	
												3		4				2		5
4	6		3			2							1		8				6	9
		2		9	4					9	5		4				8	6	9	
	1	6	8		7	4			1	7					3					
				3		7						1			7					
							8	4	2			3								
										8										
								5			9	6	1							
	2		8					6					9					3		
	7									3	4					3		2	8	
3			4				1		9	2		8		4	2		1		7	5
8		7										3	4			8				
			5		8															
						6		1								4			5	6
		5			1			4				1	7		3		8			
6		3					5						2	3		6				
	1	4			5		9							6					2	3

365 Streichholzrätsel

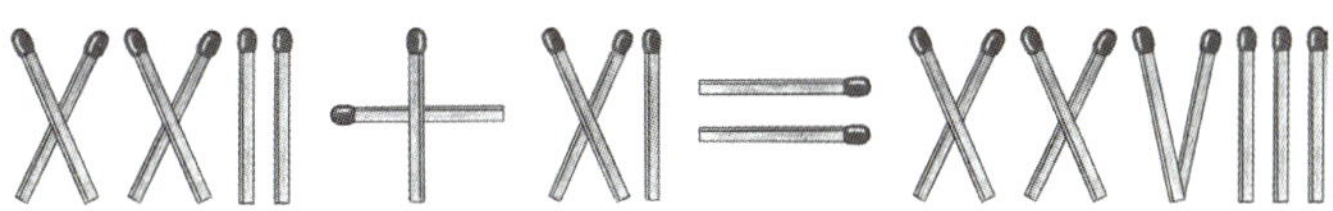

366 Buchstabenschieben

S	T	R	S
R	S	O	O
N	S	L	O
M	O	H	N
L	L	E	N
D	I	E	N
B	D	A	M
A	A	A	A

I				
I				
I				
I				
I				
I				
I				
I				

367 Schach

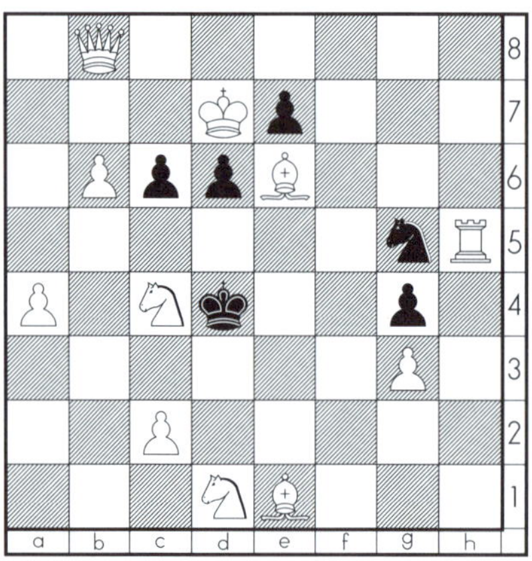

368 Sudoku

		6			7		9	11			1
				1				7		3	
	8	1		10		4					
7			10	12						9	3
	1					3		4	6		7
9	3			8	5	10					12
10					2	11	4			8	5
5		8	9		1					11	
11	4						12	1			10
					11		8		3	5	
	5		8				3				
12			2	9		5			4		

369 Rätselwurm

Nach rechts unten: 1. Lehnsarbeit, 2. Vorname des Sängers Gott, 3. zittern, 4. anti, wider, 5. Auszeichnung, 6. Flugnavigator, 7. Strom durch Pakistan, 8. Autor von „Momo“ †, 9. weggebrochen (ugs.)
Nach links unten: 2. Kfz-Z. Kaufbeuren, 3. Haarwuchs im Gesicht, 4. deutscher Dichter † 1890, 5. Pariser Ebenist, Tischler † 1763, 6. größtes Tasteninstrument, 7. aus gebranntem Ton, 8. Pressefalschmeldungen, 9. Hochgebirge in Südamerika, 10. eine Tonart

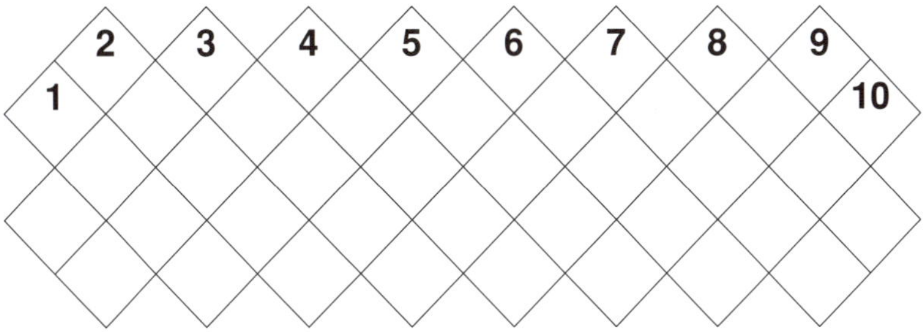

370 Tunnel

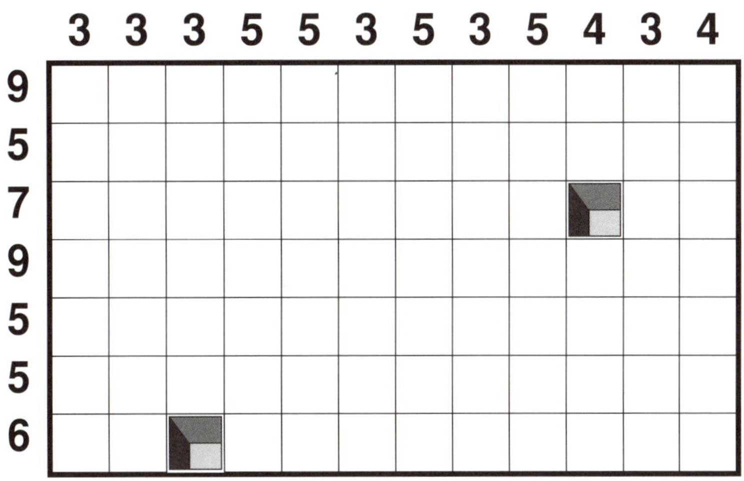

371 Flickwerk

Die folgenden Wörter sind so in die Grafik einzusetzen, dass ein Zitat von Theodor Fontane entsteht.

					T	U					
				T			T				
					A	S					
				E			A				
					N	E					

auch Beste das das Die ist Natuerlichkeit nicht nur sondern Vornehmste

372 Silbengewirr

Stiegen –
Gewässerrand –
Binnenmeer in Kasachstan –
Gewürzpflanze –
Leiterin eines Bühnenstücks –
frühe Jazzform –
Besieger der Medusa (Sage) –
Cleverness, Schläue –
Kunsttanz –
Pflanzensamen –
populär –
langes Priestergewand –
Gralsritter –
blauer Farbton –
geschäftiges Tun –
Gegenteil von Praxis –
scharfes Gewürz –
Parole d. Franz. Revolution –
Fahrbahn –
„weiße Ameise"

A – BAL – BE – BEN – E – FER – FER – FIG – GA – GIS – GUT – KA – KEIT – KIS – LETT – LI – LIEBT – MI – NE – O – PA – PEN – PER – PFEF – PFIF – PRI – RAG – RAL – RE – RIE – RIN – SAAT – SEE – SEE – SEU – SEUS – SOU – SSE – STRA – TA – TAN – TE – TE – TER – THE – TIME – TREI – TREP – TRIS – TUER – U

373 Sudoku Diff

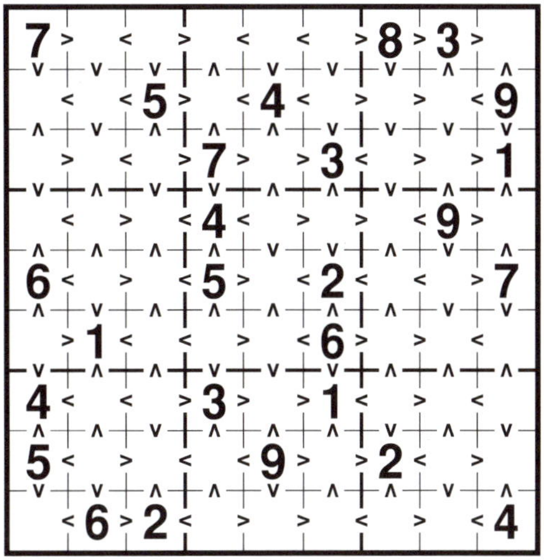

374 Zahlenschlange

1	14	12	9	8	5	4	13	18	5
10	11	18	7	2	15	24	14	4	19
16	21	21	3	22	13	3	16	7	13
10	24	2	8	18	7	16	23	19	25
16	3	18	14	3	18	13	21	16	6
5	6	24	3	24	6	2	15	22	20
10	11	11	4	11	11	8	12	17	26

375 Mamo

Entfernen Sie zehn Streichhölzer, um vier Quadrate zu erhalten.

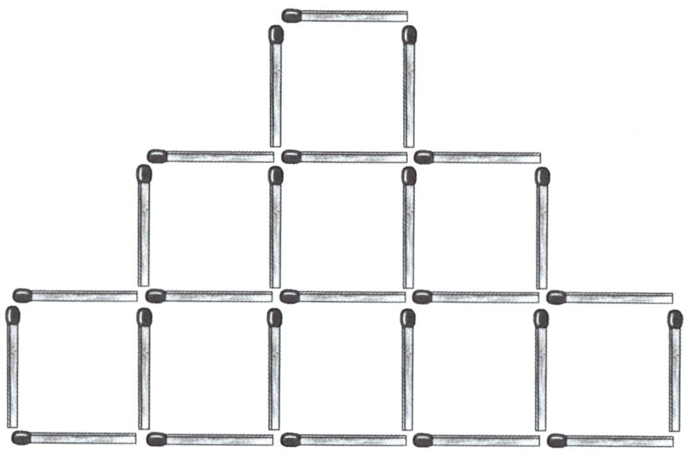

376 Sprüche

Die Balken sind so zu verschieben, dass die waagerechten Reihen ein Zitat von Jack Nicholson ergeben.

1	2	3	4	5	6	7
EI	LY	OL	NE	EH	EI	NH
TW	NS	EI	OD	IS	WO	IE
SH	ES	SS	OE	NE	CH	EI
UE	IE	TZ	DE	SK	BA	HL
CH	AB	LL	IC	HS	ML	NE

377 Selfmade-Salat

ALTEISEN
DEKADE
DOSE
DOZENT
DUMMHEIT
EDEN
EDITION
EGER
ELKE
ERDKUNDE
ERST
ETIKETTE
ETLICHE
FASAN
GERADE
GRAS
HOHN
KAIRO
KAMERA
MIEZE
OESE
PUTE
RADE
RAKI
RAUPE
ROBERT
SCHUERZE
SEEGRAS
TANGO
TEEKANNE
TIER
TIGERHAI
ULKIG

A	L	T	E	I	S	E	N	M	N	S	■	P
E	E	T	I	K	E	T	T	E	I	E	■	U
E	T	A	N	G	O	I	D	O	Z	E	N	T
R	■	L	I	R	E	E	T	R	■	G	Z	E
D	■	K	I	H	A	R	E	F	R	R	D	E
K	L	A	M	C	E	U	H	L	A	A	■	K
U	K	M	D	B	H	■	P	A	K	S	■	A
N	U	E	O	C	O	E	S	E	I	E	A	N
D	E	R	S	T	H	E	D	I	T	I	O	N
E	■	A	E	■	N	E	G	E	R	A	D	E

378 Sudoku

5				6		3					10
3	6	1					7				12
					4		10				
8	7	10								6	
		5		2			12			7	
		11		4			8	3	1		5
7		9	1	8			3		2		
	4			12			11		3		
	11							12	6		4
				3		8					
11				7					4	10	9
6					10		1				7

379 Schüttelrätsel

Oliven – Lauer – Erste – Unfrei – Lemur – Teilen – Schuh – Tetra – Greta – Lippen

380 Symbolrätsel

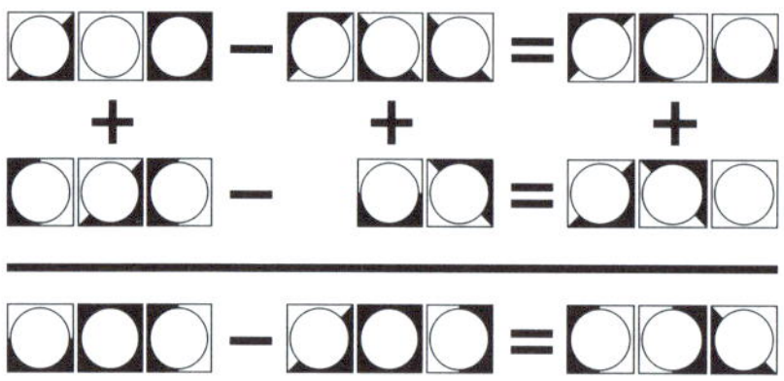

381 Schüttelrätsel

Teuer – Genus – Patzer – Plenum – Lauer – Jonas – Rosten – Tunika – Rogen – Trage

382 Silbengewirr

Frauenbeinkleid – gleichmütig – Luftleitvorrichtung – Lastenhebefahrzeug (Kw.) – künstlerisch – ruhmreich – Gleitweg – Abordnung, Delegation – Hunderasse – tropische Pflanze – analog, entsprechend – früher, einst – Denksportaufgabe – Affäre, Eklat – anständig, ernsthaft – Denksportzeitschrift – balkonartiger Anbau – Zollbeamter – rundes Blumenbeet – Großherzigkeit

DAL – DEL – DELL – E – E – EL – GE – GLO – GRE – GREN – HE – HEFT – HO – ISCH – LER – LER – LER – MAESS – MALS – MI – MU – MUT – NE – NI – NUS – OES – OS – RAET – RAET – RI – RI – RI – RON – SCHIE – SE – SE – SEL – SEL – SISCH – SKAN – SOEL – SPA – SPOI – STAP – STO – STRUMPF – UM – ZER – ZI

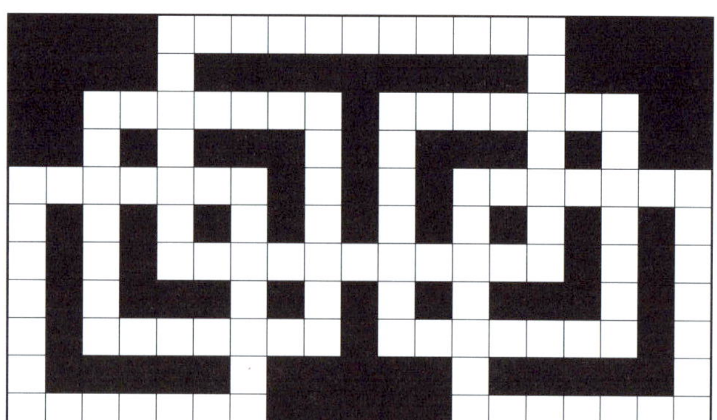

383 Ensaimada

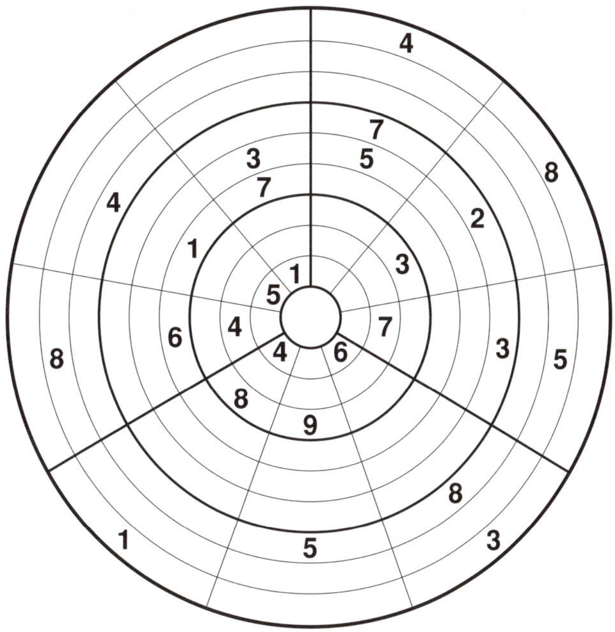

384 Flickwerk

Die folgenden Wörter sind so in die Grafik einzusetzen, dass ein Sprichwort entsteht.

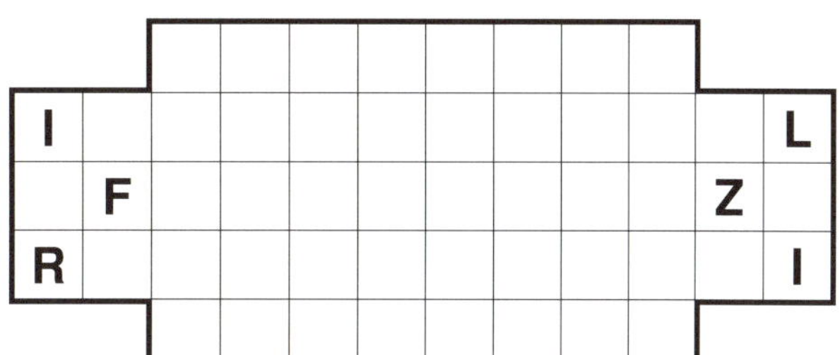

Axt einem einen findet leicht man man Stiel uebel Wenn will zur

385 Zitatsuche

T	S	C	H	L	B	E	F	L	U	T	E	N	N
A	R	E	Y	A	E	I	O	W	L	F	T	Q	C
G	U	T	E	E	G	S	L	N	E	E	H	D	R
N	F	N	W	B	E	D	G	E	N	P	B	A	S
H	U	A	G	Z	U	N	T	E	I	L	L	O	M
E	Z	R	M	M	O	Y	E	Y	O	Y	C	V	Q
T	R	F	N	P	M	F	Y	P	P	M	A	F	P
N	E	N	C	K	U	S	H	J	R	J	V	J	V
G	I	I	P	I	L	Z	P	S	D	O	B	I	J
C	B	E	N	S	F	D	G	M	M	S	G	W	Z

386 Buchstabenschieben

Y	V	S	S
Y	T	R	R
H	R	O	N
F	O	O	N
E	N	E	L
E	L	E	H
E	L	E	A
A	A	C	A

X				
X				
X				
X				
X				
X				
X				
X				

387 Hitori

2	2	1	6	8	3	5	7
3	4	7	6	8	1	4	2
6	1	5	7	8	2	8	4
5	3	3	3	1	2	8	6
8	7	5	2	4	6	1	2
4	6	8	7	2	5	6	1
2	5	7	1	4	8	2	7
2	8	6	5	3	4	7	1

388 Zahlenschlange

1	23	21	12	3	13	23	12	21	14
12	13	15	16	2	8	14	6	18	18
20	6	19	4	8	15	4	20	13	12
8	17	4	10	19	11	22	7	6	18
3	15	9	14	19	6	16	23	23	10
22	5	4	11	10	3	18	13	2	21
20	18	8	16	16	17	3	11	15	24

389 Sudoku

			3	11			9			5	
9			10				5		3		8
		2								6	
11	3				9			6	2		
		8				10				4	
	5		4	3	1				10		
		4				5	8	2		1	
	10				3				8		
		1	5			12				7	6
	9								11		
2		3		7				1			12
	6			8			2	5			

390 Tunnel

	2	1	2	1	3	1	3	1	4	2	4	3
3												
2												
1												
2												
7												
6												
6												

391 Reduktion

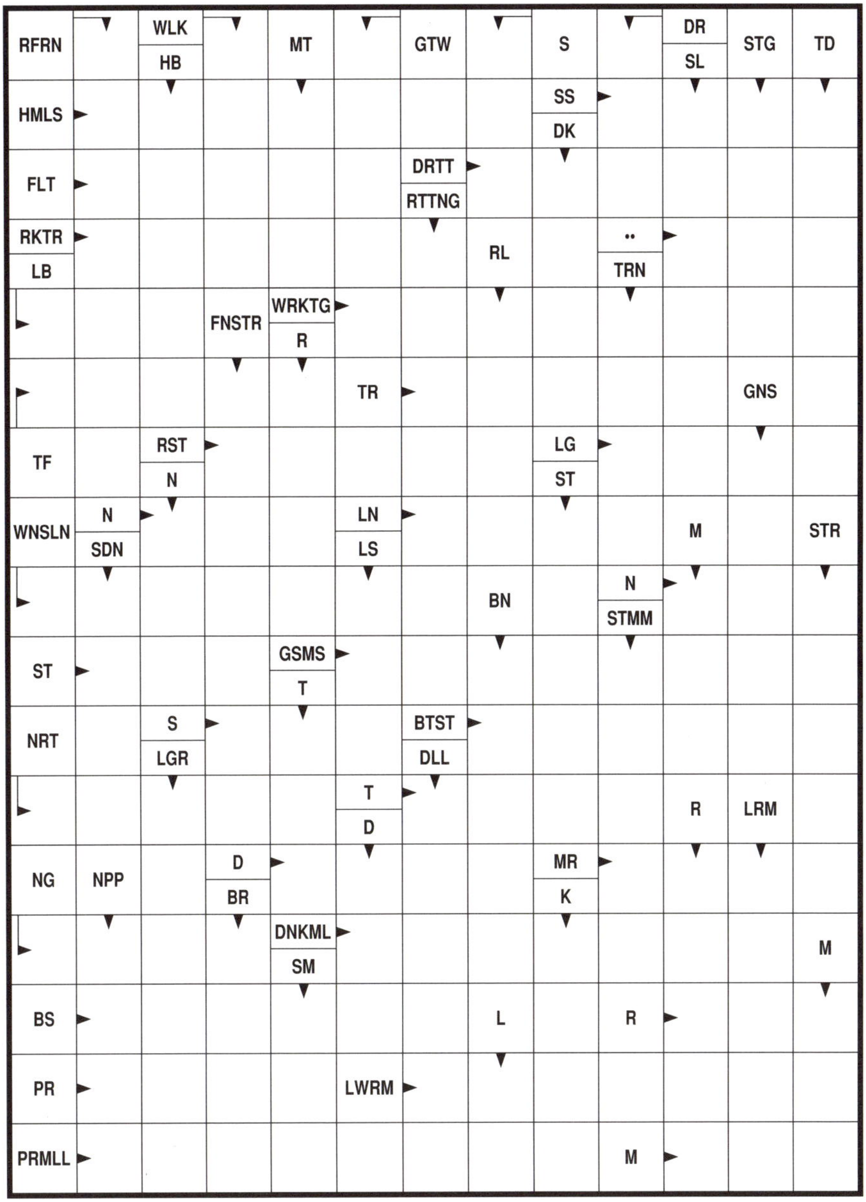

392 Selfmade-Salat

AERA
ATUE
BRUNO
DAHEIM
DEMO
DEMOKRAT
DRESSMAN
ENID
FRIEDEN
HAAR
IKONE
INRI
MARKANT
MOPS
MYTHOS
NEKTAR
NESTOR
ODEM
OLDTIMER
OMINOES
ORNAT
POLIZIST
RABBI
RIED
ROLLER
ROMY
ROTEBETE
SEEN
STERZ
TARA
TEAM
TERZ
THAILAND
WEITAB

	O			Z		S			■	■	■	
■			R	I	E	D	E			T		E
		E	R	O		E	B			E		
	T					M		R		A	N	T
S	I	I	■	Y			■					A
	M			T		A		L		N	D	R
O		O		H	■				■	■		A
	R	N						E				B
	R	E		S		A				■	■	
		D	E	M			R				■	

393 Sprüche

Die Balken sind so zu verschieben, dass die waagerechten Reihen eine Lebensweisheit ergeben.

1	2	3	4	5	6	7
AS	FD	DA	CK	GL	UE	AU
NN	MA	RT	WA	IC	HT	RF
NN	DE	MM	KO	DA	NN	EN
IC	SN	US	NM	HT	MA	TE
AN	AR	EN	IT	AR	BE	SD

394 Zahlenrad

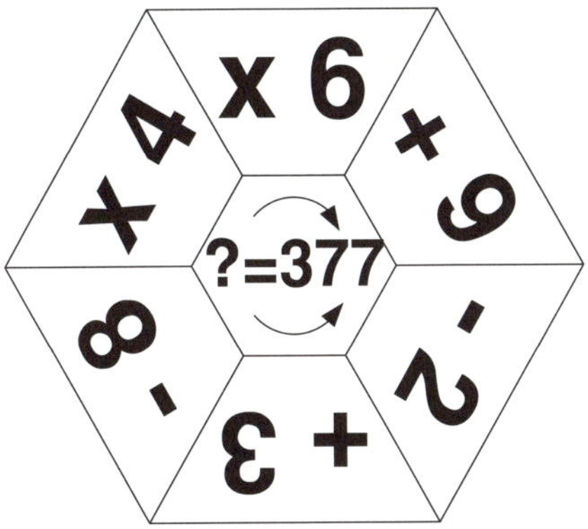

395 Symbolrätsel

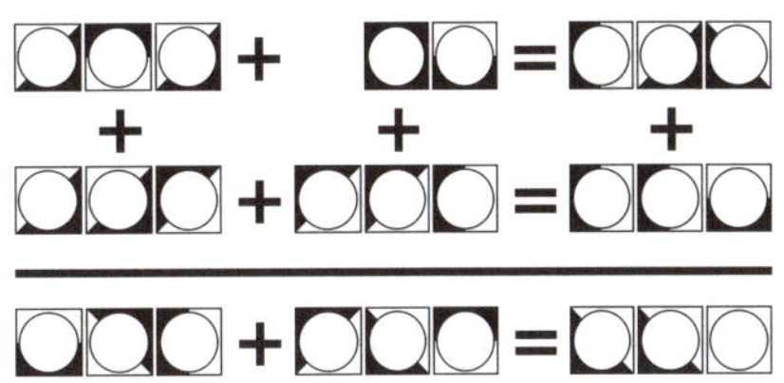

396 Summen-Sudoku

5			10			5
	13			12	14	
	17	13			10	
8			12	12		
	12	14				9
9			13		13	
		10		9		5

397 Streichholzrätsel

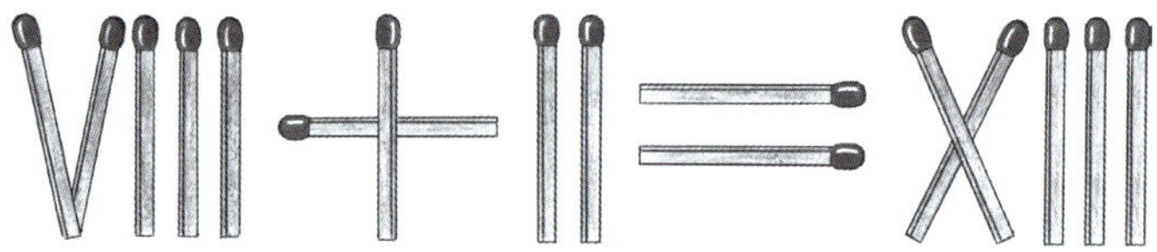

398 Samurai

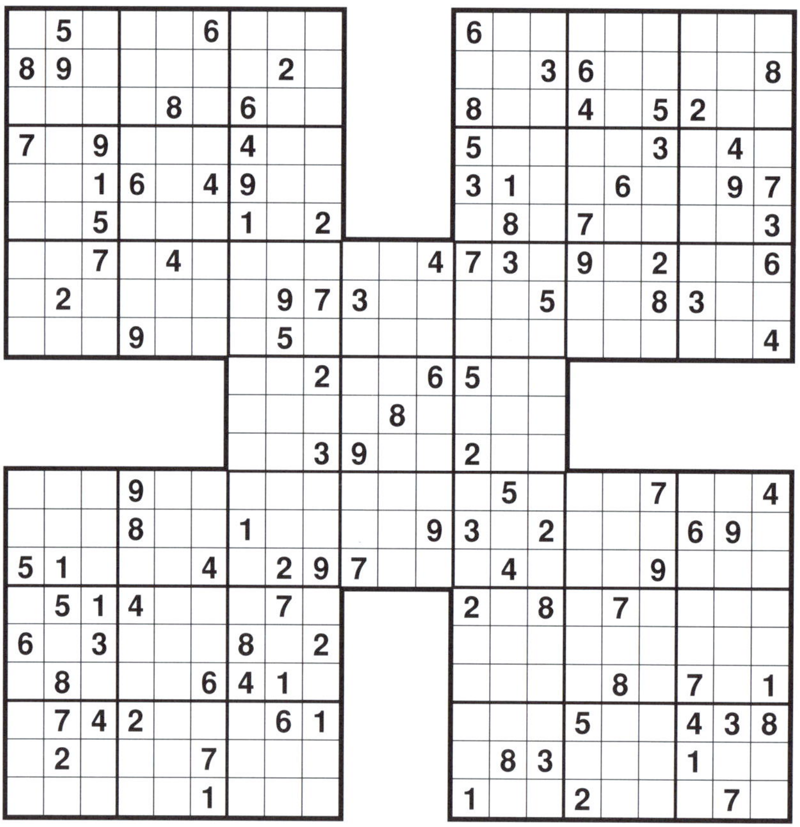

399 Rätselwurm

Nach rechts unten: 1. Pariser Flughafen, 2. Skilanglaufspur, 3. ein Indogermane, 4. Maß der Magnetfeldstärke, 5. Blütenstandsform, 6. kretischer Sagenkönig, 7. zunächst, 8. filigran, 9. Flächenmaß
Nach links unten: 2. Departementhptst. (St. ...), 3. Flechtwerk, 4. unvollständig, 5. franz. Schauspielerin (Julie), 6. Traubensäfte, 7. Höhenrücken bei Köln, 8. span. Gasthaus, 9. süddänische Insel, 10. früherer Berliner Sender (Abk.)

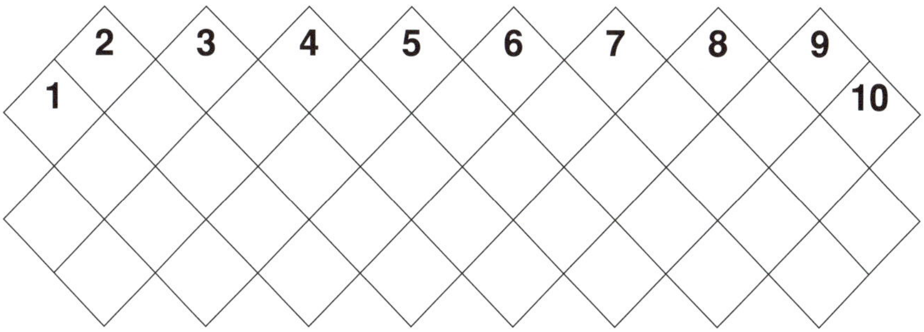

400 Zitatsuche

T	E	I	R	D	D	E	N	H	Q	X	E	R	F
R	T	W	J	S	A	O	S	T	E	W	L	E	D
A	S	S	O	S	C	H	N	I	P	E	T	T	R
W	H	G	H	J	C	N	P	R	X	R	M	N	V
G	U	N	E	G	J	F	M	C	Y	B	B	G	P
A	N	L	A	E	C	G	F	A	U	C	V	B	X
M	N	B	N	G	M	F	T	L	C	P	B	M	T
R	N	G	N	P	Z	D	O	H	F	A	F	U	J
W	E	Z	U	J	U	P	M	K	T	C	D	A	M
H	Z	S	M	O	Y	F	F	F	J	G	Y	N	S

401 Schüttelrätsel

Liebe – Nelke – Eigelb – Leder – Riese – Geist – Staub – Feiern – Arnold – Knute

402 Sudoku

		3			11	4					
								11		5	1
		11		8	2	7	5				4
	8	12					6	5			
	10		9	11	1						12
	6		2				10		1		
		10		9				2		11	
8						1	4	9		3	
			5	12					10	4	
4				5	10	12	11		3		
12	2		6								
					9	6			4		

403 Zahlenrad

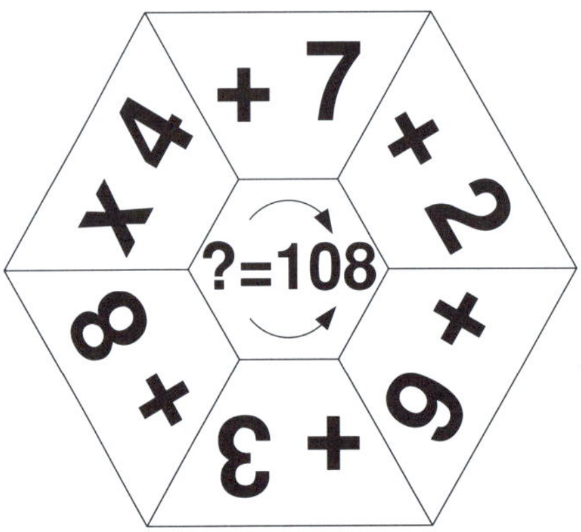

404 Schach

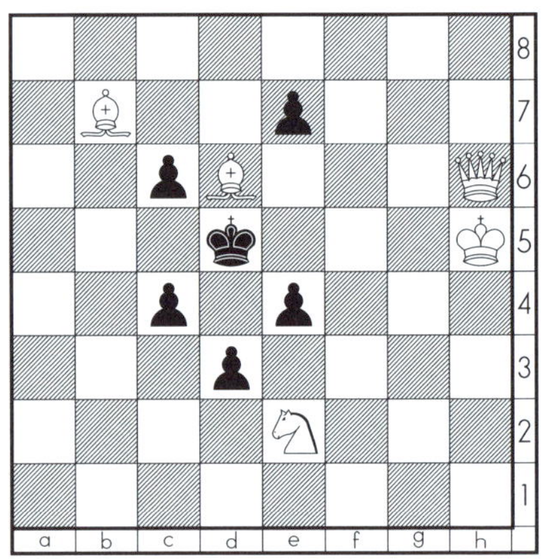

405 Silbengewirr

nicht verschwenderisch –
unaufmerksam –
öffentliches Verkehrsmittel –
Hühnervogel –
Himmelswesen (Mz.) –
Fenster im Wachturm –
Abgabe, Entgelt –
Teil des Pfefferminzöls –
Zustrom –
Süßwasserfisch –
rösten, braten –
Nachtgewand –
benommen –
Tadel, Maßregelung –
Oper von Wagner – Film–
Sternchen –
gekünstelt, affektiert –
statt dessen –
essen –
Kontinent

ACHT – AN – AN – AU – AUS – BUEHR – BUS – DERN – DRANG – ERD – FEN – GE – GE – GOET – GRIL – GUCK – HAEU – HUHN – KARP – KEN – LEN – LET – LOS – MEN – REB – SAM – SCHEL – SCHLAF – SEN – SER – SON – SPAR – SPEI – STAR – TANN – TE – TEIL – TER – THOL – TO – TRUN – ZIERT – ZUG

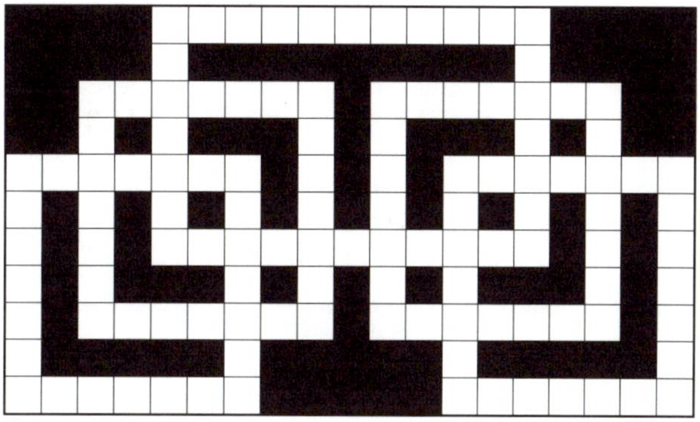

406 Flickwerk

Die folgenden Wörter sind so in die Grafik einzusetzen, dass ein chinesisches Sprichwort entsteht.

					S	C					
				F			E				
					T	S					
				S			G				
					U	H					

Ein eroeffnen es es geoeffnet Geschaeft halten ist ist leicht schwer zu

407 Zitatsuche

J	P	J	V	O	K	O	C	Q	I	K	J	D	B
B	O	D	P	J	I	D	V	U	R	H	A	N	K
M	M	F	E	L	W	E	K	Z	E	Y	V	C	W
P	U	L	K	B	S	N	C	N	D	N	U	N	B
J	T	M	H	V	B	L	P	D	C	M	M	F	Y
Z	V	P	W	B	U	W	T	E	Q	O	V	E	F
O	F	F	K	F	E	U	E	I	F	Z	E	I	W
S	D	J	D	T	S	O	W	T	U	R	N	Z	E
E	S	T	N	H	F	F	E	V	D	E	M	U	D
S	I	A	I	C	R	V	N	O	M	H	M	U	N

408 Sudoku Diff

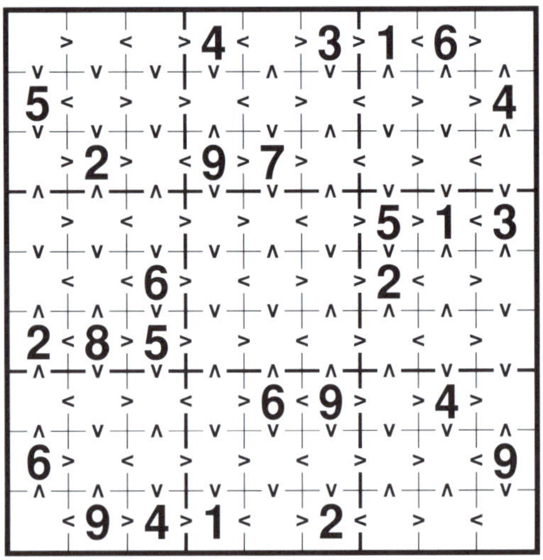

409 Buchstabenschieben

R	U	U	S
R	O	T	S
R	L	S	S
R	I	S	N
O	I	S	M
L	B	L	L
E	A	E	E
A	A	B	A

G				
G				
G				
G				
G				
G				
G				
G				

410 Tunnel

	2	1	4	2	4	5	5	1	1	2	0	0
3												
5												
6										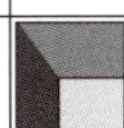		
4												
2												
4												
3												

411 Rätselwurm

Nach rechts unten: 1. Tonne, 2. hinteres Schiffssegel, 3. Flüssigkeitsmaß, 4. Dingwort, Substantiv, 5. Unverbrauchtes, 6. dt. Kunsthistoriker †, 7. südamerikanischer Tanz, 8. Staat in Vorderasien, 9. Kurort im Allgäu
Nach links unten: 2. Abk.: Beruf, 3. Jazzführungsstimme, 4. Lausei, 5. kleine Rechnungen, 6. griech. Verwaltungsbezirke, 7. wert, lieb, geschätzt, 8. Eselslaute, 9. Vogelwelt, 10. spanischer Männername

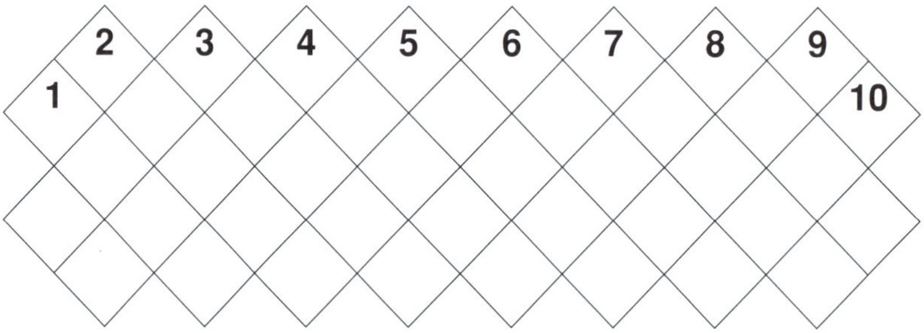

412 Mamo

Entfernen Sie acht Streichhölzer, um drei Quadrate zu erhalten.

413 Zahlenschlange

1	24	25	25	22	15	10	2	17	24
17	10	16	6	9	5	2	21	6	2
25	2	11	12	21	14	3	23	17	24
3	21	12	4	18	3	25	11	9	19
8	6	4	25	19	22	24	8	4	4
25	16	13	12	23	6	13	14	20	15
14	22	20	21	9	3	7	5	15	26

414 Sudoku

					3	11				6	
11		5	4								
			3	5	12	8	7			11	
5				2					7	1	
			1			4	11		9		10
	4			9					2		8
8		11					10			9	
10		6		3	4			7			
	9	3					1				5
	6			11	1	9	5	3			
								1	8		2
	3				2	10					

415 Zahlenpyramide

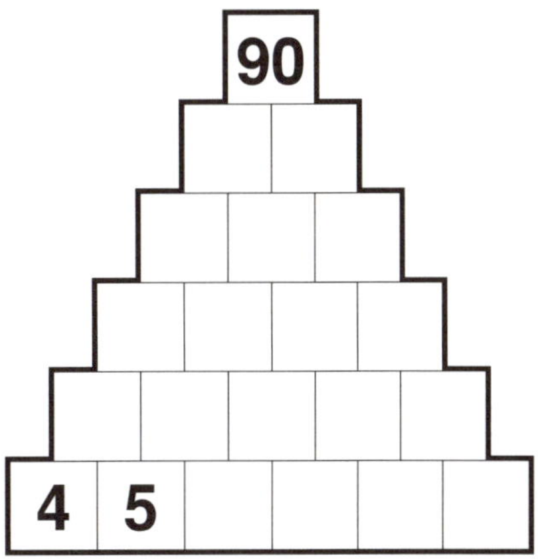

416 Flickwerk

Die folgenden Wörter sind so in die Grafik einzusetzen, dass ein Zitat von Heinrich Heine entsteht.

an die die durchgeliebt faengt Freundschaft Hat Liebe man man

417 Ensaimada

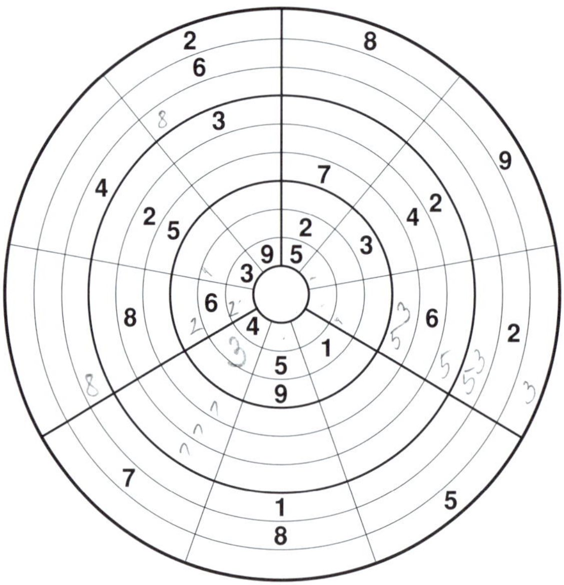

418 Selfmade-Salat

AHOI
ANET
BABE
BLIND
CHRONIST
DAME
EHEMALS
EISEN
ERREGT
EXOTE
FEIG
GENERELL
HANDFEST
KOKA
LEGER

MIMIK
NOLTE
NUSS
OERE
PLUM
POTSDAM
ROBINSON
ROSENROT
SINGAPUR
SPOT
STOER
STOLA
TAIPEH
VERLEGER
WALNUSS

419 Schach

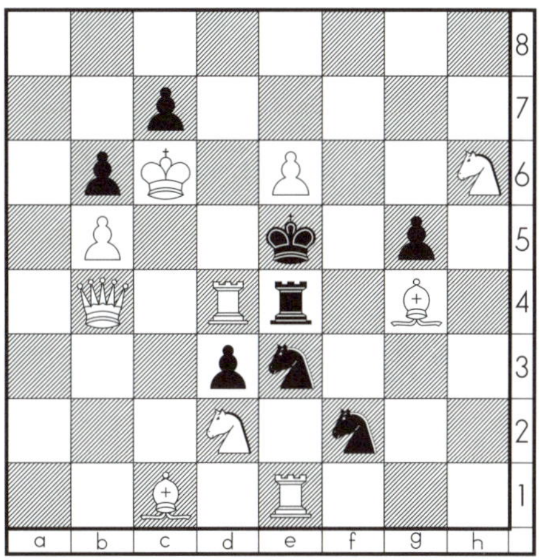

420 Zahlenrad

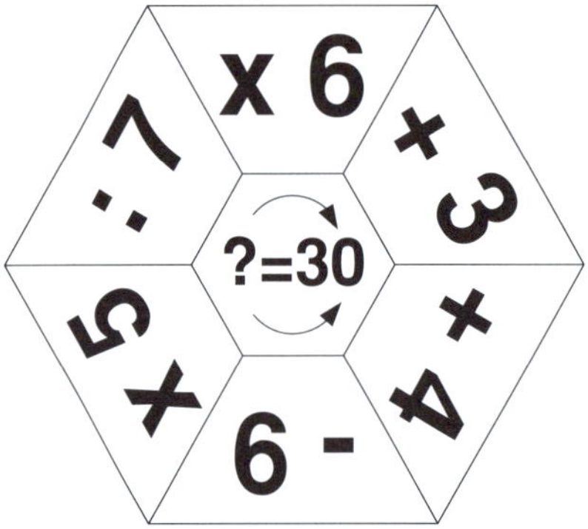

421 Solingo

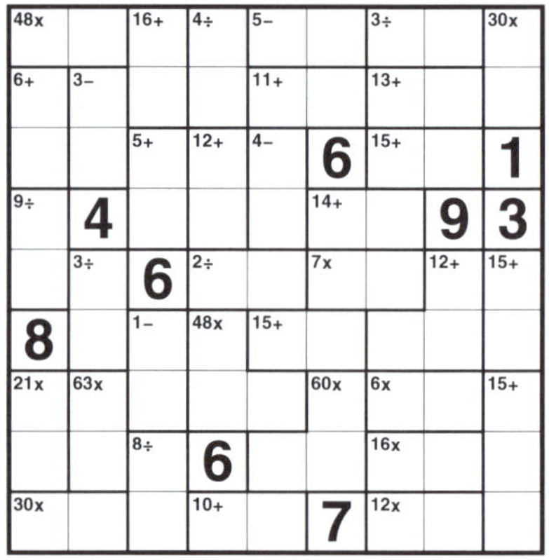

422 Buchstabenschieben

U	S	T	O
U	N	S	E
O	N	M	E
I	M	K	E
E	M	I	E
A	M	H	E
A	G	E	D
A	C	B	A

R				
R				
R				
R				
R				
R				
R				
R				

423 Zitatsuche

L	T	N	Y	E	M	C	C	O	V	O	A	T	H
U	K	D	Z	S	Z	S	M	N	S	V	E	R	E
J	G	K	Y	H	J	F	C	Q	Y	E	S	S	T
N	V	C	W	Q	H	A	N	L	R	D	I	R	E
T	C	K	T	T	F	B	W	W	I	B	E	W	D
M	S	F	W	Z	U	V	S	E	K	O	E	S	E
Q	A	L	G	E	N	E	N	D	W	I	Q	C	R
E	C	R	R	G	S	S	L	K	T	W	Y	I	L
N	U	R	R	U	I	K	O	R	V	F	J	E	X
R	J	D	E	N	W	D	J	B	Z	Z	E	U	W

424 Tunnel

	2	1	2	1	2	2	1	1	5	1	2	2
3												
3												
2												
1												
5												
5												
3												

425 Hitori

6	5	1	8	2	4	3	5
2	4	1	5	8	3	2	6
7	7	3	4	1	4	8	7
4	8	6	7	4	2	6	1
5	2	7	3	6	8	1	3
1	6	5	2	7	7	7	8
1	2	5	6	3	8	4	2
1	3	2	8	7	6	5	4

426 Rätselwurm

Nach rechts unten: 1. norwegische Münze, 2. Wohnzins, 3. persönlicher Geschmack, 4. Türeinfassung, 5. Hochmoorpflanze, 6. Händlerviertel im Orient, 7. orientalisches Fleischgericht, 8. plötzlich, 9. Musikträger (Abk.)
Nach links unten: 2. Sänger der 60er (Billy) †, 3. unbändiges Verlangen, 4. „Zürich“ i. schweiz. Volksmund, 5. streichbare Masse, 6. Stoffkante, 7. Schiffsladung, 8. Vorname des Athleten Owens †, 9. französischer Maler † 1893, 10. englische Briefanrede

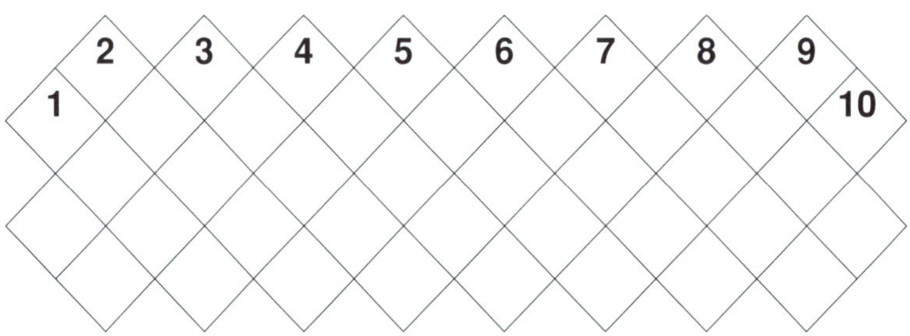

427 Sprüche

Die Balken sind so zu verschieben, dass die waagerechten Reihen ein Zitat von Lucius Annaeus Seneca ergeben.

1	2	3	4	5	6	7
SS	CH	CH	EI	LE	TW	NI
NW	IR	RI	WA	GE	ST	WE
ER	NW	IC	SO	ND	HT	SN
HT	WA	LW	SN	IC	IR	EI
HW	ER	NI	ES	SC	ST	GE

428 Zahlenpyramide

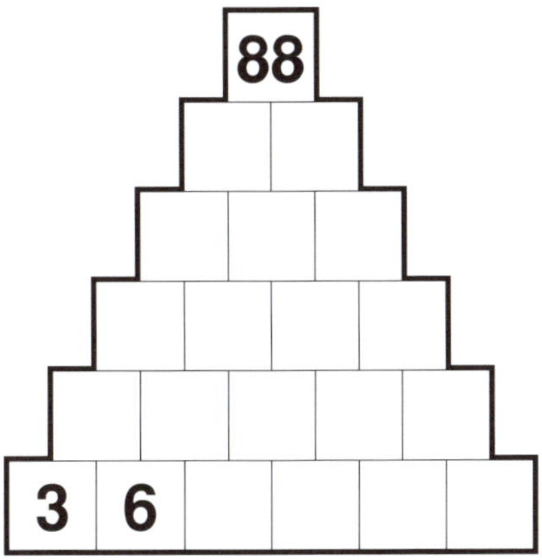

429 Symbolrätsel

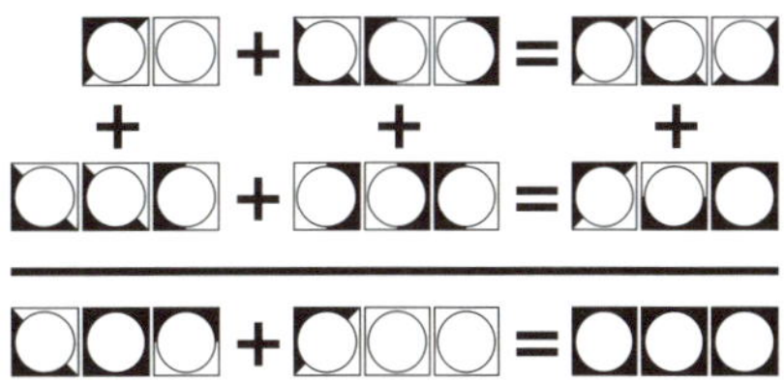

430 Reduktion

TRM	RF	L / LTSN		MR		VSLL		SR	T	BRT / SBRG		NCKN
						TLN		R / B				
LLST RTN												
			R				BST / GS					
MT / F				LG / RL					TRS		TMR	
			LL / DRS					TK / K				
N	SDR / BR				SKRT / LTS							
BRLN							RGN / DNS					
				LPS		D / S				KS		TR
KN		STN / MRS						SKT / BB				
N	MLSS / NNR								RR / GR			
			PS / BTZ				BGS / BLSS				MLS	
RB					BB					DR		RST
SS					KN	LDR / N						
LTZTNS		T		K				RL				
								RS				
R				NS					ST			

431 Schüttelrätsel

Dragee – Zielen – Thema – Rumba – Feinde – Scheit – Nulpe – Rinde – Recke – Ehrung

432 Symbolrätsel

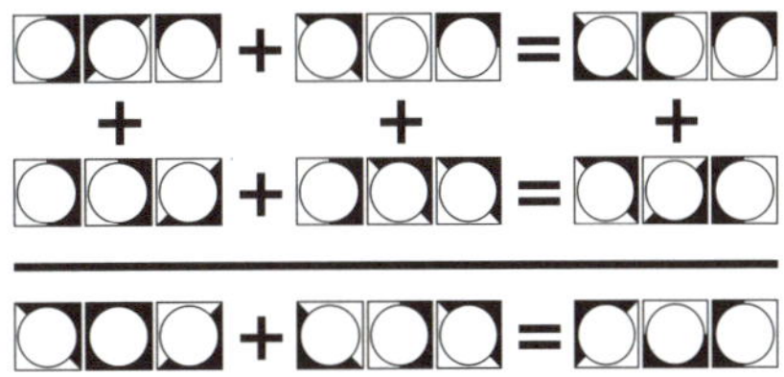

433 Silbengewirr

menschliche Geräusche –
Hundelaut –
Vitamin A (chem.) –
aufwärts –
Arroganz –
Tennisturnier –
öffentlich loben –
spannend, fesselnd –
Schauder –
angeglichen –
Gedenkstätte –
weibliche Elternteile –
ärztliche Instrumente –
deutsches Weinbaugebiet –
Bildschirm –
Erwerber –
mindern, reduzieren – anleiten, leiten –
vollkommene Schöpfung –
kleine Standardmenge

AUF – BE – BERG – CKEND – CKUNG – DUEN – EL – FER – FORM – FUEH – GRAEU – HES – KAEU – KEL – KNUR – KON – KUER – MAHN – MAL – MAS – MEIS – MEN – MEN – MO – MUET – NI – NOL – PA – PA – RE – REN – REN – RHEIN – RUEH – SEN – STECK – STIM – TER – TER – TERS – TI – TOR – WERK – ZEN

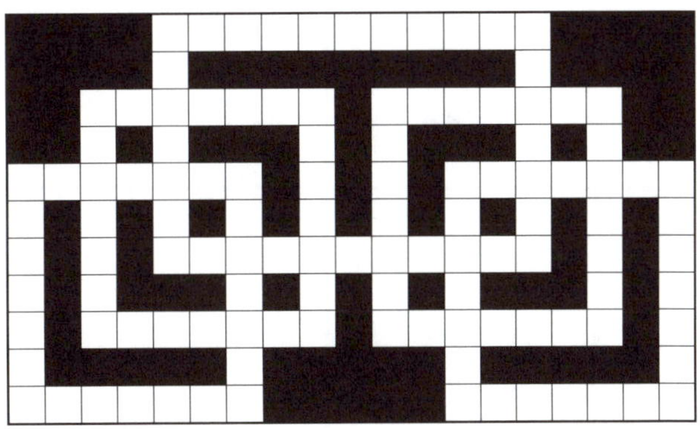

434 Sudoku Diff

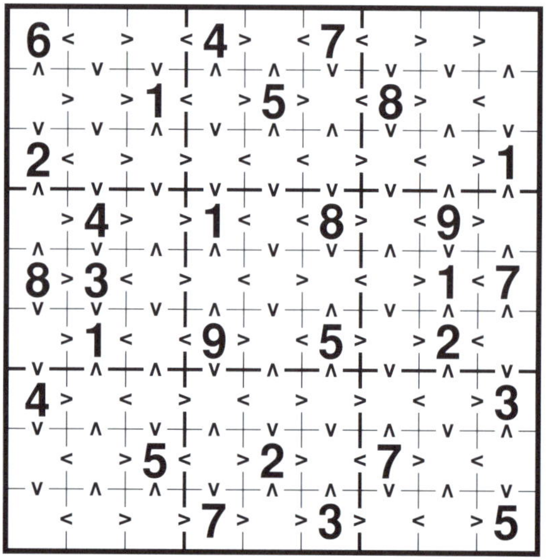

435 Buchstabenschieben

O	T	T	O
I	R	S	O
E	N	R	K
E	M	M	E
A	M	I	E
A	M	I	A
A	K	G	A
A	F	B	A

M				
M				
M				
M				
M				
M				
M				
M				

436 Zahlenschlange

1	13	7	30	40	39	16	17	7	39
25	31	35	4	8	36	11	24	19	5
36	27	32	28	3	21	14	2	7	24
41	6	2	26	29	15	38	20	5	26
26	37	33	20	18	4	24	5	9	22
3	41	40	36	11	26	10	14	21	12
7	18	30	18	19	34	13	10	23	42

437 Sudoku

		7			9		2	4			5
				5				9		6	
	8	5		10		12					
9			10	1						2	6
	5					6		12	7		9
2	6			8	11	10					1
10					3	4	12			8	11
11		8	2		5					4	
4	12						1	5			10
					4		8		6	11	
	11		8				6				
1			3	2		11			12		

438 Summen-Sudoku

3			8	10		
	9	10				12
	9		16		14	
10		12			14	
			14	13		7
12	17				10	
		10		7		3

440 Zahlenrad

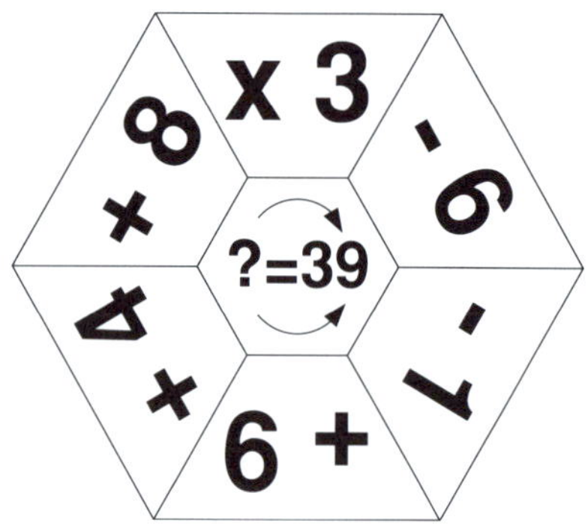

439 Symbolrätsel

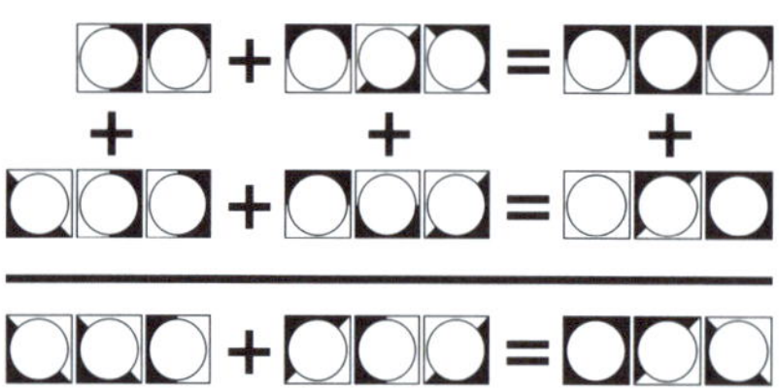

441 Tunnel

	3	3	3	1	1	3	2	4	2	6	2	4
9												
5												
5												
7												
3												
2												
3												

442 Zitatsuche

B	P	H	H	G	N	X	W	D	C	V	Y	L	L
M	L	P	O	P	P	H	L	V	O	I	D	W	I
D	P	A	D	D	C	N	A	Q	L	F	B	R	P
Y	T	O	F	A	N	R	V	L	P	C	W	E	S
A	X	U	J	I	Z	K	G	G	S	A	O	D	T
Y	L	M	L	M	C	O	Y	R	U	R	Z	N	E
R	H	A	W	P	Y	I	K	U	H	F	P	E	T
T	N	C	O	Q	D	M	Z	X	K	A	R	D	U
N	I	T	S	S	I	U	S	W	E	U	E	J	Q
J	C	H	I	S	T	Z	C	H	R	F	U	G	N

443 Samurai

	3						4								9	4	6			
5						8		3												7
9			2		5		1						2			1	7	6		9
	9				6			7					7		6	3				1
				4								6				8				3
1			9				2					2				7	9		6	
	2		5		8			1		2	9				1	9			3	
7		8						2		8										
	5						8				6				8	6	3			
								5				4		1						
									1		7									
						2		9				5								
4		1	5						4				1	8			6	2		3
				2	4					7					3	2				
	3		7						9	6			3	7			8		5	
1					8			9				5			8					4
			4	1	7										1	4	2			
8			3					1				4					5			7
	6				3		8						8		2				6	
			6	7												9	1			
		3			5	7		6				1		4	6			3		

444 Schüttelrätsel

Podest – Retro – Report –
Sperre – Tenne – Talent – Sekans –
Rosten – Orden – Tune

445 Schach

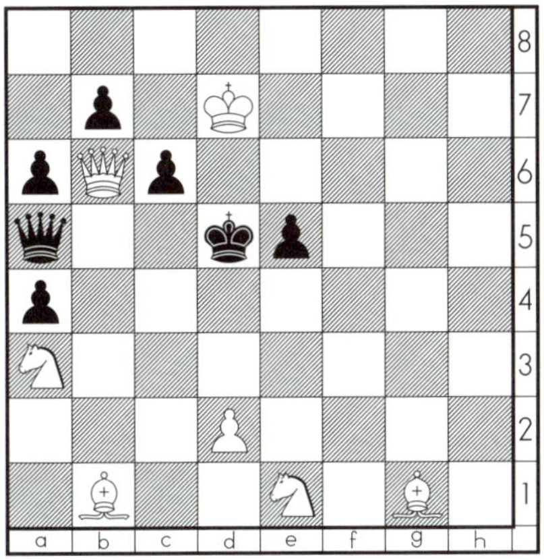

446 Sudoku

						7			3		12
			1	5			4				2
	10	4	3					1			
			8	2	1			9			
			7		8		5			11	1
4					10	11	12				5
3				6	12	2					7
8	6			4		5		12			
			10			9	3	8			
			5					11	7	10	
6				7			11	2			
2		3			9						

447 Symbolrätsel

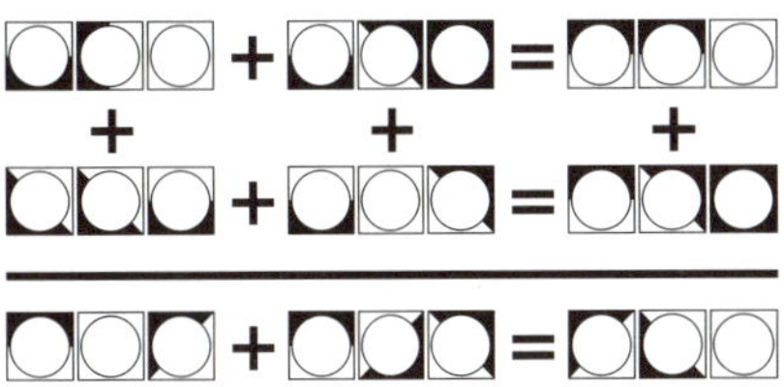

448 Zahlenpyramide

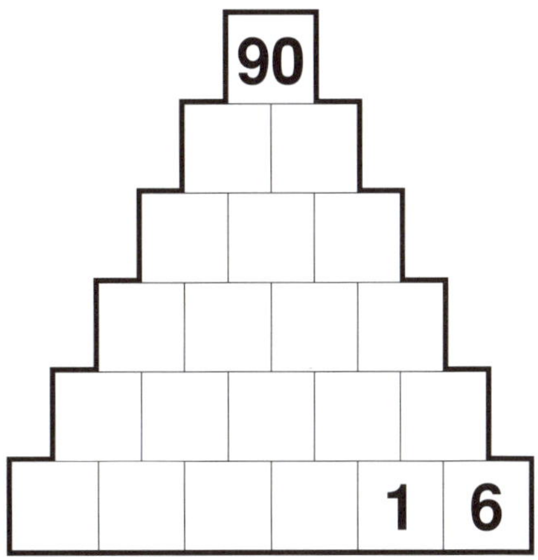

449 Schach

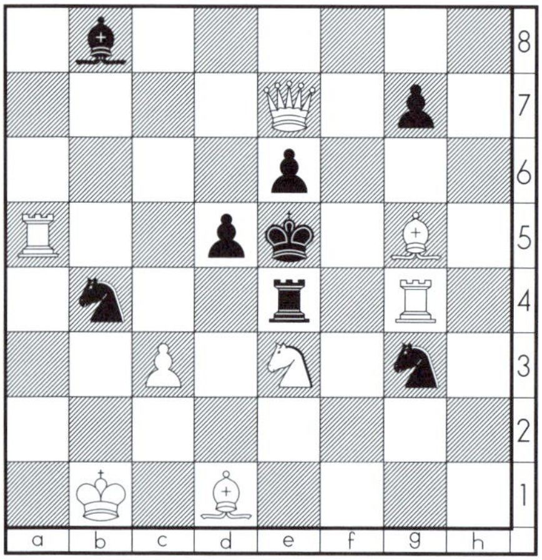

450 Zahlenschlange

1	8	3	4	13	7	11	11	4	3
10	13	14	11	12	4	5	2	9	14
10	5	17	8	5	10	15	4	14	12
17	9	13	5	17	9	2	13	8	13
12	13	9	9	7	5	6	8	5	3
10	11	11	11	16	6	14	16	4	6
6	4	6	16	2	12	17	15	7	18

451 Rätselwurm

Nach rechts unten: 1. Brutstätte, 2. Schlechtwetterzonen, 3. Hauptstadt in Nordafrika, 4. dt. Rechtschreibbuch, 5. Titel russ. Kaiserinnen, 6. offen anerkennen, 7. natürl. Zeichnung im Holz, 8. Bankkontoart, 9. Tierprodukt
Nach links unten: 2. int. Kfz-K. Tunesien, 3. Lebewesen, 4. Zerstäubungsvorrichtung, 5. Berufsverband im MA., 6. Ferienort in Tirol, 7. latein.: gute Sitten, 8. franz. Schauspieler † (Jean), 9. Schwermetall, 10. Inseleuropäer (Mz.)

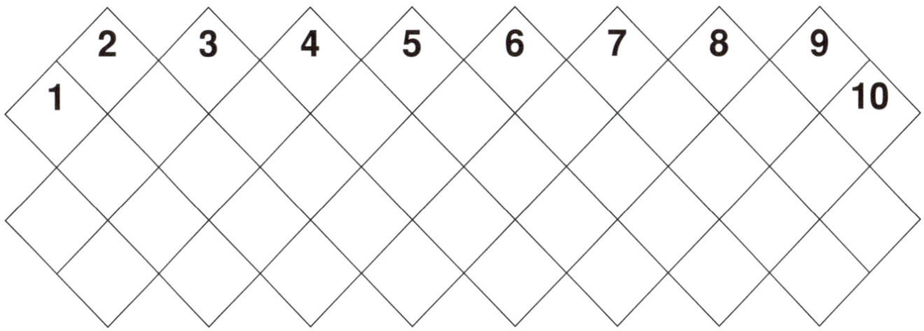

452 Solingo

3	1–	5	18x	9	21+	6	4÷	
288x		5–		10x			2–	
	12x				3	14+	1–	
		7+	7–		7		3÷	
210x			210x	4÷		14x	9	8
	8÷			3÷			1–	5+
7+	72x			2–	4x			
	18x	5–	7+		2÷		63x	
				14x		2÷		5

453 Selfmade-Salat

AGRO
ANNO
BLOED
BORG
ELAN
EPIK
FONDUE
GEBILDET
GEDIEGEN
GEMAHL
GERMANEN
GREIS
ISIS
KUSINE
LUFTPOST
NEUERUNG
NUDEL
PNEU
POST
ROADSTER
SAUM
SPANIEN
UGANDA
VEHEMENT
WALL
ZUCCHINI

454 Sudoku Diff

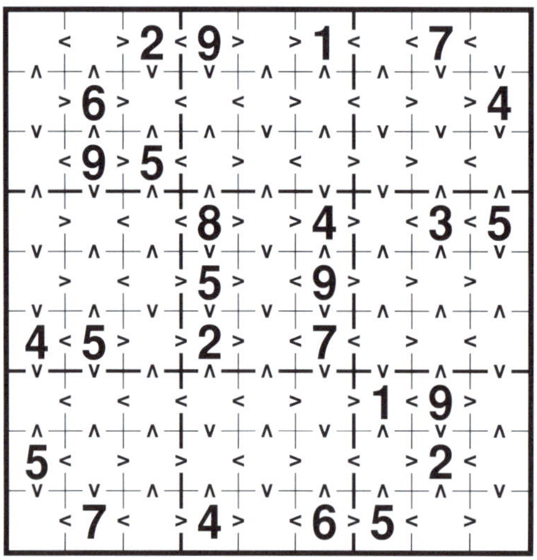

455 Ensaimada

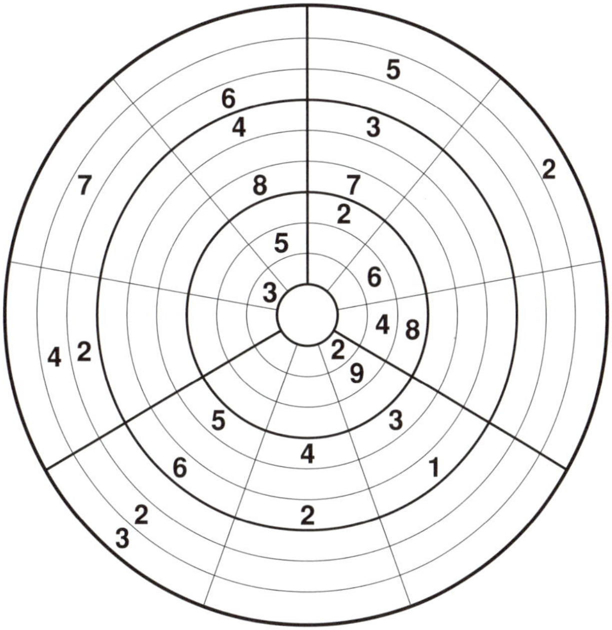

456 Flickwerk

Die folgenden Wörter sind so in die Grafik einzusetzen, dass ein russisches Sprichwort entsteht.

		D							E		
	E									I	
		M							E		
	R									H	
		E							N		

als besser der Die Lehrer meinen nicht Schueler sein sollen zu

457 Sprüche

Die Balken sind so zu verschieben, dass die waagerechten Reihen ein Zitat von Erich Maria Remarque ergeben.

1	2	3	4	5	6	7
ES	NN	OE	SE	RG	VE	NK
TD	IM	HE	AS	IS	EN	GE
WI	EN	UG	GE	SE	NI	RJ
WE	TD	AL	RD	IR	DW	EN
ER	NG	RU	IN	CH	UR	NE

458 Symbolrätsel

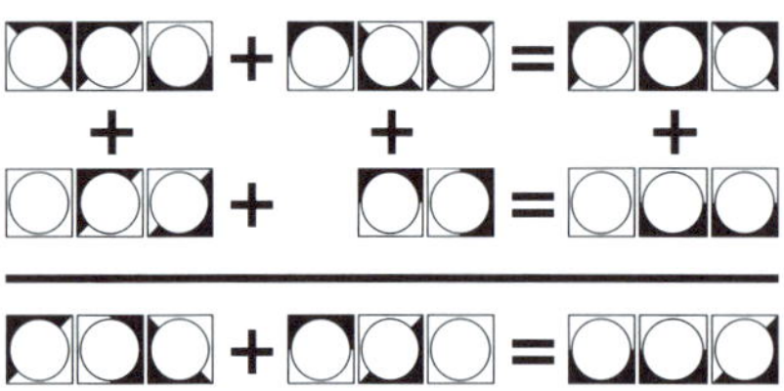

459 Zahlenpyramide

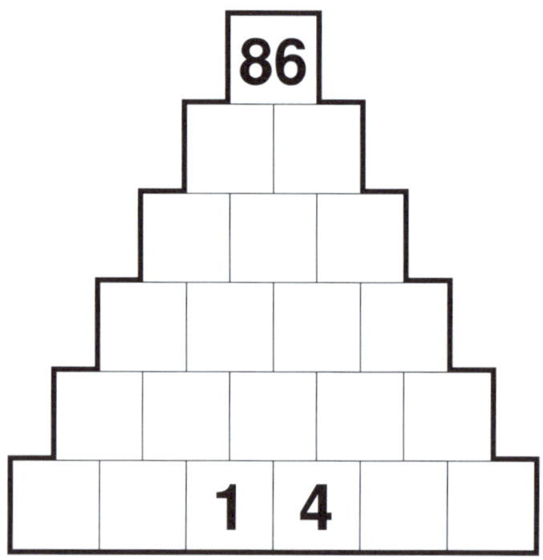

460 Hitori

6	1	5	2	7	8	8	4
1	8	2	1	6	7	4	5
2	3	5	8	7	6	6	4
2	4	6	7	3	3	1	5
4	3	1	6	2	5	7	8
3	6	3	5	2	4	2	1
7	6	8	4	2	1	5	3
8	5	6	3	4	2	3	1

461 Buchstabenschieben

E	X	O	T
E	U	L	S
E	N	H	R
E	L	H	R
A	G	E	N
A	D	E	I
A	C	E	E
A	C	E	E

H				
H				
H				
H				
H				
H				
H				
H				

462 Zahlenrad

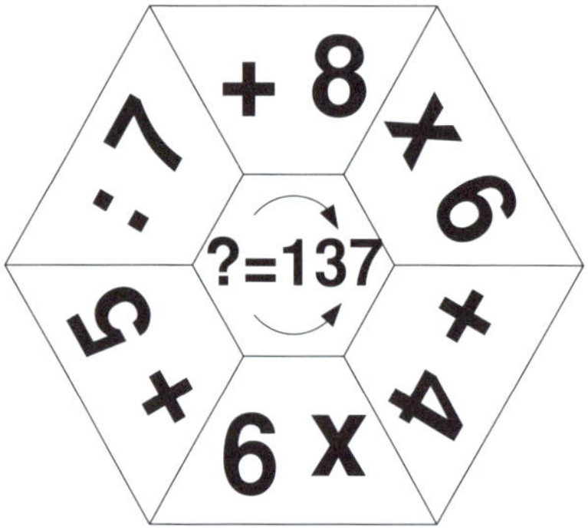

463 Symbolrätsel

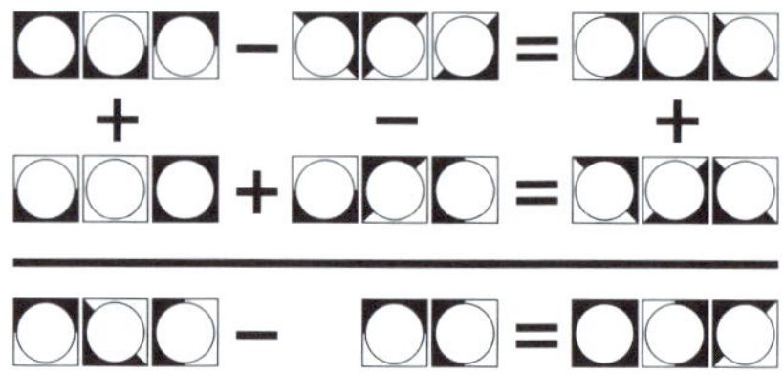

464 Silbengewirr

Übertragung –
Autor von „Emilia Galotti" –
Berührung –
Gerichtshof im antiken Athen –
Beitrag in einer Zeitung –
tugendhaft –
Haarklammern –
Boot von Naturvölkern –
orientalische Märchenfigur –
Körperteil –
Ersatzanspruch –
Fabelname für den Fuchs –
erstes Buch Moses –
leicht stoßen –
öffentl. Bekanntmachung –
schubsen –
entsetzlich –
Meeresdünung –
Hospital –
Entwässerungsleitung

A – A – AB – AR – AUS – BA – BA – BAUM – EIN – FLUSS – FU – GANG – GE – GE – GEN – GRAU – GRESS – HANG – HAUS – KE – KEL – KEN – KON – KRAN – LES – LI – NE – NE – O – ON – PAG – RE – RE – REI – SAESS – SAM – SEE – SEN – SI – SIG – SING – SIS – SITT – SPAN – SSEN – STO – STUP – TAKT – TI – TRANS

465 Samurai

			6	3	5							7	5		6	9				
								9									3			9
	2			4	9	5		6				3								
	9		5	1				4				5		3			7	9		
5				7				1				6		8	9	1	5	3		7
2				9	6		5							7	3			1		6
7		3	4	6			1					4								8
4										4		2	6		5					
			7	5	1				2		5		7	9		3	2		6	1
						4	3			6										
										3			9	8						
						5	7		4		6				7	6				
	8		3	5			2	4		8							1	7		
5					7			8					2	4						
			7		2		8					3		8			6			5
6				4				2				6		5	1	3	2	8		4
	7		5		6							2			5			1		6
			2					1										6		
9	2	4		7	5		3							2	6					
3	5															2	8	5	1	

466 Streichholzrätsel

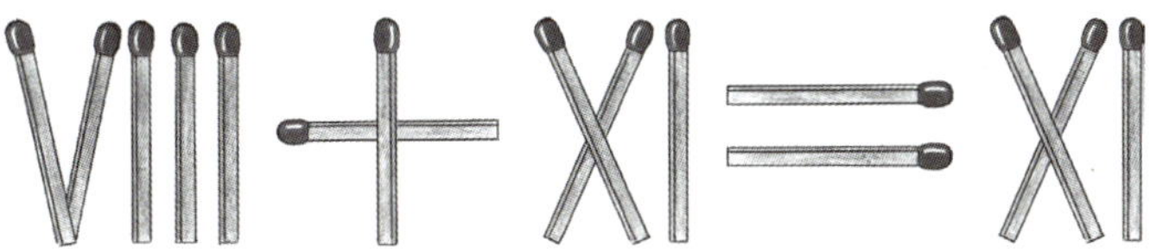

467 Sudoku

11					4		9				
	12				7						1
		7		1		2		3			5
		11			6				5		
		5	10							4	7
	9	4		8		11	5		6	2	
	7	9		11	10		3		1	6	
3	8							10	12		
		10				12			11		
6			3		9		1		10		
2						8				3	
				3		10					4

468 Solingo

9+	1	15+	13+	8÷	24x	2÷		7
	7					5	30x	18x
	11+	3	12x	7	32x			
14+		2÷		90x	2÷	7	2–	
	54x					3÷	3–	
3–		7÷	11+	1–	54x		18x	5
						36x		48x
7–	2÷	3–	7÷	10+			144x	
				20x				1

469 Mamo

Legen Sie sechs Streichhölzer so um, dass drei Rechtecke entstehen.

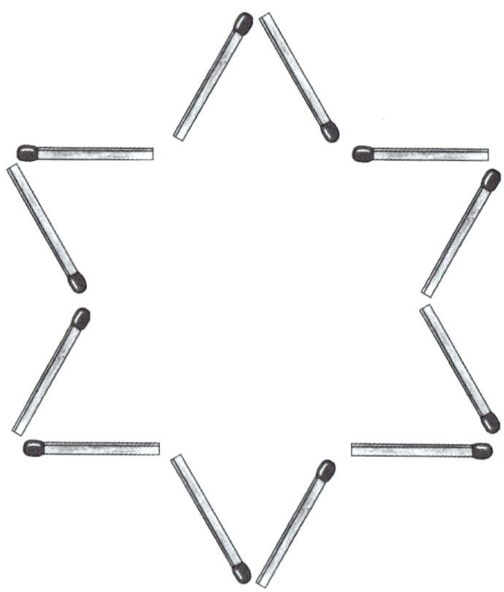

470 Schach

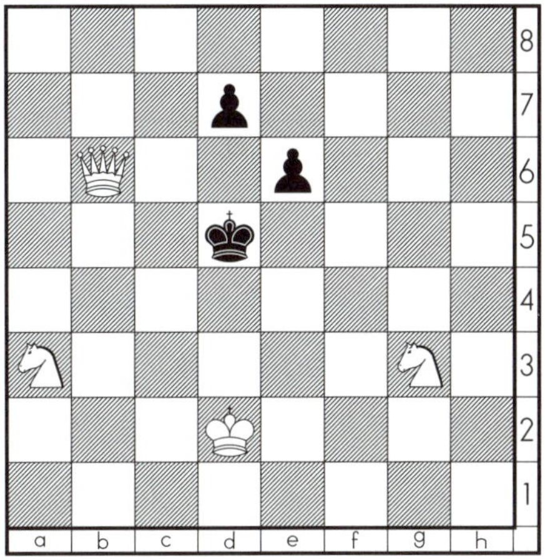

471 Flickwerk

Die folgenden Wörter sind so in die Grafik einzusetzen, dass ein Zitat von Hanns Dieter Hüsch entsteht.

Auch die die gehoert Heiterkeit Leichtigkeit Philosophie und zur

		U						E		
	E								D	
		E						K		
	G								R	
		I						I		

472 Ensaimada

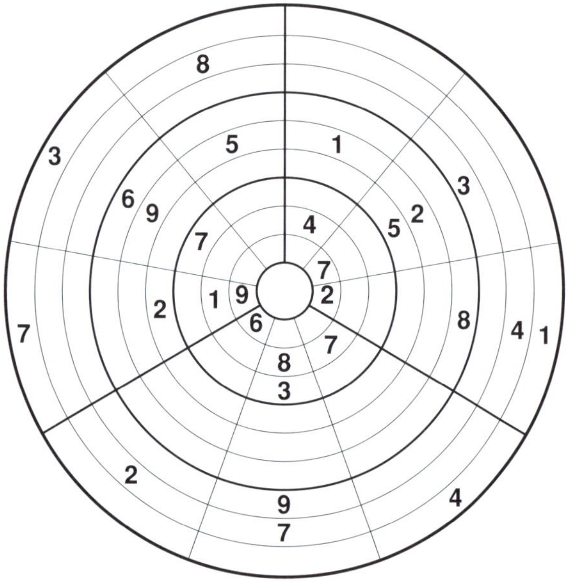

473 Zahlenschlange

1	16	7	9	18	22	13	6	21	3
27	12	3	13	11	25	8	11	20	19
21	2	16	27	18	23	15	26	7	12
13	13	19	26	9	17	14	3	13	18
10	9	11	15	11	5	2	24	4	8
14	17	6	8	27	3	5	24	10	22
20	23	24	25	23	8	27	3	19	28

474 Reduktion

LV	LN		MT / VGT		KN	D	ST / NG		HLT		GG / L	BRSTBN
					DSHLB							
TN					NTGR / RG							
SNGL		NFF		RGL / LHN						BMBS	D	
						CHS		BS / STRF				
F	TG						STDT / HL					
			HCHT / RD						MB			
BR	FN / BT				HRB / BN						RBN	
				BL / RD					R / TM			
STD		RS / LL					FSN / JN					
						JT / TLK				RBBN		GNS
			NT / STKS					RG / DR				
PL / TT	LSD / TL				NMN / BL							
				BL / NT					L		GG	
NCKL		NK					DB					
						GLG						
LSTG							RNGS					

475 Sudoku

6		7				11			12		
	8	3		12						4	6
				7				9		8	
8	3		7	5				10			
	5	2		6		1				9	7
	4	6		10	12			5			
			6			12	3		8	11	
9	10				8		4		7	6	
			8				10	2		12	9
	7		11				8				
10	1						12		2	7	
		8			11				3		1

476 Mamo

Entfernen Sie sechs Streichhölzer, um neun Quadrate zu erhalten.

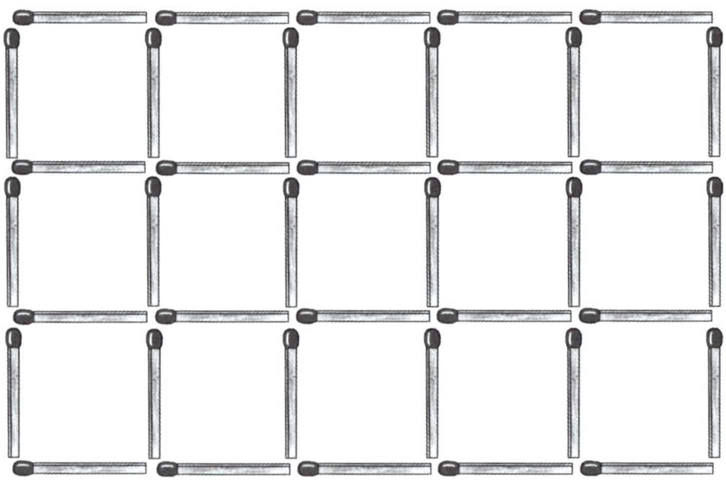

477 Tunnel

	2	2	1	2	5	4	5	5	1	0	0	0
3												
3												
3												
3												
3												
6												
6												

478 Sprüche

Die Balken sind so zu verschieben, dass die waagerechten Reihen ein Zitat aus „Faust“ von Johann Wolfgang von Goethe ergeben.

1	2	3	4	5	6	7
SM	NI	AN	WA	CH	TW	EI
DA	BE	SE	SS	NB	RA	UC
EM	UN	AN	HT	DW	AS	MA
EI	KA	SS	NW	NN	MA	NN
HT	BR	GE	IC	AU	CH	EN

479 Hitori

3	3	6	7	5	8	5	2
4	2	5	1	1	6	8	4
5	5	8	6	8	4	4	7
7	1	2	4	1	3	6	3
1	8	3	5	4	2	4	3
5	2	1	8	1	7	3	4
6	4	8	7	5	1	7	6
6	7	1	2	3	2	1	1

480 Sudoku Diff

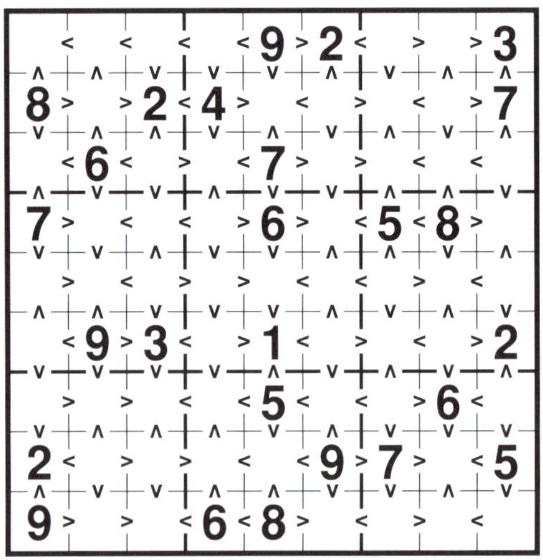

481 Silbengewirr

vertraglicher Vorbehalt –
Lebewesen –
ein Märchenland –
die neue Welt –
Heilbehandlung –
Strauch mit gelben Blüten –
Rundbau –
energisch –
Anlasser beim Auto –
Sitz der Stadtverwaltung –
Heiltrank –
Gesangskünstler –
Hersteller des früheren Zustands –
Arzneiröhrchen –
Staatsanwalt –
Gefahr für Alpinisten –
erster künstlicher Satellit –
babylonisches Volk –
künstliche Zahnfüllung –
nordisches Herdentier

A – A – A – AM – DE – E – GAM – GE – GER – GER – GINS – HAUS – KA – KLAE – KLAU – KRE – LE – LI – LI – LI – LUT – MAL – MAS – ME – ME – NIK – PUL – PUT – RA – RAT – RE – REN – RER – RES – RI – RO – SA – SAEN – SCHLAG – SEL – SO – SPUT – STAR – STEIN – SU – TAU – TER – TER – TIER – TOR – TUN – TUR – XIER

482 Symbolrätsel

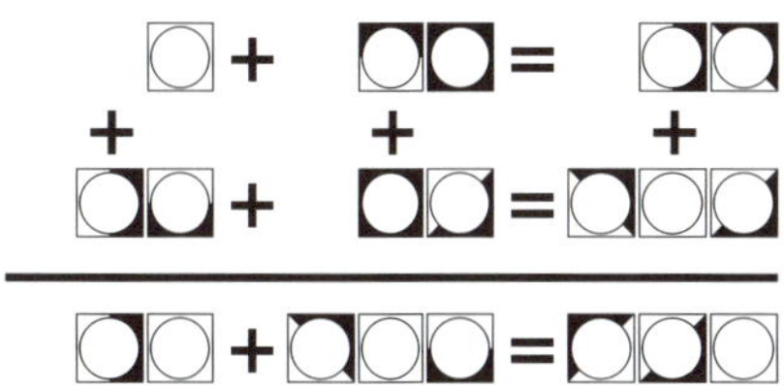

483 Schüttelrätsel

Helfen – Serum – Mimen – Tokio – Paseo – Nieder – Seine – Rudel – Schal – Suite

484 Zahlenrad

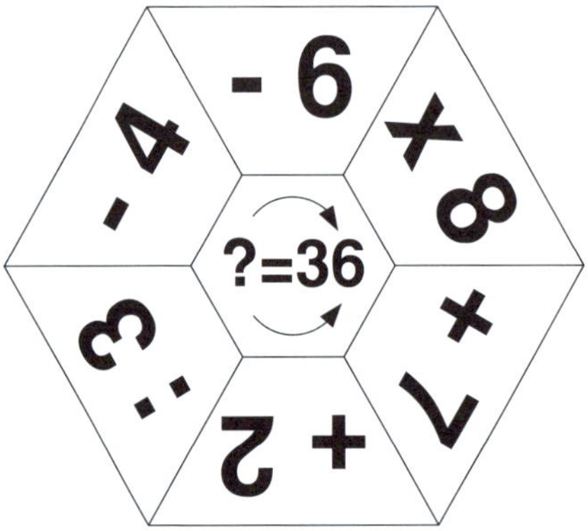

485 Schach

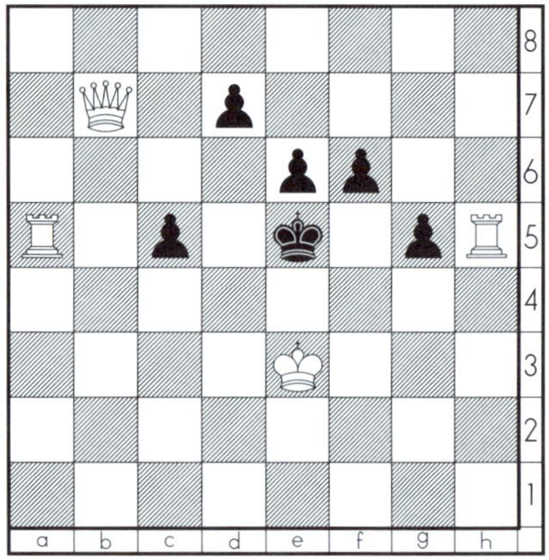

486 Symbolrätsel

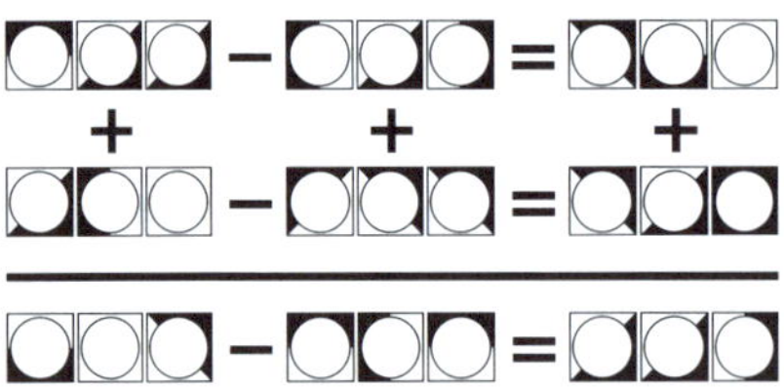

487 Zahlenpyramide

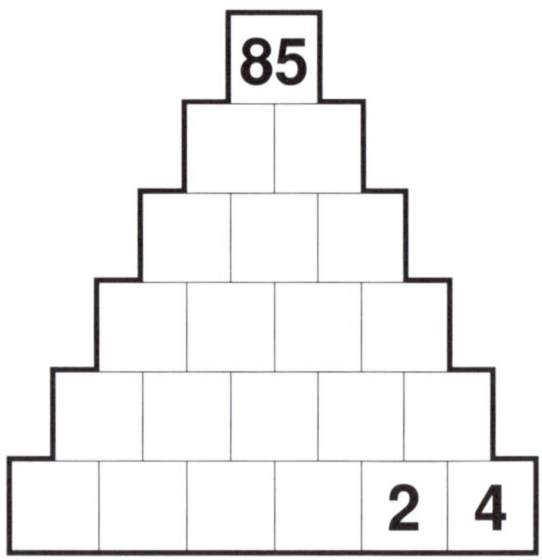

488 Sudoku

		10	3	12			1				
		7	1		8	10		6			
					7			10		11	4
	10				4					5	6
3		8				7					9
	4			3	10	5		7	8	2	
	9	4	11			1	2			12	
12						11			9		2
8	1					6				10	
1	8			11		9					
			9		12	4		2	6		
				2			3	11	5		

489 Selfmade-Salat

AMSEL
BACKWARE
BEET
COMIC
DORER
ELSA
EMSIG
ERHALT
GATTIN
GERE
GRAZIL
HEIA
HERALDIK
ITHAKA
JACK
KARTEI
KOENIG
LAWRENCE
MIETAUTO
OMEGA
PREDIGER
ROSS
SARA
SCHNELL
SIEG
SMOKING
SPIN
SUSHI
TEELICHT
TOUPET
UMSATZ
ZAIRE

			A	L			K				I	
		R	E			G	E					■
	A	S			N	E	L					
	M				■						E	T
	■	S	K	■			A				L	G
■	O		A			K			U	A	I	■
	M	I		T	A			O		S	C	■
	E	■	■		Z			R	M		H	
	G		T		I		E	E	■	I		
	A	I			L			R		N	C	

490 Sudoku

				9			11	12	6		
			1		8	6		11	10		
7	3		6		10						
	5	8	10	12	6	4				7	
2						10			8		12
1	4				7					6	
	6					1				11	8
5		2				3					9
	9					11	5	3	7	2	
				3		2				8	11
		1	5		9	7		2			
		4	3	5			12				

491 Zitatsuche

Z	E	Z	L	Q	X	J	X	E	R	B	E	N	F
S	A	H	A	R	R	W	G	T	K	N	F	J	O
Q	F	O	N	V	V	E	R	S	W	J	Y	F	Z
F	A	C	S	W	M	V	R	P	G	L	X	I	R
I	C	H	L	H	D	U	A	O	E	X	H	E	B
S	M	V	A	G	A	M	N	F	C	M	B	M	M
R	H	E	R	E	B	F	E	S	M	O	G	X	W
E	K	A	L	K	X	W	B	R	W	U	P	A	S
W	B	E	X	Y	T	F	U	E	O	M	F	S	T
I	A	S	S	T	A	U	F	S	M	L	K	B	X

492 Ensaimada

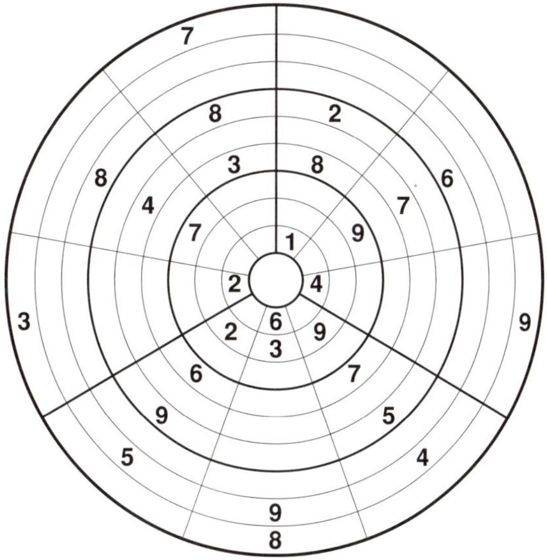

493 Flickwerk

Die folgenden Wörter sind so in die Grafik einzusetzen, dass ein Zitat von Joachim Ringelnatz entsteht.

am bekaempft besten Geldmangel man mit Rheumatismus und Versuchungen

	E									E	
B											N
	M									T	
E											D
	H									U	

494 Rätselwurm

Nach rechts unten: 1. Brutstätte, 2. Schlechtwetterzonen, 3. Hauptstadt in Nordafrika, 4. dt. Rechtschreibbuch, 5. Titel russ. Kaiserinnen, 6. offen anerkennen, 7. natürl. Zeichnung im Holz, 8. Bankkontoart, 9. Tierprodukt
Nach links unten: 2. Abk.: Juristenzeitung, 3. Körper, 4. Männerkosename, 5. Schichten, 6. Ärzte beim Militär (Kw.), 7. Berg in Rumänien, 8. französisch: heilig, 9. iranische Freihandelsinsel, 10. junge Birke

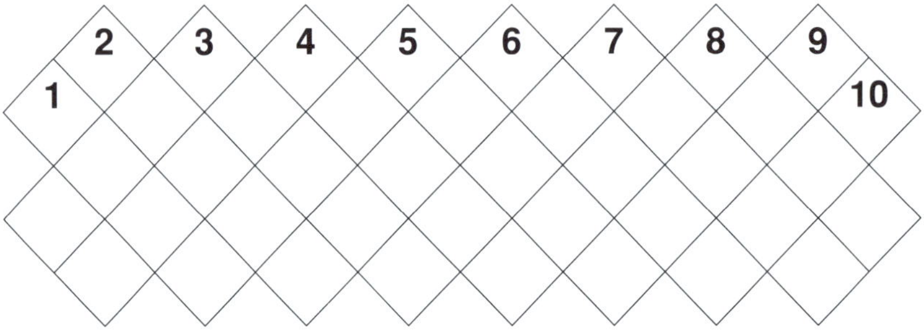

495 Zahlenschlange

1	18	19	6	17	4	25	27	31	9
8	26	20	10	34	31	22	34	24	35
5	33	30	32	33	12	7	17	2	23
4	30	14	35	29	21	13	28	14	16
22	12	25	27	9	16	11	24	15	10
13	13	11	17	27	21	12	23	3	19
19	10	18	31	8	29	2	2	5	36

496 Streichholzrätsel

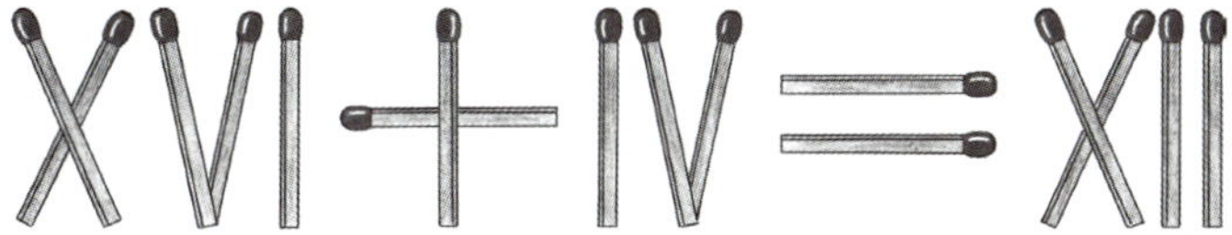

497 Samurai

	7							8									4	9		5
	9	5																4		3
	6			2		5		3							7		6			
2		7			4							1		2		5				
		3		1		4						8	9						5	2
			6			7		1								4		6		1
8		4		6			1		3						1		7			
						3	4				8		2	9						
7							6				2	3	7		8					
						1		4						8						
							3			8			4							
						7						1		3						
				5	2		7	1	8			2			1	4		7		3
7					4	6	8		5				3			2	7			
	4				8						4		1	7					4	
4							6							8			5	6	3	
	9		7		1		5									3				
	2							4					7	9	4			1		
9			8				2						4					9		
	3		4					9							6	8				
8			1	9								6		3		5	4		7	

498 Sudoku

2					10		8				3
7				11					5	8	10
				2		9					
3		5	10	1			9		12		
	11			7			4		3		
	8								2	11	1
9		8	7							12	
		10		12			7			9	
		4		10			1	5	6		11
					1		10				
6	2	9					11				12
11				5		2					8

499 Zahlenrad

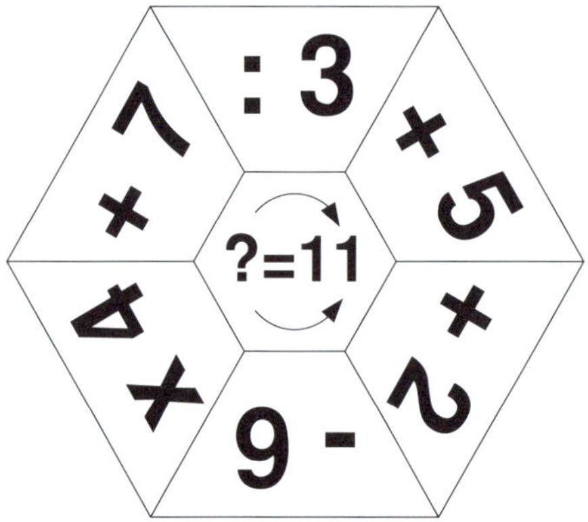

500 Buchstabenschieben

U	U	P	R
R	R	M	O
R	P	M	O
O	N	L	M
O	I	G	K
N	H	G	E
A	G	E	E
A	A	C	A

K				
K				
K				
K				
K				
K				
K				
K				

501 Tunnel

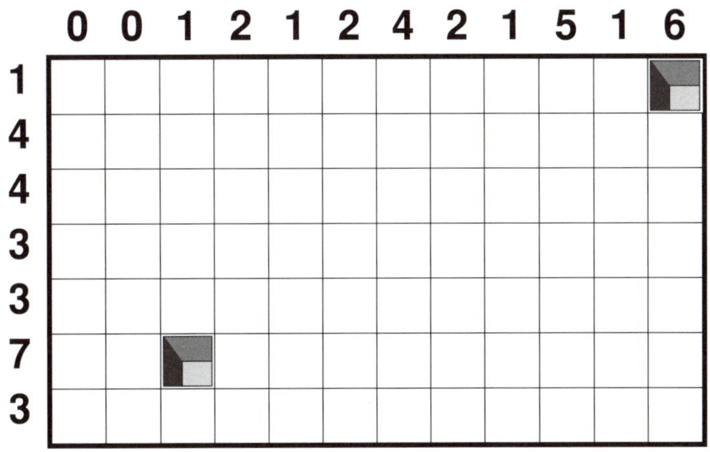

502 Ensaimada

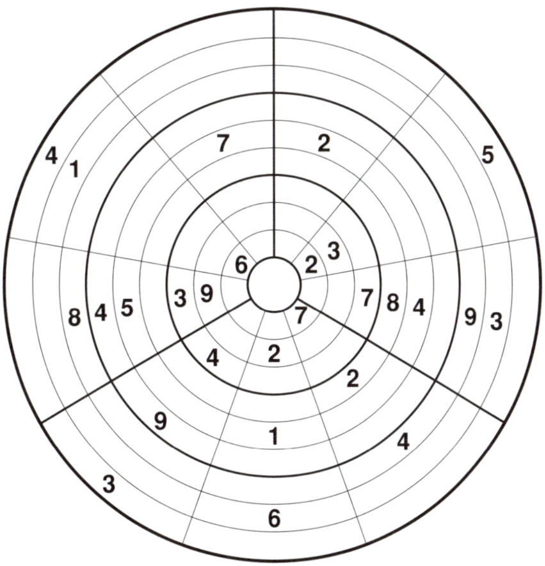

503 Mamo

Entfernen Sie acht Streichhölzer, um sechs Quadrate zu erhalten.

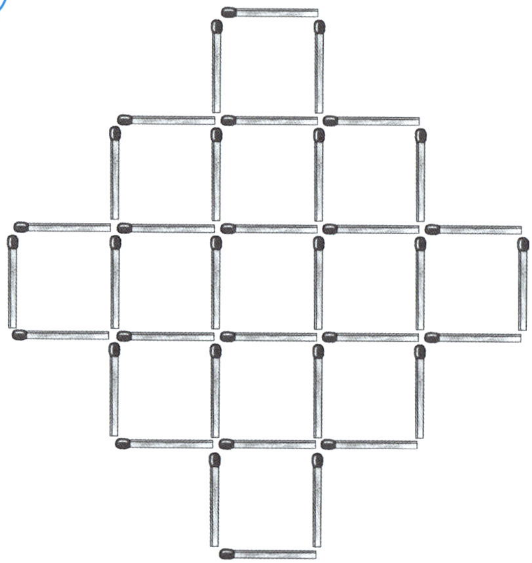

504 Schach

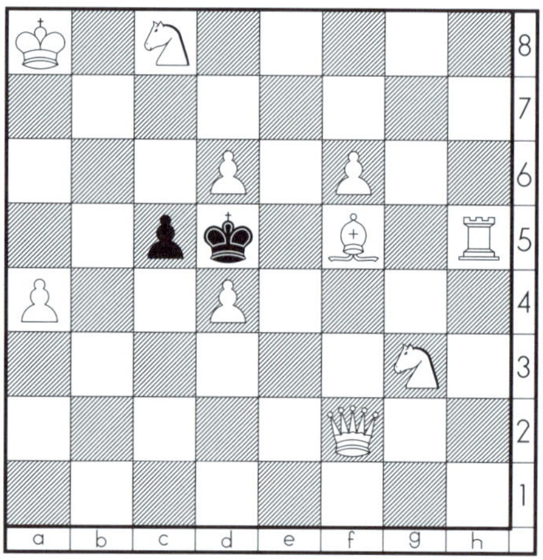

LÖSUNGEN

1

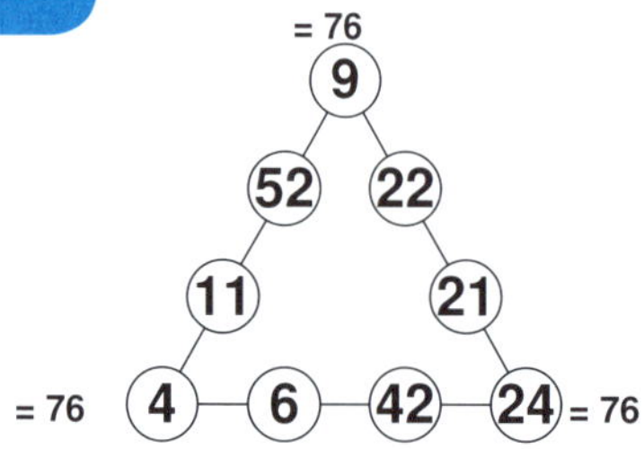

2

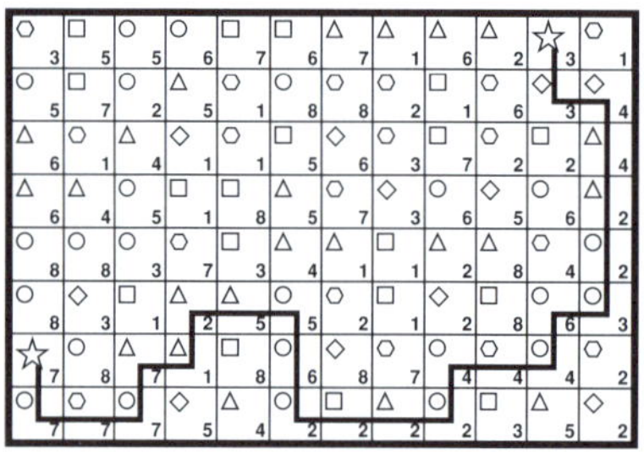

3

Amsel sucht Buecherwurm

4

9 + 2 x 9 x 4 : 6 x 3 + 7 = 205

5

6	3	5	4	7	2	1
3	4	2	1	5	7	6
5	6	7	2	3	1	4
1	7	4	5	2	6	3
2	5	6	3	1	4	7
7	2	1	6	4	3	5
4	1	3	7	6	5	2

6

7

Fehlender Buchstabe: K

8

9

1 ARKADE,
2 KASKADE,
3 KABINETT,
4 DUBIOS,
5 WONNEMOND,
6 PENETRANZ

KABINE

10

18
9 9
5 4 5
2 3 1 4

11

Pfad 2

12

5	8	7	4	9	3	2	6	1
9	4	3	2	1	6	7	5	8
2	1	6	8	5	7	9	3	4
3	2	9	5	7	1	4	8	6
6	5	4	3	8	9	1	7	2
8	7	1	6	2	4	3	9	5
1	3	2	9	6	8	5	4	7
4	6	5	7	3	2	8	1	9
7	9	8	1	4	5	6	2	3

13

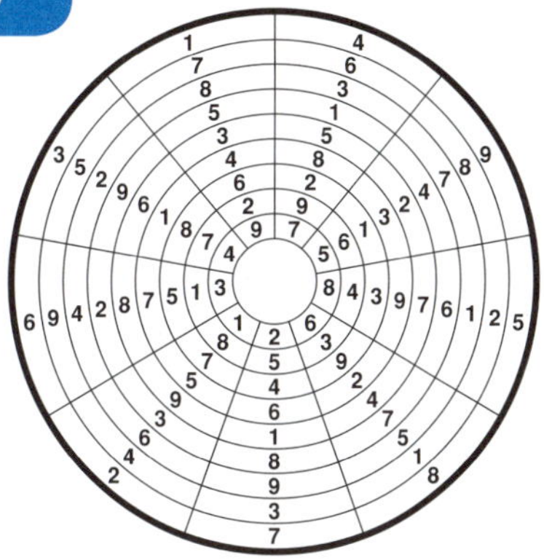

14

W	I	N	Z	E	R		I		K	R	E	T	E	R
E			I		U		T		E			A		
R			N		T	R	A	B	R	E	N	N	E	N
B	A	R	S	C	H		L		A			G		
E							I		M	E	N	A	G	E
S	E	K	T	O	R		E		I					I
L			E		E	I	N	A	K	T	E	R		F
O	M	E	N		M		E					U		E
G			N		I		R		M	E	T	I	E	R
A			I		S		I					N		
N	U	E	S	T	E	R	N		E	L	T	E	R	N

15

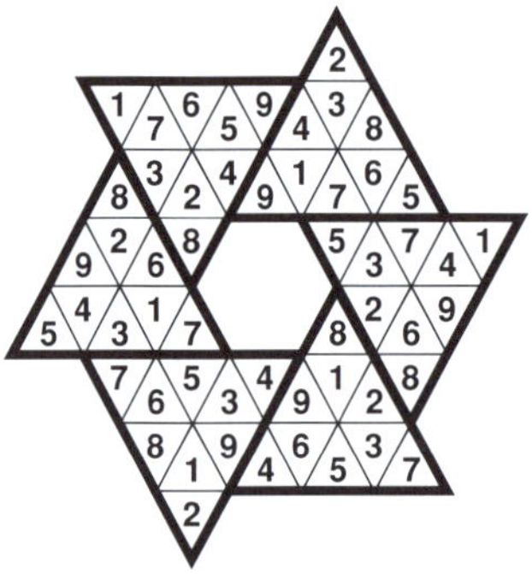

16

Lehrer

17

9	3	4	6	2	1	5	7	8
8	6	2	3	7	5	9	4	1
1	7	5	8	9	4	2	3	6
6	4	8	1	5	3	7	2	9
3	2	9	7	4	8	1	6	5
7	5	1	2	6	9	4	8	3
5	8	3	4	1	2	6	9	7
4	9	7	5	8	6	3	1	2
2	1	6	9	3	7	8	5	4

18

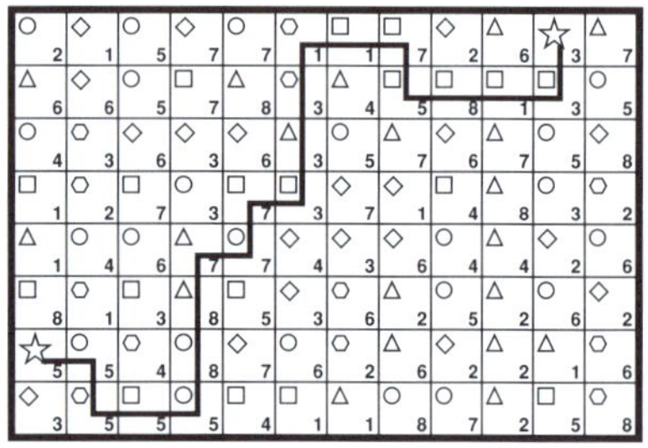

19

1. TUBE, 2. EIBE,
3. NOTE, 4. NAHE,
5. IWAN, 6. SENN,
7. SENF, 8. CHEF,
9. HABE, 10. UNKE,
11. HALL, 12. EDEL

TENNISSCHUHE

20

21

A	S	T	E	R		B	E	R	E	I	C	H		S
B	H		N	A	M	I	B		G		H	A	U	E
L	O	C	K	E		O		S	E	L	E	N		M
I	W		E		S	T	I	E	L		R		K	M
C		P	L	U	T	O		E		D	I	E	L	E
H	A	I		D	E	P	O	N	I	E		S	O	L
T	E	S	T		L		G	O	T	I	K		P	
E		T		L	E	G	A	T		N		I	S	E
N	I	E	S	E	N		M		K	E	I	N	E	R

22

70 Würfel

23

9	8	2	4	7	1	6	5	3
7	4	5	3	6	8	9	1	2
6	3	1	5	2	9	8	7	4
5	1	3	6	8	4	7	2	9
4	7	8	9	5	2	3	6	1
2	9	6	1	3	7	5	4	8
3	2	4	7	9	6	1	8	5
8	6	9	2	1	5	4	3	7
1	5	7	8	4	3	2	9	6

24

1. HECHT, 2. RUDEL,
3. SALTO, 4. ZEUGS,
5. IKONE

HERBSTZEITLOSE

25

$7 \times 2 + 1 \times 3 \times 7 - 4 - 9 = 302$

26

Fehlender Buchstabe: M

27

BIENENKORB - REIHENHAUS

28

29

1	<	2	<	3	<	4	<	5
∧		∧		∧		=		∨
2	<	3	<	4	=	4	>	3
∧		∧		∧		∨		∧
3	<	4	<	5	>	3	<	5
∧		∧		∧		=		∨
4	<	5	<	6	>	3	=	3
∧		=		∨		=		∧
5	=	5	>	2	<	3	<	4

30

1 MUELLABFUHR,
2 SCHULABSCHLUSS,
3 WUCHERER,
4 ARCHETYP,
5 STECKENPFERD,
6 TROCKENOBST

ABCHECKEN

31

Elefant hinter Zirkuswagen

32

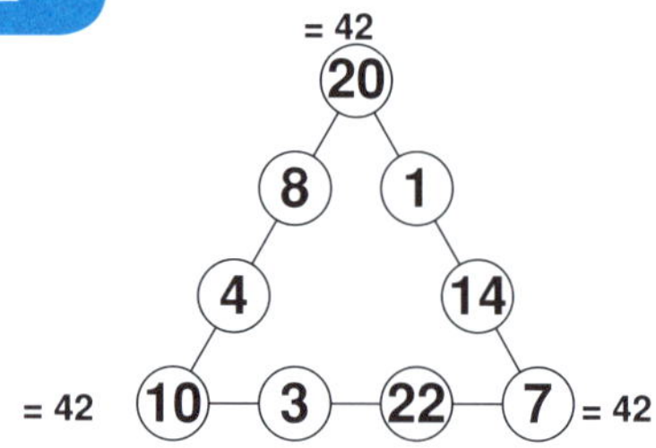

33

4	6	7	1	2	3	5
1	5	2	3	7	6	4
5	2	6	4	1	7	3
7	3	5	2	6	4	1
2	1	4	7	3	5	6
6	7	3	5	4	1	2
3	4	1	6	5	2	7

34

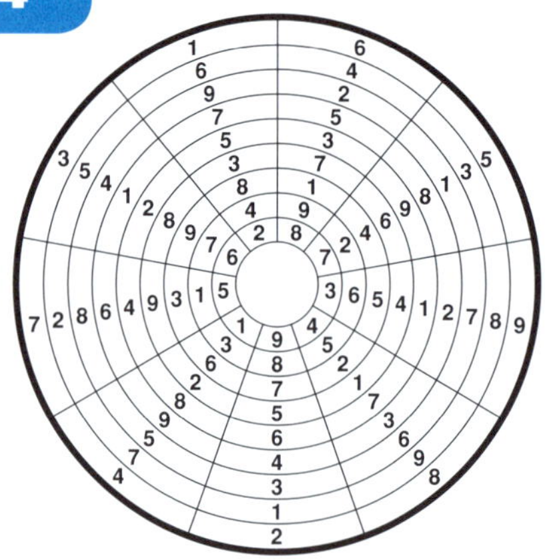

35

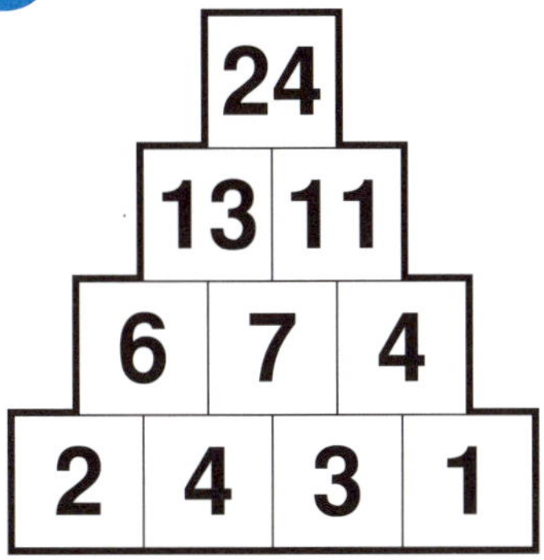

36

1. NARBE,
2. KATER,
3. EISIG,
4. RABBI,
5. NIETE

NUKLEARENERGIE

37

Pfad 1

38

Turnen

39

9 + 3 x 2 - 5 + 8 + 6 + 9 = 42

40

41

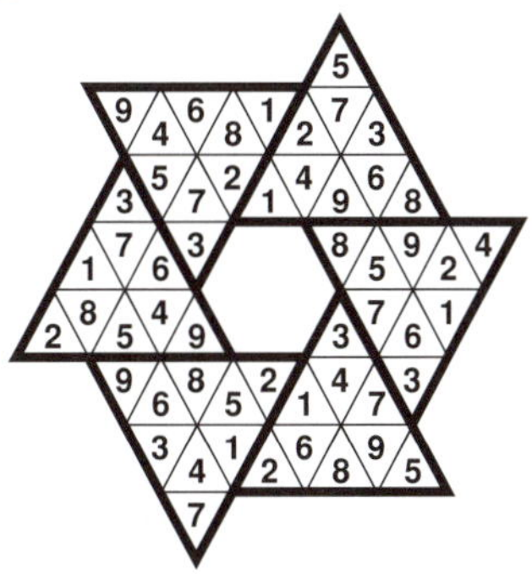

42

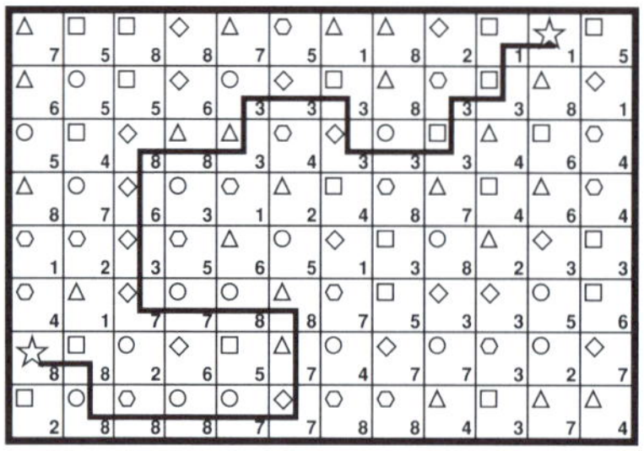

45

5	6	3	1	8	4	9	7	2
7	1	8	9	6	2	5	4	3
9	4	2	3	5	7	8	6	1
8	3	7	2	9	5	6	1	4
6	9	4	7	3	1	2	5	8
1	2	5	8	4	6	3	9	7
2	5	9	4	1	8	7	3	6
3	7	1	6	2	9	4	8	5
4	8	6	5	7	3	1	2	9

43

R	O	S	T		G		S	T	A	U	D	A	M	M
A		U		K	A	S	T	E		R		B	I	S
P	O	R	O	E	S		O		L	A	S	S	O	
S	H	E		F		F	E	G	E	N		I		S
	M		L	I	T	E	R		G		E	N	D	E
R		A	A	R		I		P	O	P	S	T	A	R
I	G	L	U		U	E	F	A		I	C	H		I
N	O		D		K	R	A	S	S		H		O	F
G		R	A	S	E	N		S		M	E	N	U	E

46

M	A	R	K	A	N	T
M	O	D	E	L	L	E
V	I	E	L	E	C	K
B	E	I	L	A	G	E
W	E	B	E	R	I	N
V	I	E	R	E	C	K

44

3	1	5	9	7	8	2	6	4
6	2	8	5	4	1	9	7	3
4	7	9	3	6	2	8	1	5
5	9	1	4	2	7	3	8	6
7	3	2	6	8	5	4	9	1
8	6	4	1	3	9	5	2	7
1	8	7	2	5	4	6	3	9
2	5	6	7	9	3	1	4	8
9	4	3	8	1	6	7	5	2

47

61 Würfel

48

ERNTEN

49

1. RUDER,
2. SEGEL,
3. ELEMI,
4. TONIC,
5. ETSCH

RESPEKTIERLICH

50

BIERDECKEL - ZUTREFFEND

51

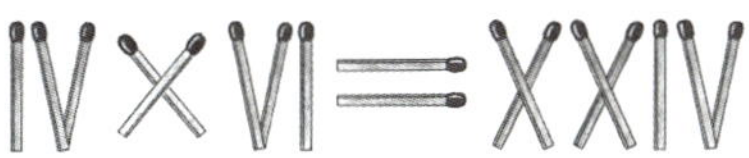

52

1. GERSTE,
2. LEMURE,
3. STIMME,
4. EREMIT,
5. DENKER

53

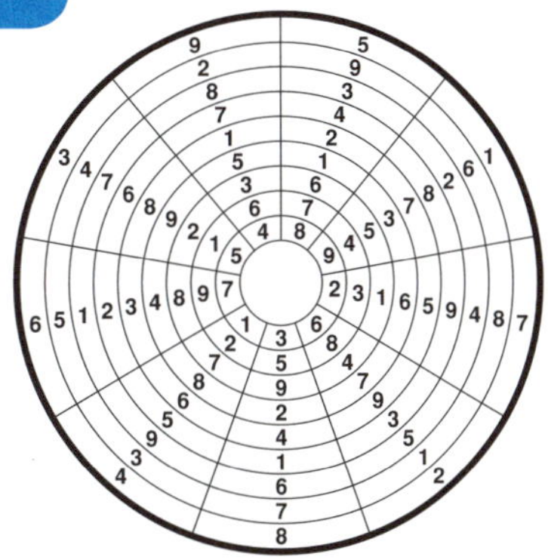

54

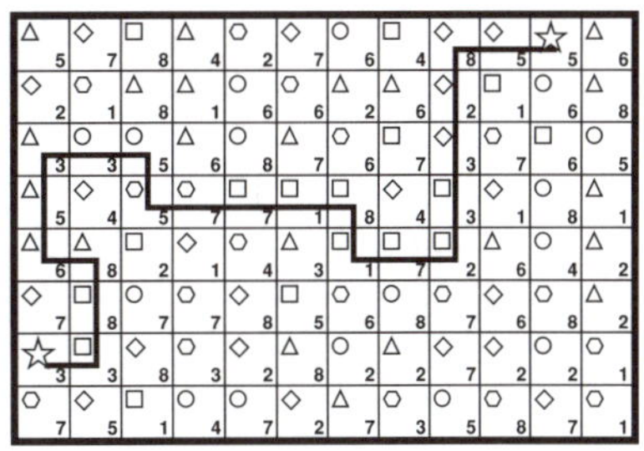

55

6	2	5	7	4	3	1
7	1	6	4	2	5	3
3	5	2	1	6	4	7
1	6	4	3	7	2	5
4	3	7	2	5	1	6
5	4	3	6	1	7	2
2	7	1	5	3	6	4

56

57

8	2	7	6	4	5	1	9	3
6	9	4	1	2	3	5	8	7
5	1	3	8	9	7	6	4	2
7	5	2	4	1	8	9	3	6
4	8	1	3	6	9	2	7	5
9	3	6	5	7	2	4	1	8
2	7	8	9	5	1	3	6	4
3	6	9	2	8	4	7	5	1
1	4	5	7	3	6	8	2	9

58

Pfad 1

59

Fehlender Buchstabe: G

60

MISSFALLEN - ATTRAKTION

61

1. BESSER,
2. REMISE,
3. MADAME,
4. RUANDA,
5. MAINAU

62

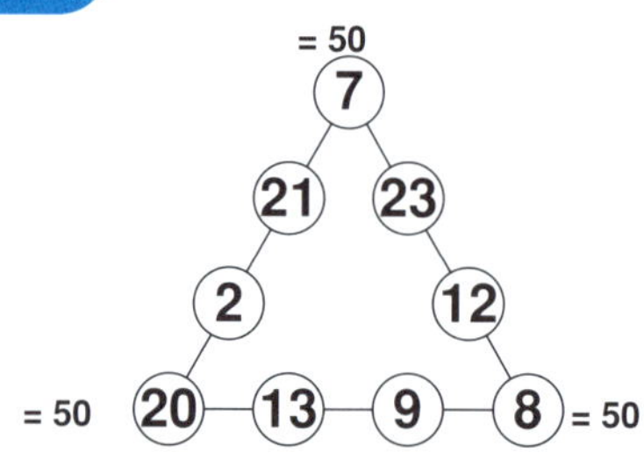

63

66 Würfel

64

B	A	R	I	U	M		S	L	I	P		G	U	T
	N		G	N	O	C	C	I		I		E		
T	E	F	L	O	N		H		K	A	R	I	B	U
I	T		U			M	A	R	O	N	E		O	
R	O	H		P	F	A	D		L	O	U	V	R	E
O		E	T	E		S	E	M	I		N	E		C
L	I	L		L	O	K			B	E	I	N	A	H
E		A		L		A	M	O	R		O	L		S
R	A	U	P	E		T	C		I		N	O	T	E

65

R	O	T	H	A	U	T
A	K	K	U	R	A	T
H	E	R	M	A	N	N
A	U	S	M	A	S	S
G	A	Z	E	L	L	E
E	I	E	R	U	H	R

66

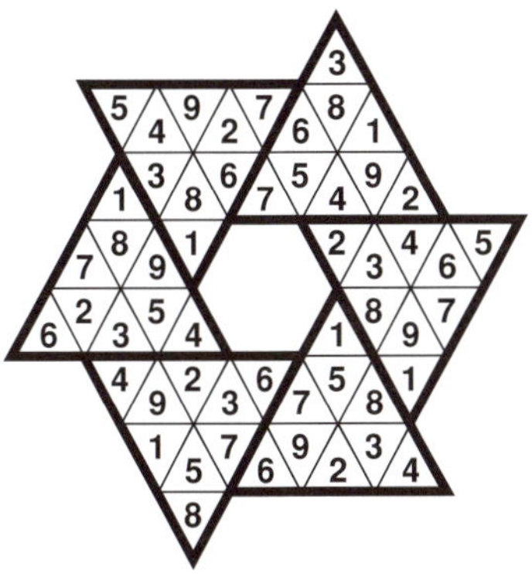

67

W X K E G
E R A A Z Y E R B
J T V N T A H C F V X
D H V O Ü E H G E U G A I
Z H X N H W A S S E R M A N N
Y L F C J A L V W K Ö M M Q I
L F S S J U S T E I N B O C K H L
N P K J T N I C W D U A Z D E F Ö
R J O X N G F A Y D K W N G I I W
Ü D R P O F A K R E B S N H Z S E
G Y P J U R O L Z R F I R G W C Z
M I E S A P R J J L E U O C H
U O C X U O V Ü L I P B V Z E
N B Ö W Z X I T V Z I W Q
V V U R W S R W Y T P
X C Z S L V G X E
G F K W K

68

6	>	4	<	6	>	3	>	2
=		∧		∨		=		∧
6	>	5	>	4	>	3	<	4
∨		∨		∨		∧		=
5	>	4	>	3	<	4	=	4
∨		∨		∨		∧		∨
4	>	3	>	2	<	5	>	3
∨		∨		∨		∨		∨
3	>	2	>	1	<	4	>	2

69

1. REDE, 2. ELFE, 3. TIPP, 4. TRIP, 5. URAT, 6. NEST, 7. GERN, 8. SOHN, 9. REMO, 10. INFO, 11. NARR, 12. GIER

RETTUNGSRING

70

E	D	A	M	E	R		B		K	L	I	P	P	E
R			O		I		I		A			L		
S			L		E	N	T	D	E	C	K	U	N	G
A	N	D	E	R	S		T		M			T		
T							E		P	O	R	O	E	S
Z	I	F	F	E	R		R		F					O
K			E		A	B	B	I	E	G	E	N		L
R	E	I	S		C		O					A		A
A			S		K		E		S	E	K	T	O	R
F			E		E		S					T		
T	A	B	L	E	T	T	E		D	A	S	E	I	N

73

71

WINDIG

74

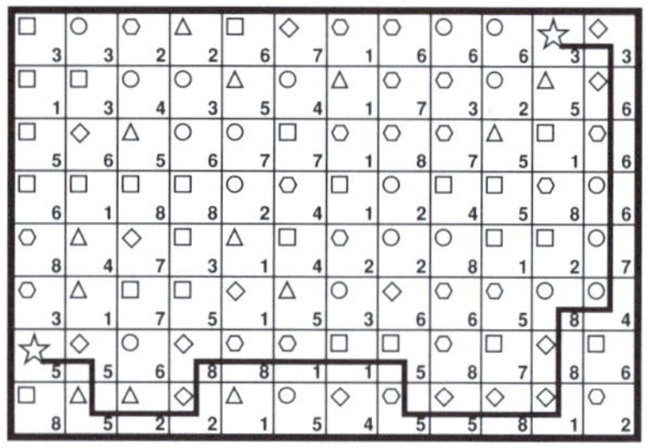

72

1 ZUVERSICHT,
2 DIVERSES,
3 GEBORGEN,
4 AUSBORGEN,
5 MORGENROT,
6 GEGENSATZ

VERBORGEN

75

2	1	5	3	7	6	4
1	7	6	5	4	2	3
3	5	4	2	6	7	1
7	6	3	1	5	4	2
4	2	7	6	3	1	5
6	3	2	4	1	5	7
5	4	1	7	2	3	6

76

1. KANADA,
2. HELENA,
3. FAIBLE,
4. ITALIA,
5. EMIRAT

77

1. WUEST,
2. IKONE,
3. ERICH,
4. BEERE,
5. STERN

WEITERBESTEHEN

78

7 x 4 + 5 – 1 – 8 – 7 x 9 = 153

79

2	6	5	1	7	4	8	3	9
8	3	7	2	5	9	1	4	6
9	4	1	6	8	3	5	7	2
1	8	4	9	6	2	3	5	7
3	5	9	4	1	7	6	2	8
7	2	6	5	3	8	4	9	1
6	1	3	7	2	5	9	8	4
4	7	8	3	9	6	2	1	5
5	9	2	8	4	1	7	6	3

80

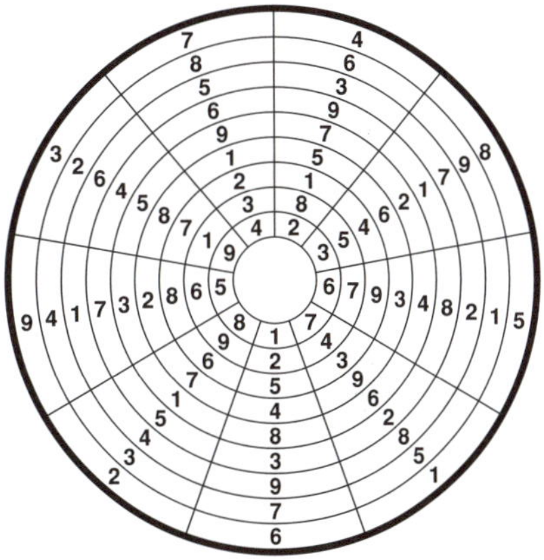

81

A	R	A		M	O	N	T	A	G	E		E	R	N
	O	S	T	E	N		R		R	E	E	D	E	
M	U	S		T		L	A	K	E	N		L		S
	L		B	E	T	O	N		M		N	E	S	T
B	E	V	O	R		G		L	I	D	O		O	E
A	T		S		K	O	P	I	E	R	E	R		I
S	T	A	T	U	R		A	D	N		T		I	N
K		R	O	M	E	O		E		W	I	T	W	E
E	D	E	N		M		T	R	E	C	K		O	R

82

Pfad 2

83

4	2	6	3	9	5	1	8	7
1	3	8	4	7	6	9	2	5
5	7	9	8	1	2	3	6	4
9	5	3	7	6	1	2	4	8
8	4	1	2	5	3	7	9	6
2	6	7	9	8	4	5	3	1
6	8	2	1	3	7	4	5	9
7	9	4	5	2	8	6	1	3
3	1	5	6	4	9	8	7	2

84

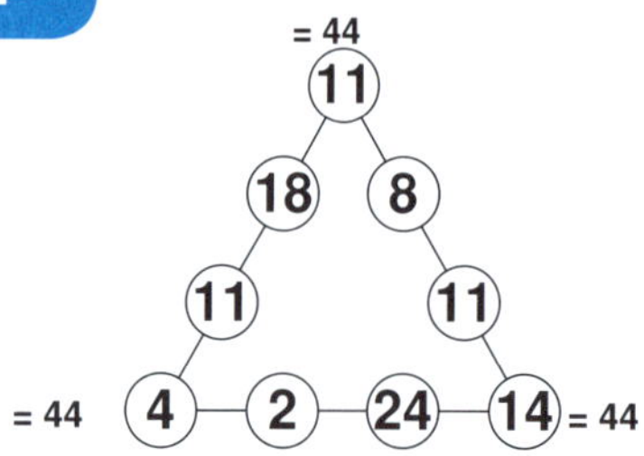

85

86

UNERWARTET - AUSGESUCHT

87

69 Würfel

88

1	4	7	2	6	8	3	5	9
5	8	9	3	7	1	6	2	4
3	6	2	9	5	4	1	8	7
8	7	3	5	9	2	4	6	1
4	2	6	7	1	3	5	9	8
9	5	1	8	4	6	7	3	2
7	3	5	1	2	9	8	4	6
6	9	8	4	3	7	2	1	5
2	1	4	6	8	5	9	7	3

89

K	U	C	H	E	N		K		R	E	P	T	I	L
A			A		A		A		U			A		
I			U		S	A	L	Z	S	A	E	U	R	E
S	T	R	E	S	S		K		H			E		
E							U		D	I	E	N	E	R
R	A	B	A	T	T		L		I					U
R			B		A	K	A	D	E	M	I	E		H
E	H	E	R		U		T					C		E
I			A		S		I		F	U	N	K	E	N
C			U		C		O					I		
H	E	I	M	C	H	E	N		H	U	E	G	E	L

90

1. BAMBUS,
2. ASTHMA,
3. RECHTS,
4. FRANCE,
5. BARBAR

91

Fehlender Buchstabe: R

92

RAFFINIERT - GEWINNERIN

93

8 x 4 + 9 + 6 x 5 + 2 + 7 = 244

94

FROSCH

95

T	O	R	R	A	U	M
P	R	A	E	R	I	E
R	A	P	P	O	R	T
O	K	T	O	B	E	R
H	I	E	R	A	U	S
F	E	S	T	A	K	T

96

4	<	5	<	6	>	2	<	4
v		v		v		∧		∧
3	<	4	<	5	>	4	<	5
v		v		v		v		v
2	<	3	<	4	>	2	<	4
v		v		v		=		∧
1	<	2	<	3	>	2	<	5
∧		=		∧		∧		=
2	=	2	<	4	>	3	<	5

97

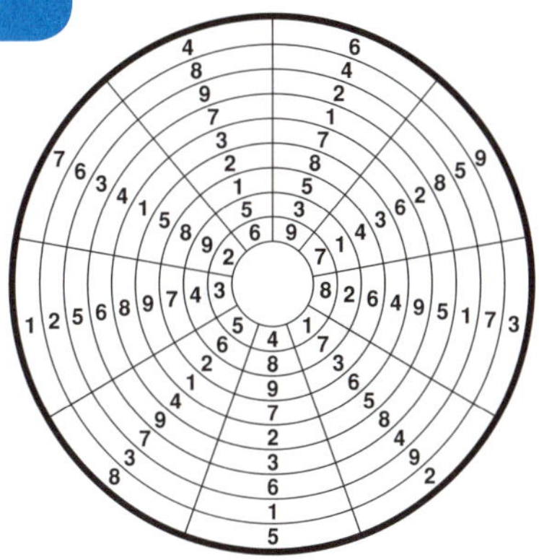

98

99

1. RAIN, 2. OFEN,
3. TRAB, 4. KORB,
5. ABEL, 6. EKEL,
7. PINK, 8. PARK,
9. COLT, 10. HEFT,
11. ERDE, 12. NASE

ROTKAEPPCHEN

100

F	O	T	O	G	R	A	F	I	E		E	B	B	E
O	M			I	N	N		G	I	E	R		I	M
	A	G	I	L		G	R	O	S		H	M		P
		R		E	N	A		R	I	T	E		O	F
S	T	A	A	T		B			G	R	I	P	P	E
O	U	T			K	E	A			I	T	O		H
H			S	A	U		V	O	M		E		A	L
N	O		H	E	R	E	I	N		T	R	E	U	E
	B	O	E		S		S	A	L	O	N		A	N

101

1. TOAST,
2. BALSA,
3. LOESS,
4. TRAKT,
5. ROUTE

TABULATORTASTE

102

20			
9	11		
4	5	6	
3	1	4	2

103

1. KARPOW,
2. MATURA,
3. PESETA,
4. FRAESE,
5. ADEBAR

104

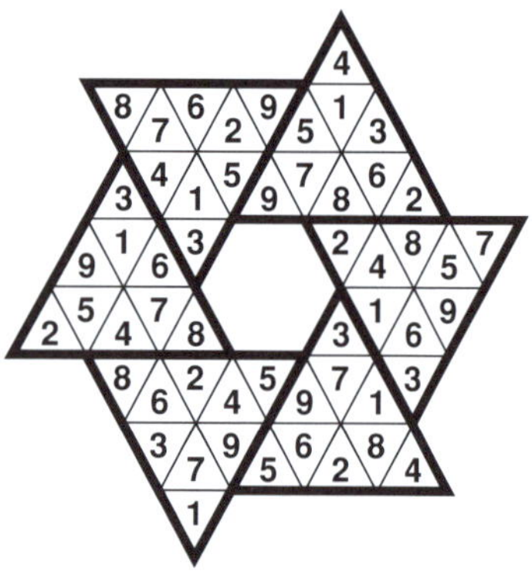

105

	V		M	E	E	R		A	B	B	A		P	
B	E	D	E		L				E		R	E	N	E
	N		L	U	F	T	H	A	N	S	A		E	
S	E	E		S		O		L		U		Z	U	G
A			B	A	S	E		K	U	R	S			E
K	O	M	A			N	I	M			K	O	C	H
R			D	A	Z	U		E	T	U	I			E
A	B	O		L		N		N		N		B	O	N
	O		N	E	U	G	I	E	R	I	G		P	
R	E	G	E		H				O		A	D	E	L
	S		E	I	R	E		A	M	O	R		R	

106

Pfad 4

107

FOTOGRAFIE - ELEKTRONIK

108

109

Ein Maskenball

110

9	4	8	3	2	5	6	1	7
6	1	2	7	9	4	5	3	8
3	5	7	6	1	8	2	4	9
5	6	1	2	3	7	8	9	4
2	8	4	1	5	9	3	7	6
7	3	9	8	4	6	1	2	5
1	7	5	9	8	3	4	6	2
4	2	6	5	7	1	9	8	3
8	9	3	4	6	2	7	5	1

111

9	4	1	8	6	5	2	7	3
2	7	6	4	1	3	9	8	5
3	8	5	2	7	9	1	4	6
1	2	7	9	8	6	3	5	4
6	5	4	7	3	2	8	9	1
8	9	3	1	5	4	7	6	2
4	3	8	6	9	1	5	2	7
5	6	9	3	2	7	4	1	8
7	1	2	5	4	8	6	3	9

112

3	7	5	4	1	6	2
4	2	1	6	5	7	3
2	1	7	3	4	5	6
5	6	2	1	7	3	4
1	4	3	5	6	2	7
7	5	6	2	3	4	1
6	3	4	7	2	1	5

113

64 Würfel

114

M	A	R	K	A	N	T
P	A	R	A	B	E	L
T	O	R	R	A	U	M
F	E	S	T	A	K	T
A	U	T	O	B	U	S
M	E	I	N	E	I	D

115

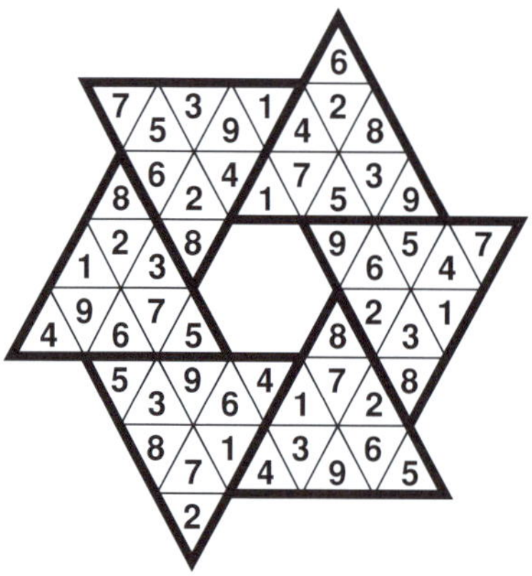

116

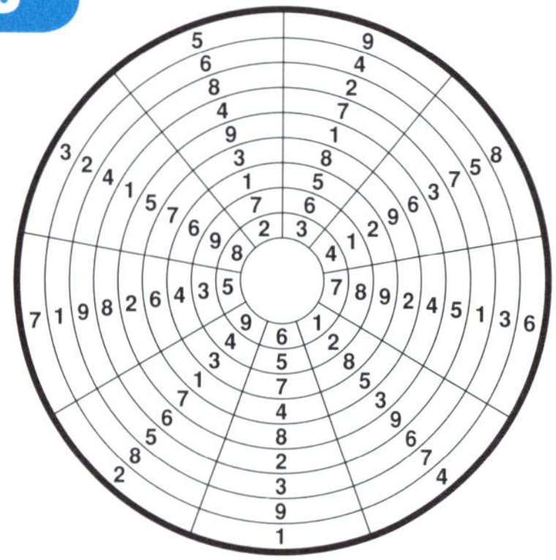

117

R	E	G	L	O	S		P		P	L	A	N	K	E
I			I		T		O		O			O		
T			N		A	U	S	S	P	R	A	C	H	E
T	A	N	K	E	R		T		S			K		
E							K		T	A	L	E	N	T
R	A	S	S	E	L		U		A					H
O			A		I	N	T	E	R	N	A	T		R
R	I	T	T		M		S					E		O
D			T		O		C		G	R	A	T	I	N
E			E		N		H					R		
N	O	T	L	U	E	G	E		S	T	R	A	F	E

118

4	5	7	2	6	3	8	9	1
9	6	3	5	8	1	2	7	4
8	2	1	7	9	4	6	3	5
7	4	2	8	5	6	3	1	9
1	3	6	4	7	9	5	2	8
5	8	9	3	1	2	4	6	7
2	9	4	1	3	5	7	8	6
6	7	5	9	2	8	1	4	3
3	1	8	6	4	7	9	5	2

119

7 x 6 x 5 + 7 + 2 + 8 + 1 = 228

120

1 HERRENHEMD,
2 WARENHAUS,
3 KARDINAL,
4 WUERDIGEN,
5 INTERIM,
6 MEUTEREI

RENDITE

121

Fehlender Buchstabe: C

122

XXII – VI = XVI

123

SOMMER

124

20
9 11
4 5 6
3 1 4 2

125

1. NASA, 2. ANNA,
3. CLOG, 4. HANG,
5. HEFE, 6. OHNE,
7. LESE, 8. SOLE,
9. PAAR, 10. ILER,
11. ELAN, 12. LEIN

NACHHOLSPIEL

126

1	7	8	6	3	2	5	4	9
4	5	2	7	9	8	1	6	3
6	9	3	4	5	1	2	7	8
8	6	9	1	7	3	4	2	5
7	4	5	2	8	6	3	9	1
3	2	1	9	4	5	6	8	7
2	8	7	5	1	4	9	3	6
9	1	6	3	2	7	8	5	4
5	3	4	8	6	9	7	1	2

127

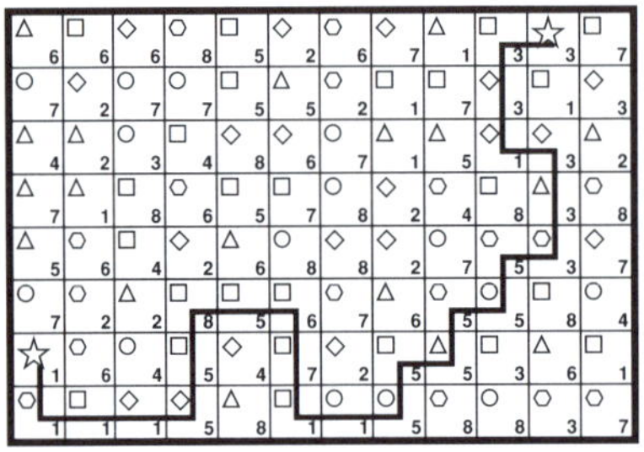

128

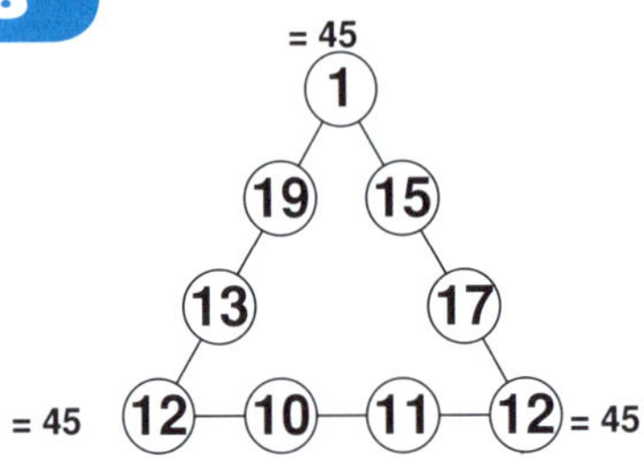

129

3	1	4	6	7	8	2	9	5
9	8	5	3	2	4	1	7	6
2	6	7	1	9	5	4	8	3
6	5	1	2	4	7	8	3	9
8	3	2	5	1	9	7	6	4
4	7	9	8	6	3	5	2	1
7	2	3	4	5	6	9	1	8
1	4	8	9	3	2	6	5	7
5	9	6	7	8	1	3	4	2

130

3	=	3	<	4	<	5	<	6
v		v		v		v		v
2	=	2	<	3	<	4	<	5
∧		v		v		v		v
3	>	1	<	2	<	3	<	4
v		∧		∧		=		v
2	=	2	<	5	>	3	=	3
v		∧		=		∧		=
1	<	3	<	5	=	5	>	3

131

72 Würfel

132

Chinesischer Teller-Jongleur

133

1. ROTOR,
2. SISAL,
3. ELEMI,
4. TONIC,
5. ERICH

RESPEKTIERLICH

134

R	E	L	E	V	A	N	T		H	I	N	A	U	F
O	H	M		I		E	R	R	O	L		V		R
	R		R	E	I	H	E		N		N	A	M	E
H	E	G	E	R		M		T	I	R	O	L		M
U	N		G		B	E	Z	U	G		T		S	D
M		W	E	B	E	N		E		H	E	C	K	E
A	S	E	N		D		E	R	D	E		W	E	R
N		H		W	E	I	N		A	D	E		E	
	V	E	T	O		T	A	L		E	R	S	T	E

135

136

1. KANTOR,
2. HELENA,
3. QUALLE,
4. MAINAU,
5. SOPHIA

137

P	A	S	S	A	G	E
O	K	T	O	B	E	R
S	O	L	I	D	U	S
T	O	R	R	A	U	M
T	O	N	E	R	D	E
Z	U	S	E	H	E	N

138

3	6	5	9	1	8	7	4	2
8	7	2	4	6	3	1	9	5
1	4	9	5	2	7	6	3	8
9	5	4	3	7	6	2	8	1
7	3	1	8	5	2	9	6	4
2	8	6	1	4	9	5	7	3
5	1	3	7	9	4	8	2	6
6	9	8	2	3	5	4	1	7
4	2	7	6	8	1	3	5	9

139

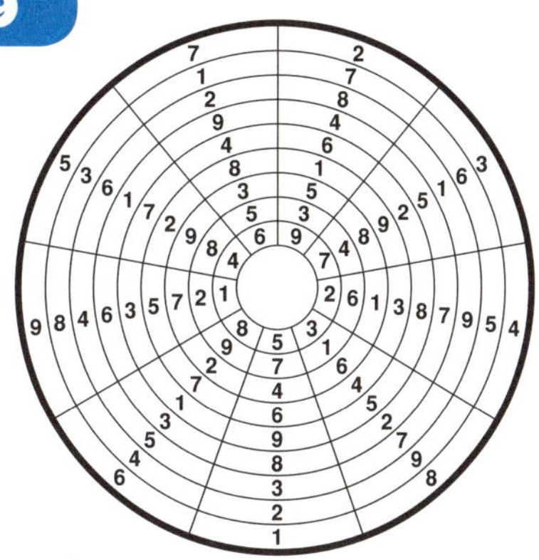

140

Pfad 1

141

1. WABE, 2. ESTE,
3. TIER, 4. TEER,
5. BEIN, 6. EBEN,
7. WOGE, 8. ESSE,
9. RAUM, 10. BOOM,
11. ENAK, 12. RANK

WETTBEWERBER

142

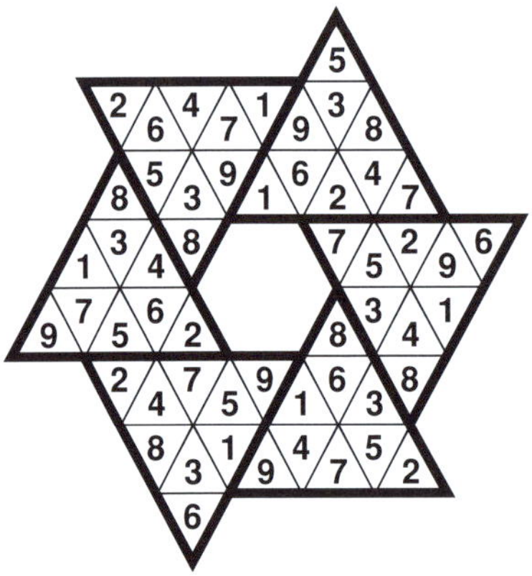

143

144

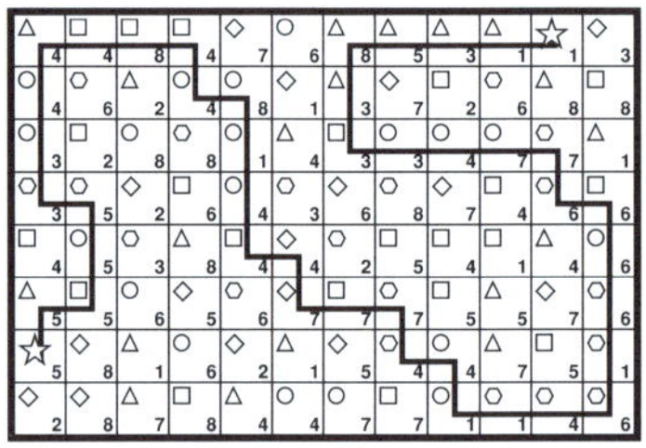

145

4 x 3 x 9 – 7 + 1 x 8 – 2 = 814

146

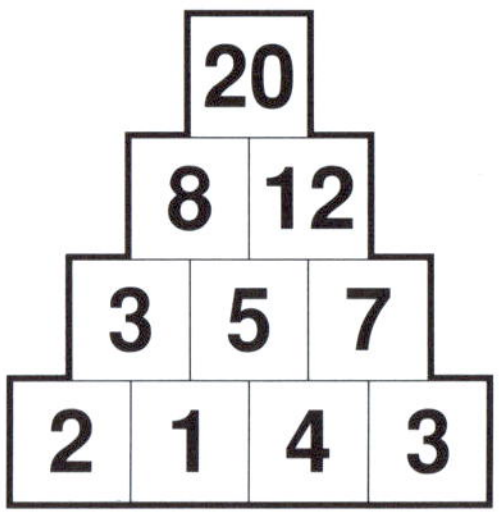

147

4	>	1	=	1	=	1	<	2
=		∧		∧		∧		=
4	>	3	>	2	=	2	=	2
∧		=		∨		∨		=
5	>	3	>	1	=	1	<	2
∧		∧		∧		=		∧
6	>	4	>	2	>	1	<	3
∨		=		∧		∧		∨
5	>	4	>	3	>	2	=	2

148

149

SCHLAGBAUM – KANDIDATUR

150

Fehlender Buchstabe: D

151

2	4	6	3	5	1	7
4	5	1	6	7	2	3
3	6	7	2	1	5	4
5	1	3	4	6	7	2
7	2	5	1	3	4	6
1	3	2	7	4	6	5
6	7	4	5	2	3	1

152

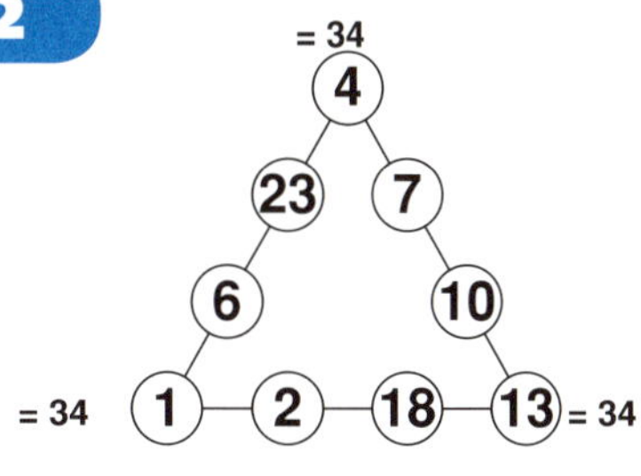

153

8	1	4	7	2	3	6	5	9
7	9	5	6	4	8	1	3	2
2	6	3	5	9	1	7	8	4
5	3	9	2	6	4	8	7	1
1	4	2	8	7	5	9	6	3
6	7	8	1	3	9	4	2	5
3	5	1	4	8	6	2	9	7
4	8	7	9	5	2	3	1	6
9	2	6	3	1	7	5	4	8

154

83 Würfel

155

1 WINDPOCKEN,
2 DESPOTIE,
3 PARLIEREN,
4 ANLIEGEN,
5 RADRENNEN,
6 EHRENAMT

POLIEREN

156

Maulwurfsiedlung

157

F	A	H	L		G	A	E	H	N	E	N		D	U
E		A	T	O	L	L		E		P	A	R	A	T
E	D	V		K	O	L	I	B	R	I		A	R	A
	A	A	R		R		S	E	I	T	E		T	
E		N		P	I	R	O	L		A		A	U	S
M	A	N	C	H	E		L		S	P	A	N	N	
O	N	A		O		E	D	I	T	H		T		B
	N		S	T	O	R	E		U		A	U	G	E
R	A	T	I	O		L		B	R	U	N	N	E	N

158

159

H	I	N	E	I	N		G		M	E	T	A	L	L
I			T		A		A		A			G		
N			W		B	I	L	L	I	G	W	A	R	E
G	E	R	A	D	E		L		L			V		
E							E		I	R	R	E	A	L
R	I	N	G	E	R		N		N					A
I			E		U	N	B	E	G	A	B	T		M
S	E	N	N		B		L					A		P
S			I		I		A		S	U	E	L	Z	E
E			A		N		S					O		
N	O	T	L	U	E	G	E		B	R	O	N	Z	E

160

E	I	E	R	U	H	R
K	A	N	A	R	E	N
M	A	C	H	A	R	T
H	E	R	M	A	N	N
E	N	G	E	L	K	E
L	E	I	N	O	E	L

161

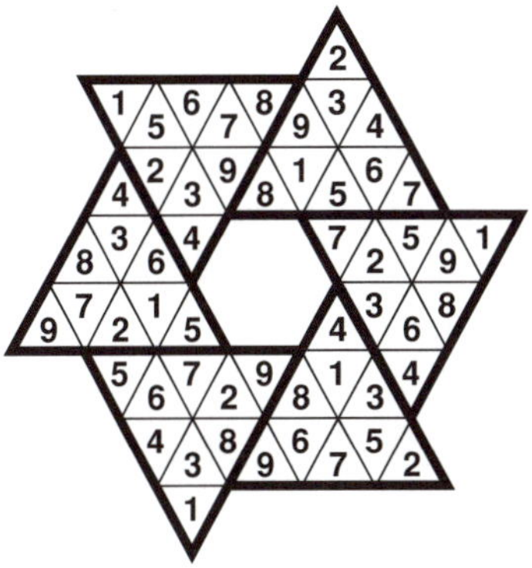

162

5	4	3	2	9	7	1	6	8
6	7	9	8	1	3	5	2	4
1	2	8	6	4	5	7	9	3
8	9	6	7	5	4	3	1	2
2	5	4	3	8	1	9	7	6
7	3	1	9	6	2	8	4	5
9	6	2	5	7	8	4	3	1
4	8	7	1	3	6	2	5	9
3	1	5	4	2	9	6	8	7

163

ARZNEI

164

1. ASCHE,
2. FUNDI,
3. APART,
4. MASSE,
5. LEDER

AUFNAHMELEITER

165

2	11	6	7	9	4	3	5	10	12	8	1
3	5	4	8	2	1	12	10	6	7	9	11
12	9	1	10	8	6	7	11	5	4	2	3
10	8	3	6	11	2	1	9	4	5	7	12
7	4	12	11	10	5	8	3	9	6	1	2
5	1	2	9	6	12	4	7	11	3	10	8
6	12	7	2	5	10	9	1	8	11	3	4
8	10	9	4	3	7	11	12	2	1	5	6
1	3	11	5	4	8	2	6	7	10	12	9
9	7	8	3	12	11	10	4	1	2	6	5
4	6	10	12	1	9	5	2	3	8	11	7
11	2	5	1	7	3	6	8	12	9	4	10

166

T	R	U	G	U	R	T
E	B	E	R	E	B	E
A	M	M	E	M	M	A
B	A	R	T	R	A	B
M	A	D	E	D	A	M
A	D	E	L	E	D	A

167

43 + 280 = 323
\+ + +
201 + 289 = 490

244 + 569 = 813

168

LEICHT, ERNTE, INSEL, NACHT, WASSER, ABEND, NAGEL, DECK = LEINWAND

169

7	5	2	3	9	1	4	8	6
3	4	9	6	5	8	1	7	2
6	1	8	4	2	7	3	5	9
5	8	6	2	1	9	7	3	4
2	3	7	5	8	4	9	6	1
4	9	1	7	3	6	5	2	8
1	7	4	8	6	3	2	9	5
8	2	3	9	4	5	6	1	7
9	6	5	1	7	2	8	4	3

170

T	A	N	G	A		Z	I	E	L	L	I	N	I	E
	T		R	E	B	U	S		E		N	A	C	H
M	E	T	E	R		S		F	I	N	S	T	E	R
A	M		N		B	E	D	E		T	A	O		F
S		A	Z	U	R		O	R	T		S		P	U
T	I	B	E	T	E	R		N		A	S	T	E	R
K	I	L	N		M		M	E	I	L	E		R	C
O		A		L	E	S	E	R		L		A	E	H
R	E	G	L	E	R		G		S	T	E	R		T
B	O	E		E		F	A	C	H	A	R	Z	T	
	S		P	R	A	E		W	E	G		T	O	R

Der erste Eierkuchen geraet zum Klumpen

171

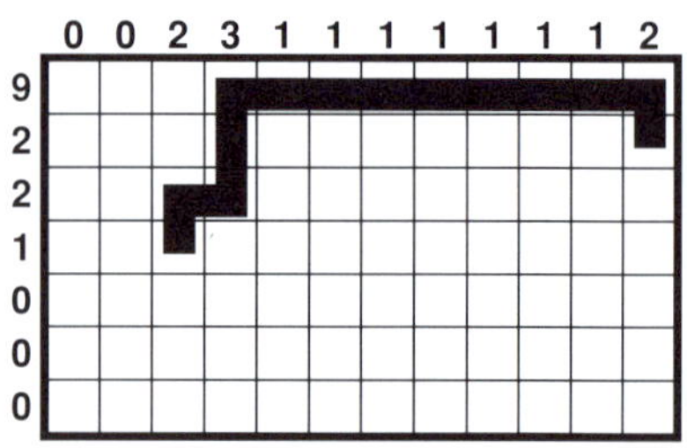

172

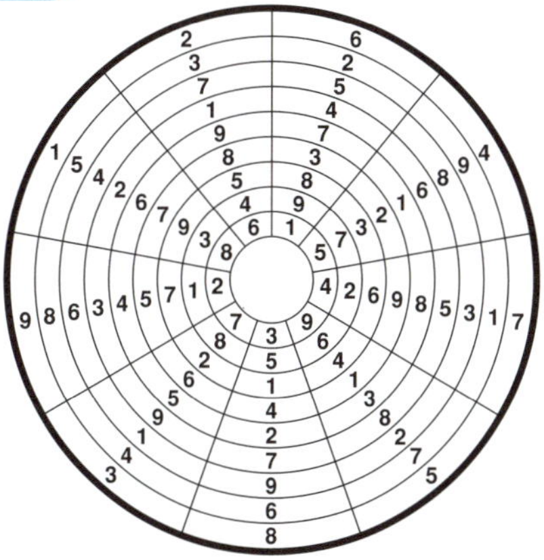

173

(FREUDE – REDE) +
(ATHLET – AHLE) +
(OPTIKER – OPTIK) +
(MALARIA – MARIA)
= FUTTERAL

174

Erlaubt ist, was sich ziemt.

175

Nach getaner Arbeit ist gut ruhen.

176

4 x 9 + 8 x 6 : 2 + 1 + 7 = 140

177

Kriminologe

178

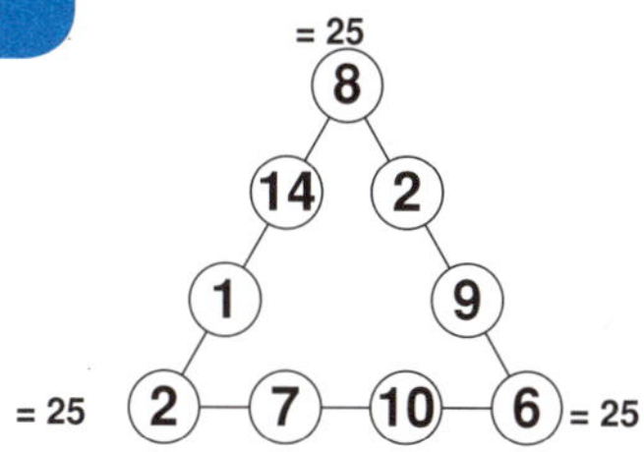

179

9	4	6	2	7	3	1	5	8
7	1	2	5	8	9	6	3	4
3	8	5	6	1	4	2	7	9
6	9	3	7	5	1	8	4	2
1	2	7	4	6	8	3	9	5
8	5	4	3	9	2	7	6	1
5	3	1	9	2	6	4	8	7
4	7	8	1	3	5	9	2	6
2	6	9	8	4	7	5	1	3

180

1. BELUGA,
2. OTTAWA,
3. HAUSSA,
4. RHEUMA,
5. MATURA,
6. ASTHMA,
7. SCHEMA,
8. CHARTA,
9. HELENA,
10. ITALIA,
11. NEVADA,
12. EUROPA

BOHRMASCHINE

181

28	+	6	+	3	37
+		x		+	
9	-	5	-	2	2
-		-		+	
4	+	7	-	8	3
33		23		13	

182

4	1	4	12	2	3	4
3	11	12	2	4	14	1
1	11	2	3	14	14	4
2	3	16	10	1	4	10
13	4	3	1	11	12	2
4	14	1	12	3	2	8
6	2	7	4	10	1	3

183

10	7	9	3	8	12	5	2	4	6	11	1
11	12	4	8	6	1	10	7	3	5	9	2
2	5	1	6	3	11	4	9	8	12	10	7
9	6	12	5	7	2	11	1	10	3	4	8
4	1	7	2	5	8	3	10	12	11	6	9
8	11	3	10	4	9	12	6	1	2	7	5
3	9	6	12	2	10	7	11	5	1	8	4
7	8	11	1	12	4	9	5	2	10	3	6
5	10	2	4	1	3	6	8	7	9	12	11
12	3	8	11	9	5	1	4	6	7	2	10
6	2	5	9	10	7	8	3	11	4	1	12
1	4	10	7	11	6	2	12	9	8	5	3

184

185

	M		B	S			T		M			
V	O	R	U	E	B	E	R		A	T	E	M
	E		L	E	H	R	E		K		D	A
D	R	A	I	N		K		K	A	M	E	L
	T		M		D	E	B	A	K	E	L	
	E	D	I	T	O	R		R		S		G
A	L	O	E		V		T	R	A	U	M	A
		L		G	E	L	I	E	B	T	E	R
	S	C	H	A	R		A		Z		T	A
N	A	H		R		T	R	A	U	R	I	G
	C		A	N	D	R	A	N	G		C	E
	H	A	S	E		I		H		D	A	N
	F		A		V	E	H	I	K	E	L	
E	R	D	B	E	E	R	E	N		B		F
H	E	I	A		L		R		B	I	E	R
	M	V		B	A	G	A	T	E	L	L	E
	D	A	C	H	R	I	N	N	E		A	D

186

46

24 22

13 11 11

8 5 6 5

5 3 2 4 1

187

171 + 294 = 465

\+ \+ \+

261 + 111 = 372

432 + 405 = 837

188

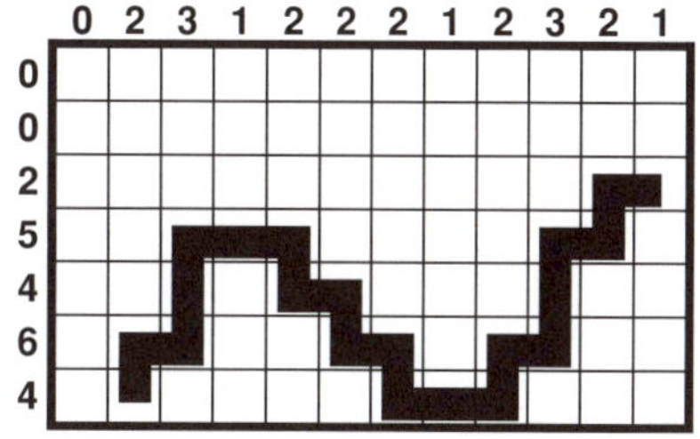

189

S	L	I	P	I	L	S
S	E	R	A	R	E	S
F	L	O	R	O	L	F
N	I	E	T	E	I	N
S	O	R	E	R	O	S
M	A	M	I	M	A	M

190

12	4	7	3	6	9	2	8	1	10	11	5
2	9	5	10	7	11	3	1	6	12	4	8
6	11	1	8	5	4	10	12	9	7	2	3
10	8	11	5	3	12	6	4	7	9	1	2
1	2	9	7	10	8	5	11	12	6	3	4
4	6	3	12	1	2	9	7	5	11	8	10
3	5	2	9	11	10	4	6	8	1	7	12
11	10	8	1	9	7	12	2	3	4	5	6
7	12	4	6	8	5	1	3	10	2	9	11
5	1	6	2	12	3	11	9	4	8	10	7
9	7	10	11	4	6	8	5	2	3	12	1
8	3	12	4	2	1	7	10	11	5	6	9

191

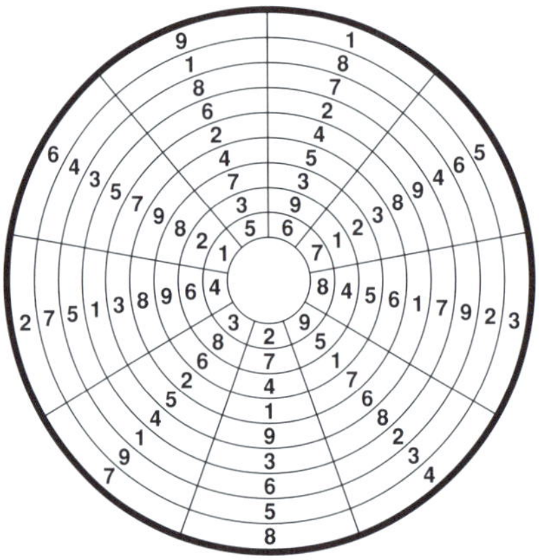

192

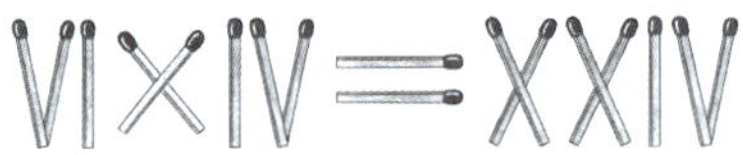

193

Je reger der Mund,
je träger die Hände.

194

Man kann viel, wenn man will.

195

1. EICHEL, 2. NEAPEL,
3. TEMPEL, 4. SIGNAL,
5. CHANEL, 6. HENKEL,
7. LAUREL, 8. ORWELL,
9. SENKEL, 10. SAEBEL,
11. EIFFEL, 12. NEURAL

ENTSCHLOSSEN

196

26	-	4	-	3	19
+		+		x	
5	x	6	+	8	38
-		+		+	
7	x	2	-	9	5
24		12		33	

197

4	2	10	1	9	3	4
9	16	4	3	2	10	1
2	1	3	15	12	4	8
10	4	11	2	1	14	3
3	9	1	15	4	15	2
1	10	10	4	3	2	9
4	3	2	9	10	1	4

198

5 + 8 x 5 + 1 : 2 x 4 x 6 = 792

199

MITTEL, ANBAU, STEIN, SPIEL, SINN, TISCH, AFFEN, BERG = MASSSTAB

200

R	I		T	A	R	A		S	E	E	H	U	N	D
E	R	T	R	A	G	E	N		U		U	N	Z	E
M		V	O	R		G		B	E	E	R	E		C
P	R		M		L	I	T	E	R		D		B	K
E	I	S	B	A	E	R		G		P	E	R	L	E
L	A	I	E		I		H	I	G	H		A	U	L
N		E		A	M	M	O	N	I	A	K		T	
	E	R	B	E		E	R	N		R		A	B	I
S	T	R	E	S	S		M		M	A	M	B	A	
E	N	A		E		P	O	R	T	O		E	H	E
N	A		U	N	I	O	N		V		U	R	N	E

Viele Koepfe gehen schwer unter einen Hut

201

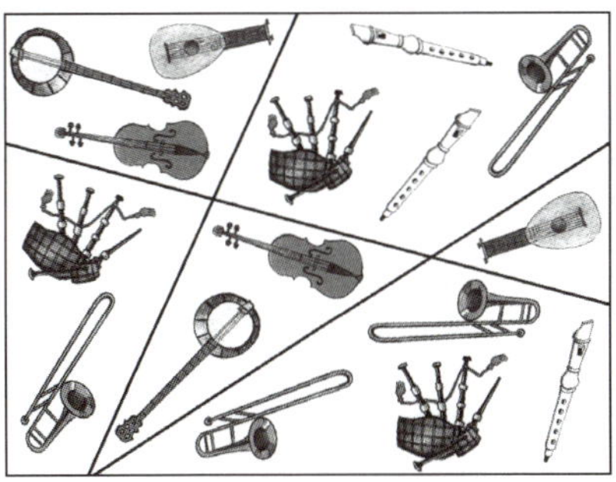

202

5	4	1	8	7	3	6	2	9
6	9	7	2	5	4	1	8	3
2	8	3	6	1	9	4	7	5
3	2	9	4	8	5	7	6	1
8	1	6	9	2	7	5	3	4
4	7	5	3	6	1	8	9	2
9	5	4	7	3	8	2	1	6
1	6	8	5	9	2	3	4	7
7	3	2	1	4	6	9	5	8

203

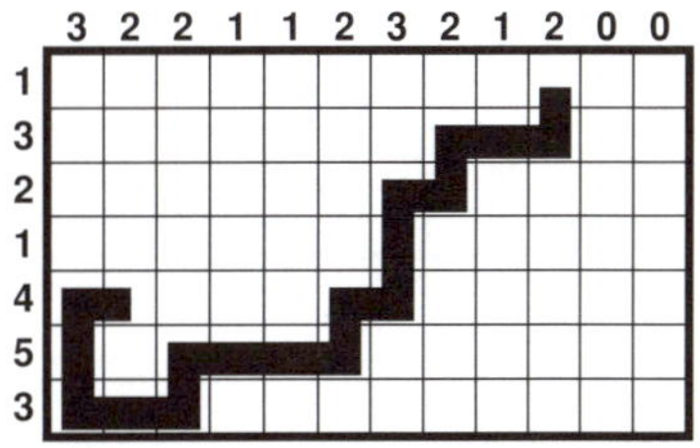

204

181 + 9 = 190
\+ + +
374 + 232 = 606

555 + 241 = 796

205

Paläontologe

206

11	8	5	12	9	10	1	6	4	2	3	7
10	7	9	3	2	4	12	8	5	1	6	11
2	6	4	1	11	5	7	3	12	9	10	8
6	2	7	10	4	3	8	12	9	11	1	5
4	12	1	8	5	11	6	9	7	10	2	3
5	9	3	11	1	7	10	2	6	8	12	4
8	4	2	6	3	1	5	10	11	12	7	9
9	3	10	5	12	2	11	7	8	6	4	1
1	11	12	7	8	6	9	4	10	3	5	2
12	5	11	4	10	8	2	1	3	7	9	6
3	10	6	2	7	9	4	11	1	5	8	12
7	1	8	9	6	12	3	5	2	4	11	10

207

L	I	G	A	G	I	L
O	M	E	N	E	M	O
A	M	O	K	O	M	A
E	I	R	E	R	I	E
E	U	E	R	E	U	E
E	T	O	N	O	T	E

208

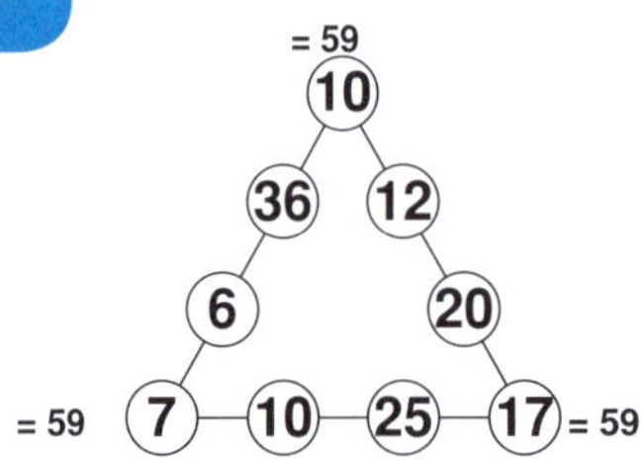

209

Keine Rose ist ohne Dornen.

210

4	2	6	9	1	8	7	3	5
5	3	8	7	2	4	6	1	9
7	1	9	3	6	5	4	2	8
2	7	3	8	4	6	5	9	1
8	5	1	2	9	7	3	6	4
6	9	4	5	3	1	2	8	7
1	8	2	4	5	3	9	7	6
3	6	5	1	7	9	8	4	2
9	4	7	6	8	2	1	5	3

211

XVI + V = XXI

212

K	L	G		I
L		I	G	K
G	K	L	I	
I	G		K	L
	I	K	L	G

213

2	4	2	+	2	9	2	=	5	3	4
+				+				+		
	8	6	+	1	8	1	=	2	6	7
3	2	8	+	4	7	3	=	8	0	1

214

(ERHABEN - ERBEN) +
(KUTTER – KUER) +
(TRAILER – TALER) +
(TAROCK – TARO) = HATTRICK

215

1. FRESKO, 2. ENRICO,
3. LIBERO, 4. DOMINO,
5. ALBINO, 6. ROKOKO,
7. BOLERO, 8. ENDURO,
9. INDIGO, 10. TORERO,
11. ESKIMO, 12. RIALTO

FELDARBEITER

216

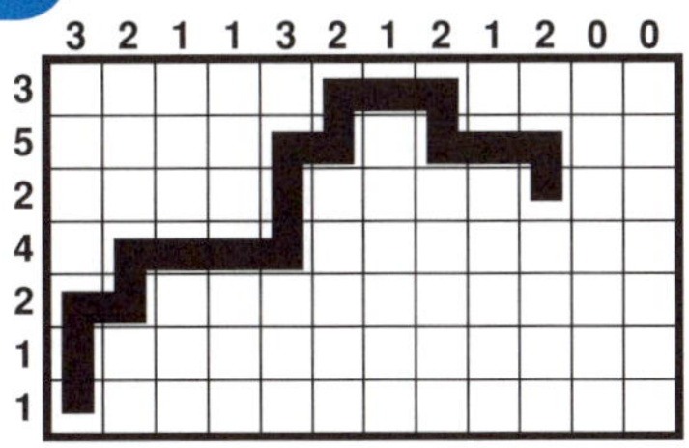

217

4	1	4	10	2	8	3
3	14	14	4	12	2	1
2	4	14	1	11	3	10
12	2	3	10	1	12	4
4	12	2	16	3	1	7
1	11	11	3	4	14	2
4	3	1	2	13	4	6

218

A	R	K	A	D	E		G	U	M	M	I		G	N
R		I		E	R	K	E	R		A		U	R	I
I	S	L	A	N	D		W		S	C	H	N	E	E
D	O	N		E		A	E	R	A		O	F	T	
	I		E	B	E	N	B	I	L	D		A		A
G	R	A	L		A	T	E		O		K	I	N	N
R	E	G	E	N		E		S	O	N	A	R		E
A	E		M		M	I	L	A	N		M		M	C
P		R	E	G	A	L		R		U	M	I	A	K
P	E	I	N		M	I	K	R	O	W	E	L	L	E
A	U	F	T	R	A	G	G	E	B	E	R		I	N

Glueck ist Talent fuer das Schicksal

219

		R			A		W					
G	L	E	I	C	H		A	M	B	O	S	S
R	E	I	T	E	N		C		R	U	T	E
	G	Z		R		T	H	E	A	T	E	R
	A		R	E	M	I	S		S		L	B
A	L	L	E	S		K		M	I	E	Z	E
			E		K	A	P	E	L	L	E	
R	O	N	D	E	L	L		H		T		U
B	R	I	E		E		S	A	L	O	O	N
	A	S		E	I	D	E	R	E	N	T	E
	D	A	R	R	E		R		I		T	I
P	E	N		L		M	I	S	S	I	O	N
			B	E	L	I	E	B	T		M	I
	K	U	E	R		X		A		G	A	G
	I		A		S	T	E	H	L	E	N	
V	E	R	T	R	A	U	E	N		L	E	O
	N	A	S	H	O	R	N		D	A	N	N

220

3 + 5 x 6 – 9 – 4 – 2 + 8 = 41

221

12 + 77 = 89
+ + +
121 + 203 = 324

133 + 280 = 413

222

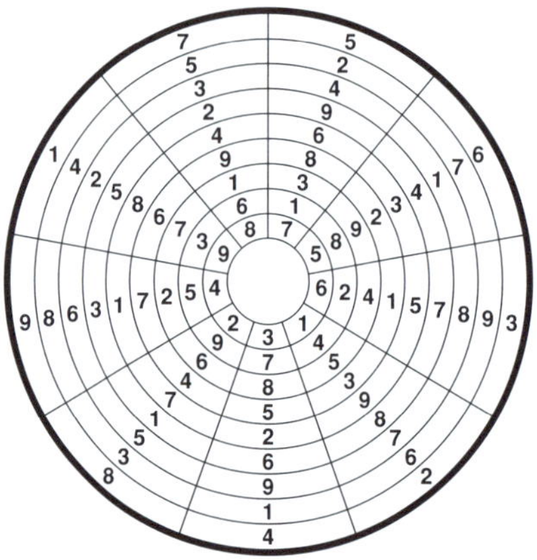

223

Stoere meine Kreise nicht.

224

1. BASSIN, 2. ENZIAN,
3. SINKEN, 4. OSTERN,
5. NECKEN, 6. NAEHEN,
7. EISERN, 8. NEPPEN,
9. HINEIN, 10. ELTERN,
11. INTERN, 12. TADELN

BESONNENHEIT

225

Er gab die Hand und stellte das Bein.

226

8	9	2	12	3	4	6	1	11	5	7	10
3	10	7	4	8	5	2	11	12	6	1	9
5	6	1	11	7	10	9	12	4	8	2	3
10	1	11	2	6	9	8	5	7	12	3	4
4	7	5	9	12	1	10	3	6	11	8	2
6	8	12	3	2	11	7	4	5	9	10	1
11	2	6	1	10	3	12	9	8	4	5	7
9	12	3	10	4	8	5	7	1	2	6	11
7	5	4	8	11	2	1	6	10	3	9	12
1	11	10	6	5	12	3	2	9	7	4	8
12	3	8	7	9	6	4	10	2	1	11	5
2	4	9	5	1	7	11	8	3	10	12	6

227

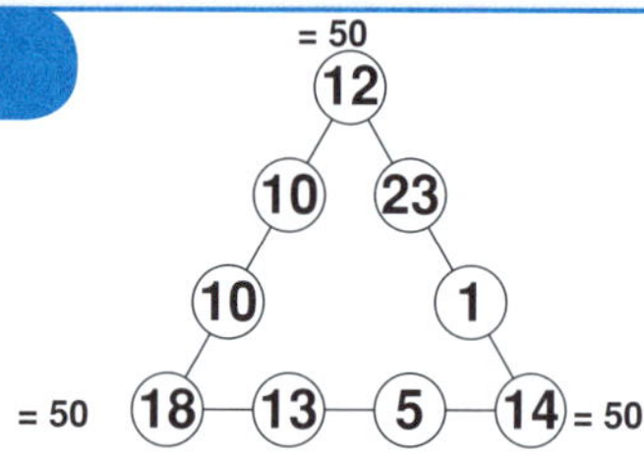

228

AUSSEN, BLUT, STEIL, TRAN, REIZ, ANGEL, KURS, TEIL = ABSTRAKT

229

		41		
	21	20		
	12	9	11	
8	4	5	6	
5	3	1	4	2

230

9	7	6	5	2	1	8	3	4
2	8	3	6	4	7	9	1	5
5	1	4	3	9	8	6	7	2
3	9	1	8	7	2	5	4	6
6	2	8	1	5	4	7	9	3
7	4	5	9	3	6	1	2	8
8	6	2	7	1	3	4	5	9
1	3	9	4	8	5	2	6	7
4	5	7	2	6	9	3	8	1

231

K	A	L	B	L	A	K
P	E	E	R	E	E	P
S	I	R	E	R	I	S
R	E	I	Z	I	E	R
R	E	G	E	G	E	R
E	G	A	L	A	G	E

232

Z	U	F	L	U	C	H	T	S	O	R	T		J	E
A	V	E		T	O	T		P		E	I	G	E	N
N	A	S	A		T		M	O	B	I	L		S	O
K		S		S	O	M	I	T		B		K	U	R
	B	E	B	E	N		N		E	A	R	L		M
M	A	L		E		P	I	N	S	C	H	E	R	
	T		E	L	E	A		O	C	H		M		L
T	A	B	L	E	T	T	E		H		A	M	M	E
I		E	I	N		R		S	E	N	K	E		I
E	D	D	A		L	O	R	E	N		K		I	N
R	O	E	S	T	E	N		T		K	U	T	T	E

Auch ein blindes Huhn findet mal ein Korn

233

3	1	2	8	5	4	6	9	7
5	6	9	1	3	7	4	8	2
8	4	7	2	9	6	3	5	1
6	5	1	3	7	9	8	2	4
9	7	8	4	1	2	5	3	6
4	2	3	6	8	5	7	1	9
7	3	6	5	2	1	9	4	8
1	9	5	7	4	8	2	6	3
2	8	4	9	6	3	1	7	5

234

$$91 + 169 = 260$$
$$+ \quad\quad + \quad\quad +$$
$$181 + 358 = 539$$
$$272 + 527 = 799$$

235

Imkermeister

236

22	-	4	+	3	21
-		-		x	
8	+	2	x	6	60
x		x		x	
7	x	9	-	5	58
98		18		90	

237

Den Letzten beißen die Hunde.

238

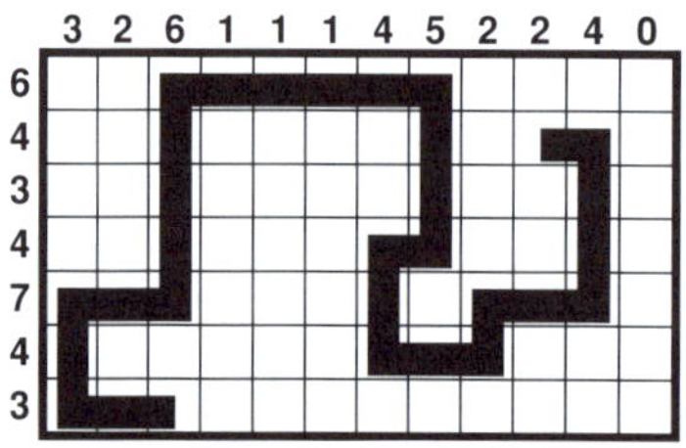

239

9	11	2	4	5	10	3	8	12	6	7	1
8	1	3	6	2	4	12	7	5	11	10	9
7	12	10	5	11	1	6	9	2	4	3	8
4	9	6	8	7	3	11	1	10	2	5	12
5	2	12	1	4	9	8	10	11	7	6	3
10	3	7	11	12	6	5	2	8	1	9	4
1	5	4	10	8	7	9	12	6	3	11	2
12	6	8	2	10	11	1	3	7	9	4	5
3	7	11	9	6	2	4	5	1	8	12	10
6	8	9	3	1	12	10	11	4	5	2	7
11	10	5	7	9	8	2	4	3	12	1	6
2	4	1	12	3	5	7	6	9	10	8	11

240

1. EILAND, 2. LIQUID, 3. ABSURD, 4. SEEBAD, 5. TENSID, 6. ISLAND, 7. ZYANID, 8. INLAND, 9. TALMUD, 10. AKKORD, 11. EIRUND, 12. TUGEND

ELASTIZITAET

241

(FLAMME – LAMM) +
(STREBE – REBE) +
(BULLIG – BULL) +
(MISERE – MISE) =
FESTIGER

242

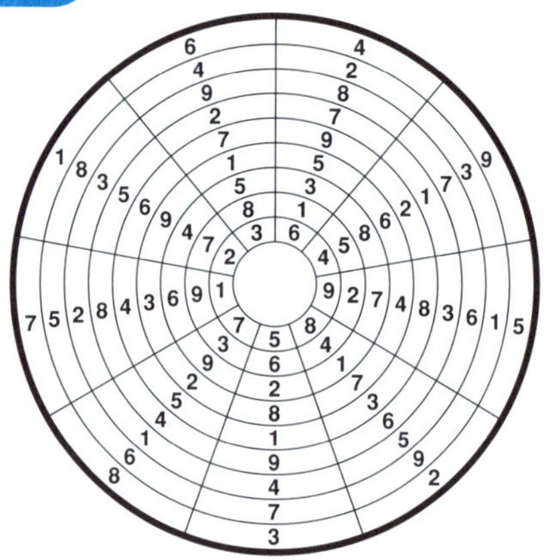

243

A	L	S	O	■	M	E	H	R	D	E	U	T	I	G
N	I	E	L	L	O	■	S	E	T	■	R	■	N	A
K	L	E	P	P	E	R	■	G	■	M	I	T	T	E
E	I	B	E	■	H	■	B	E	Z	U	G	■	R	N
R	■	A	■	D	R	A	L	L	■	S	■	V	A	G
■	G	E	L	E	E	■	U	■	O	E	D	E	■	E
V	E	R	■	K	■	L	E	K	T	U	E	R	E	■
■	L	■	D	R	E	I	■	M	I	M	■	T	■	V
B	A	G	U	E	T	T	E	■	T	■	E	R	L	E
A	G	E	N	T	■	H	■	P	I	E	T	A	E	T
B	E	R	G	■	B	O	N	U	S	■	A	G	I	O

Lasst Euch genug sein an dem , was da ist

244

I	L		M	J
L	J	M	I	
M	I	J		L
J		I	L	M
	M	L	J	I

245

3 x 9 + 1 : 7 + 5 x 3 – 2 = 25

246

247

Nur die Wahrheit verletzt.

248

1	10	3	14	4	2	3
3	2	4	19	3	15	1
9	15	2	3	10	1	4
3	4	10	1	2	13	10
4	15	11	7	1	3	2
10	3	1	2	14	4	12
2	1	11	4	10	7	3

249

26	+	6	-	5	27
+	■	+	■	-	■
4	x	8	-	3	29
x	■	-	■	+	■
2	x	9	-	7	11
60	■	5	■	9	■

250

11	9	3	7	4	5	1	2	8	10	6	12
8	10	4	1	11	3	12	6	5	9	7	2
6	2	12	5	7	9	10	8	1	11	3	4
4	11	2	12	9	6	8	3	7	5	10	1
1	7	10	9	2	12	4	5	3	6	8	11
5	8	6	3	10	1	11	7	2	4	12	9
7	1	11	2	8	10	6	12	9	3	4	5
3	4	9	8	5	2	7	11	10	12	1	6
10	12	5	6	3	4	9	1	11	7	2	8
12	6	8	10	1	11	3	9	4	2	5	7
2	3	1	11	6	7	5	4	12	8	9	10
9	5	7	4	12	8	2	10	6	1	11	3

253

75 + 215 = 290

\+   +   +

227 + 230 = 457

302 + 445 = 747

254

2 x 4 x 6 + 1 + 9 x 8 : 2 = 232

251

Das macht den Kohl nicht fett.

255

B	A	L	T	H	A	S	A	R		A		V	O	R
A	N	O	N	Y	M		L		A	N	L	A	G	E
N	O	T		P		S	E	N	N	A		K		F
	D		R	E	M	I	S		N		C	A	F	E
G	E	I	E	R		N		K	E	L	L	N	E	R
A	N		I		S	T	E	R		P	I	T		A
B		A	N	H	O	E	H	E	N		Q		E	T
E	N	G		I	R	R		D		F	U	R	I	E
L	U	R	E		B		P	I	L	L	E		N	
N		A		Z	E	N	I	T		U		B	E	O
	A	R	M	U	T		K		S	T	R	E	S	S

Verrat und Argwohn lauscht in allen Ecken

252

	D	A			N		I		S			S
	A	S	C	H	E		S	A	E	U	R	E
B	E	T	T		C		E		M	L	L	E
	D	H		T	H	E	R	M	I	K		L
	A	M	P	H	O	R	E		N		E	O
A	L	A		O		P		H	A	N	S	E
	U		T	R	A	E	G	E	R		S	W
	S	C	H	A	L	L		A		D	I	E
			O		O		S	T	I	E	G	
I	S	L	A	M	I	S	C	H		R		I
	C	A	S	U	S		H		A	M	I	N
	H	S		L		B	E	S	T	A	N	D
L	A	U	S	C	H	E	R		R		D	I
F	E	R	C	H		N		J	O	S	I	A
	R		O		S	I	R	U	P		A	N
	P	A	T	Z	E	N		L	I	A	N	E
	E	S	T	I	N		L	I	N	E	A	R

256

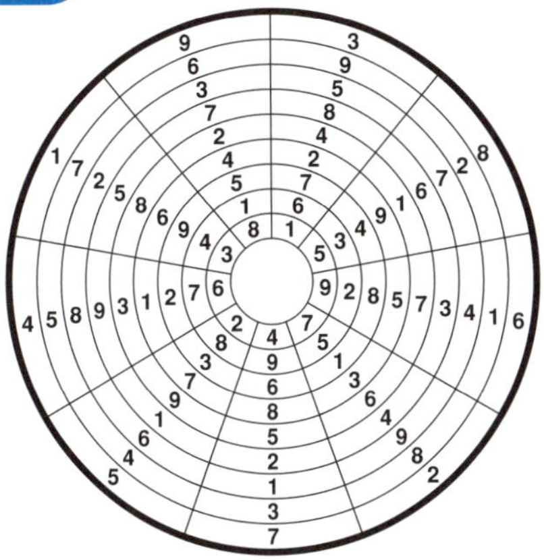

257

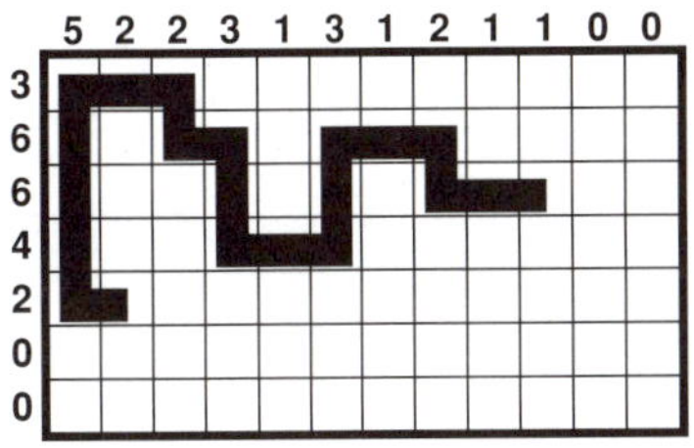

258

A	M	O	R	O	M	A
P	R	A	E	A	R	P
M	A	I	S	I	A	M
L	E	S	E	S	E	L
H	E	R	D	R	E	H
E	L	L	A	L	L	E

259

5	9	6	1	2	8	3	4	7
1	3	8	5	4	7	2	9	6
4	7	2	6	3	9	1	5	8
8	2	4	9	6	5	7	1	3
9	6	1	2	7	3	5	8	4
3	5	7	4	8	1	6	2	9
6	8	9	7	1	2	4	3	5
7	1	5	3	9	4	8	6	2
2	4	3	8	5	6	9	7	1

260

4	5	10	12	11	9	2	6	1	8	7	3
6	1	2	7	5	3	8	4	12	9	10	11
9	11	3	8	10	7	1	12	6	5	2	4
8	12	6	9	1	4	7	2	3	11	5	10
11	4	1	2	9	5	3	10	8	12	6	7
3	10	7	5	12	11	6	8	2	1	4	9
2	8	5	3	7	10	4	11	9	6	1	12
12	6	4	1	2	8	9	3	10	7	11	5
7	9	11	10	6	1	12	5	4	2	3	8
10	2	9	11	4	12	5	1	7	3	8	6
5	7	8	6	3	2	10	9	11	4	12	1
1	3	12	4	8	6	11	7	5	10	9	2

261

35	-	3	+	8	40
+		+		-	
2	x	4	+	6	14
-		x		x	
9	x	7	-	5	58
28		49		10	

262

9	4	5	1	7	2	6	11	10	8	12	3
12	3	2	8	4	5	9	10	7	6	1	11
7	11	10	6	12	1	8	3	9	5	2	4
4	8	9	12	10	6	3	7	5	2	11	1
5	2	6	3	1	12	11	8	4	7	9	10
10	1	7	11	2	9	5	4	8	3	6	12
6	5	3	2	11	10	1	9	12	4	8	7
11	7	1	4	5	8	12	2	3	9	10	6
8	9	12	10	3	4	7	6	1	11	5	2
3	10	4	5	8	11	2	12	6	1	7	9
1	6	11	7	9	3	10	5	2	12	4	8
2	12	8	9	6	7	4	1	11	10	3	5

263

1. GRATIS, 2. ABRISS,
3. LAPSUS, 4. IMMENS,
5. OBOLUS, 6. NICHTS,
7. SOZIUS, 8. FILIUS,
9. IMPULS, 10. GRIESS,
11. UMRISS, 12. RATLOS

GALIONSFIGUR

264

Auch das beste Pferd stolpert einmal.

265

Ordnung hilft haushalten.

266

B	E	G	E	I	S	T	E	R	N	■	N	A	S	E
E	■	I	S	E	■	R	■	I	O	N	E	N	■	K
F	O	■	S	■	R	E	C	K	E	■	I	■	S	Z
U	N	G	E	N	A	U	■	S	■	K	N	E	T	E
N	E	O	N	■	B	■	S	C	H	I	■	R	O	M
D	■	S	■	B	E	G	E	H	R	E	N	■	E	■
■	A	S	I	A	■	E	N	A	■	M	■	A	R	A
H	O	E	H	L	E	■	K	■	G	E	I	G	E	■
E	R	N	■	K	■	F	E	G	E	N	■	A	■	E
I	T	■	T	A	D	E	L	■	R	■	O	P	E	R
T	A	L	O	N	■	E	■	M	A	N	U	E	L	L

Man soll den Tag nicht vor dem Abend loben

267

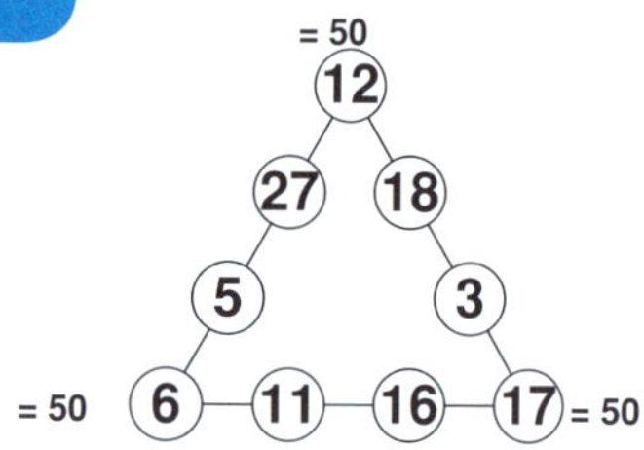

268

7	2	0	+	1	2	1	=	8	4	1
–				–				–		
4	6	1	+		1	3	=	4	7	4
2	5	9	+	1	0	8	=	3	6	7

269

WORT, EISEN, INHABER, NADEL, FREI, ANLAGE, SCHNITT, SICHT =
WEINFASS

270

7	1	6	5	9	4	10	3	2	12	11	8
12	10	11	8	2	1	6	7	4	5	9	3
2	4	3	9	12	5	8	11	7	10	6	1
8	7	5	3	1	10	4	9	6	11	2	12
9	6	2	1	7	12	11	8	10	3	4	5
4	12	10	11	5	6	3	2	8	1	7	9
11	9	1	12	8	2	7	10	5	4	3	6
6	2	4	10	3	11	5	12	1	9	8	7
3	5	8	7	6	9	1	4	11	2	12	10
10	8	7	2	11	3	12	1	9	6	5	4
5	3	9	4	10	7	2	6	12	8	1	11
1	11	12	6	4	8	9	5	3	7	10	2

271

272

2	3	1	9	4	8	6	7	5
4	6	7	3	2	5	8	9	1
9	8	5	1	7	6	2	4	3
6	4	3	2	5	7	9	1	8
7	5	9	8	3	1	4	2	6
8	1	2	6	9	4	5	3	7
5	2	6	4	1	3	7	8	9
3	7	4	5	8	9	1	6	2
1	9	8	7	6	2	3	5	4

273

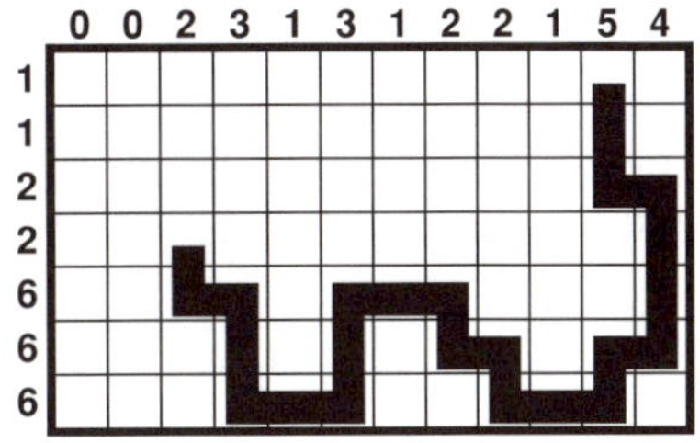

274

1. IKONEN, 2. LUEGEN,
3. LIEGEN, 4. UNGERN,
5. SUEDEN, 6. TICKEN,
7. RANZEN, 8. INDIEN,
9. EXAMEN, 10. RENNEN,
11. TRAGEN, 12. ENTERN

ILLUSTRIERTE

275

Wer nicht hören will, muss fühlen.

276

Wer ausharrt, dem gelingt's.

277

3	11	2	1	8	4	5
4	2	13	13	3	10	1
10	1	3	4	12	2	8
6	3	17	2	13	1	4
2	10	4	14	1	3	10
1	12	12	3	4	15	2
5	4	1	10	2	11	3

278

34	-	9	-	7	18
+		-		x	
2	x	3	+	5	11
-		x		+	
6	+	4	+	8	18
30		24		43	

279

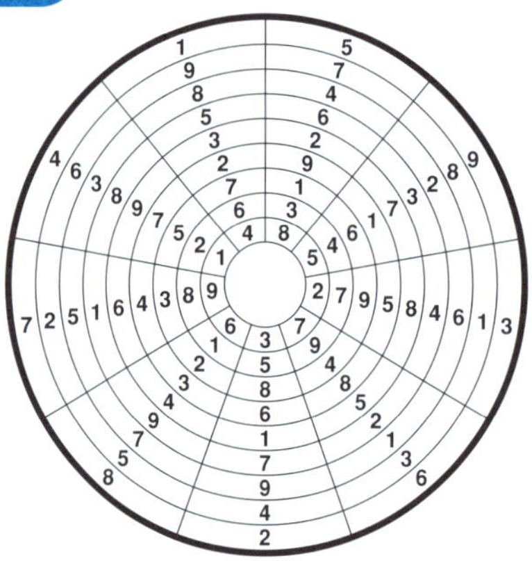

280

(ANFANG – FANG) +
ZWEIER - ZIER) +
(TUSCHE – TUCH) +
(PASSEND – PASSE)
= ANWESEND

281

2	8	1	+		3	8	=	3	1	9
	+				+				+	
2	9	8	+	3	3	3	=	6	3	1
5	7	9	+	3	7	1	=	9	5	0

282

	H	K	M	I
I		M	H	K
M	K		I	H
K	I	H		M
H	M	I	K	

283

M	E	K	K	A		S	P	U	T	N	I	K		R
	F		E	S	S	E	N		E		L	E	W	A
S	E	I	F	E		I		R	E	T	T	I	C	H
A	U		I		I	N	R	I		O	S	T		M
R		K	R	A	N		A	T	E		C		E	E
K	E	N		E	D	O		U		A	H	O	R	N
A	T	O	M		I		D	A	T	E	I		D	
S		L		P	E	D	A	L		R		L	T	U
M	E	L	D	E	N		U		P	A	P	I	E	R
U	T	E		R		O	E	D	E		U	N	I	
S	T		R	U	E	H	R	U	N	G		O	L	M

Besser zur unpassenden Zeit als gar nicht

284

285

Zoohändler

286

3 + 9 + 1 x 6 : 3 – 7 – 4 = 15

287

(SCHEIDE – SEIDE) +
(PAULUS – PLUS) +
(SHORTS – HORT) +
(GAENZE – GANZ)
= CHAUSSEE

288

			D			N			M			
A	N	Z	E	I	G	E		W	O	H	E	R
	I		S	T	R	U	D	E	L		M	U
A	K	R	I	B	I	E		S		A	S	E
	I		G		E		B	I	N	D	E	
S	T	A	N	D	S	P	U	R		L		D
	A	P	S	I	S		T		L	I	V	E
		F		S		H	A	L	O	G	E	N
M	A	E	D	C	H	E	N		Y		N	A
J	U	L	I	O		L		K	A	T	E	R
	S		A		P	F	E	I	L		D	
	H	O	E	H	L	E		T		V	I	R
N	E	S	T		A		G	A	R	A	G	E
	L	W		E	T	H	O	S		L		V
	F	I	R	M	A		T		M	U	S	E
K	E	N		I	N	I	T	I	A	T	O	R
	N		F	L	E	D	E	R	M	A	U	S

289

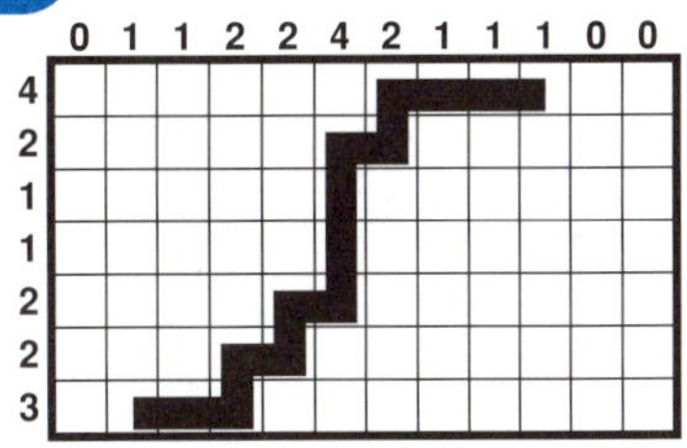

290

2	1	11	4	9	10	5	12	3	7	8	6
9	3	5	8	6	1	7	2	12	11	10	4
6	10	12	7	8	11	3	4	1	9	5	2
8	2	10	3	4	6	9	1	11	12	7	5
4	6	7	9	12	5	11	10	8	1	2	3
12	5	1	11	3	7	2	8	9	4	6	10
11	9	3	1	7	2	12	5	10	6	4	8
5	8	4	12	1	3	10	6	7	2	11	9
10	7	6	2	11	4	8	9	5	3	12	1
3	11	9	6	10	8	4	7	2	5	1	12
1	12	8	5	2	9	6	11	4	10	3	7
7	4	2	10	5	12	1	3	6	8	9	11

291

2	4	4	+		3	8	=	2	8	2
	+				+				+	
1	6	8	+	4	7	8	=	6	4	6
4	1	2	+	5	1	6	=	9	2	8

292

Handyverkäufer

293

Zwischen den Zeilen Lesen.

294

1. GEBISS, 2. EIGENS,
3. DAMALS, 4. ERDGAS,
5. NIMBUS, 6. KOLOSS,
7. MUTLOS, 8. URANUS,
9. ELSASS, 10. NACHTS,
11. ZENSUS, 12. ENDLOS

GEDENKMUENZE

295

37	-	9	-	4	24
+		+		x	
2	x	7	x	6	84
-		-		+	
8	x	3	-	5	19
31		13		29	

296

Am Abend werden die Faulen fleißig.

297

9	1	7	5	6	10	4	11	2	8	12	3
11	3	6	4	5	8	2	12	7	10	9	1
12	8	10	2	7	9	1	3	6	5	4	11
10	4	2	6	11	5	9	7	1	3	8	12
8	12	5	11	1	3	6	2	9	4	10	7
1	9	3	7	12	4	10	8	5	2	11	6
7	11	9	12	4	2	8	1	3	6	5	10
3	5	1	10	9	7	12	6	8	11	2	4
6	2	4	8	3	11	5	10	12	1	7	9
2	10	11	3	8	6	7	9	4	12	1	5
4	6	12	9	2	1	11	5	10	7	3	8
5	7	8	1	10	12	3	4	11	9	6	2

298

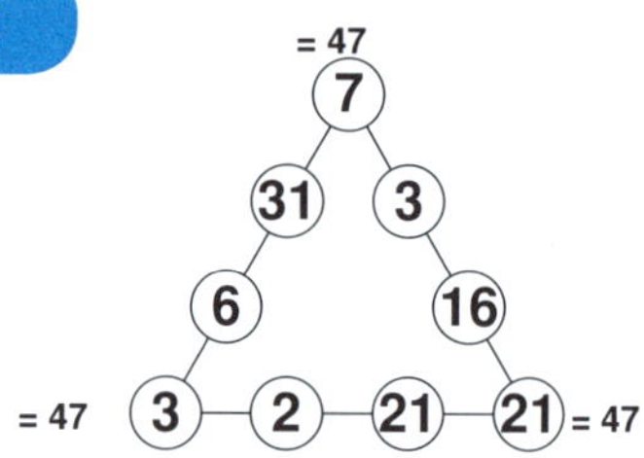

299

L		S	H	O	P	P	I	N	G		M		S	Z
A	L	K		R	O	M		E		K	E	T	T	E
M	A	A	R		O		P	I	R	A	T		I	D
A		G		A	L	A	I	N		R		O	L	E
	R	E	B	U	S		N		M	O	N	T	U	R
T	U	N		L		G	I	N	A		E	I	S	
	M		D	A	R	L	E	H	E	N		T		A
P	A	L	E		I	A	N		D		B	I	S	S
F	E	L	G	E		S		R	E	M	U	S		Y
A	N		E		D	U	S	E	L		B		A	L
D	E	H	N	B	A	R		E		S	E	I	D	E

Ununterbrochene Beredsamkeit langweilt

300

3	7	4	1	8	5	2	6	9
8	9	5	2	6	4	1	3	7
2	1	6	3	7	9	8	5	4
1	5	2	8	9	6	7	4	3
4	6	8	7	2	3	5	9	1
9	3	7	4	5	1	6	2	8
6	4	1	5	3	8	9	7	2
5	2	3	9	1	7	4	8	6
7	8	9	6	4	2	3	1	5

301

H	K		G	I
	G	H	I	K
K	I	G		H
I		K	H	G
G	H	I	K	

302

51
27 24
14 13 11
6 8 5 6
1 5 3 2 4

303

Tankwart

304

$$
\begin{array}{ccccc}
23 & + & 150 & = & 173 \\
+ & & + & & + \\
124 & + & 436 & = & 560 \\
\hline
147 & + & 586 & = & 733
\end{array}
$$

305

Schönheit zieht stärker als Ochsen.

306

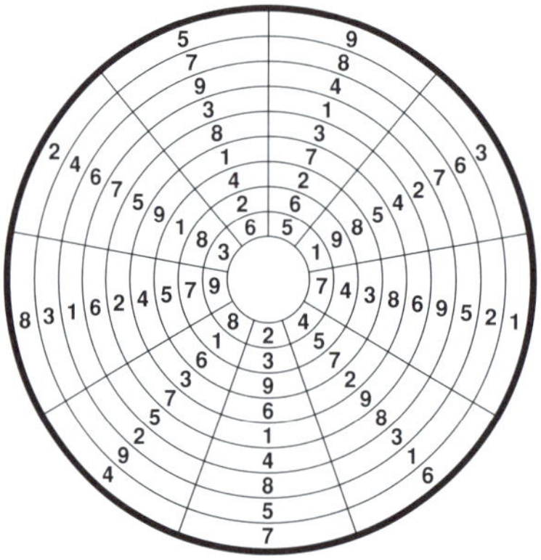

307

22	-	8	-	9	5
-		+		x	
4	x	5	+	3	23
-		x		-	
7	+	6	x	2	26
11		78		25	

308

3	2	12	4	11	5	1
10	1	2	3	14	4	9
4	12	12	12	2	1	3
1	4	10	2	3	15	10
8	15	3	1	9	2	4
5	3	4	14	1	16	2
2	10	1	10	4	3	5

309

A	V	U	S	U	V	A
G	U	R	T	R	U	G
M	A	D	E	D	A	M
A	D	E	L	E	D	A
B	E	I	L	I	E	B
E	M	M	A	M	M	E

310

Der Zorn ist kurze Raserei.

311

312

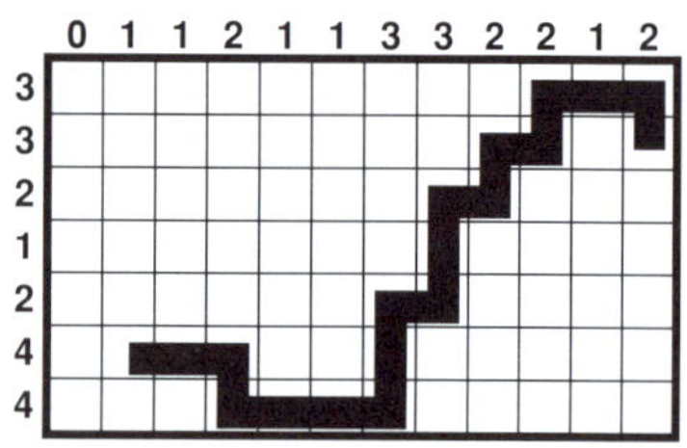

313

1. BUCHEN, 2. ALBERN,
3. SCHEIN, 4. KASTEN,
5. EIFERN, 6. NEPTUN,
7. MIKRON, 8. UNSINN,
9. EXTERN, 10. TERMIN,
11. ZERREN, 12. EDISON

BASKENMUETZE

314

PREIS, ARBEIT, REISE,
TURM, ESSIG, REICH,
REGEN, ENKEL
= PARTERRE

315

41				
18	23			
9	9	14		
5	4	5	9	
2	3	1	4	5

316

7 + 3 + 4 + 9 − 8 + 6 : 7 = 3

317

Minenarbeiter

318

40	-	5	-	9	26
-		+		-	
8	+	2	x	6	60
-		+		x	
7	+	3	x	4	40
25		10		12	

319

6	5	1	3	7	2	12	10	4	8	11	9
12	8	10	7	4	11	9	5	1	2	6	3
2	11	4	9	3	8	6	1	10	7	12	5
7	9	12	4	5	6	10	3	2	1	8	11
10	6	8	11	2	7	1	12	5	9	3	4
1	3	2	5	8	9	11	4	7	6	10	12
8	10	11	6	1	5	2	9	3	12	4	7
4	2	3	1	11	12	7	8	6	5	9	10
5	7	9	12	10	4	3	6	8	11	1	2
9	12	7	8	6	3	4	2	11	10	5	1
3	1	6	2	9	10	5	11	12	4	7	8
11	4	5	10	12	1	8	7	9	3	2	6

320

Aus dem Feuer in die Flamme.

321

G	J		M	H
M		H	G	J
	H	G	J	M
J	G	M	H	
H	M	J		G

322

166	+	267	=	433
+		+		+
179	+	144	=	323
345	+	411	=	756

323

■	■	■	S	A	■	O	■	■	■	■	A	■
S	P	E	C	K	■	Z	I	T	R	O	N	E
O	R	B	I	T	■	E	■	R	E	V	A	L
■	O	■	L	■	M	A	R	I	E	■	N	■
■	F	A	L	Z	E	N	■	E	■	D	A	S
K	I	T	A	■	R	■	F	U	E	R	S	T
■	■	H	■	L	A	G	E	R	■	I	■	O
■	L	E	N	I	N	■	M	■	E	N	G	L
N	O	N	■	L	■	D	U	E	N	K	E	L
■	M	■	K	L	I	R	R	■	D	■	B	E
■	E	L	L	E	■	O	■	L	O	B	E	N
■	■	■	U	■	A	P	P	A	R	A	T	■
B	E	I	F	U	S	S	■	M	■	S	■	E
W	A	L	T	■	P	■	G	E	I	S	E	L
■	G	I	■	R	I	C	H	T	W	E	R	T
■	L	O	T	O	S	■	O	T	A	■	S	Z
■	E	N	I	D	■	G	R	A	N	A	T	E

324

4	2	1	6	3	9	8	5	7
7	9	6	5	8	2	3	4	1
8	3	5	7	4	1	2	9	6
9	8	7	1	2	3	5	6	4
6	4	3	9	7	5	1	8	2
1	5	2	4	6	8	7	3	9
3	1	9	2	5	4	6	7	8
5	6	4	8	1	7	9	2	3
2	7	8	3	9	6	4	1	5

325

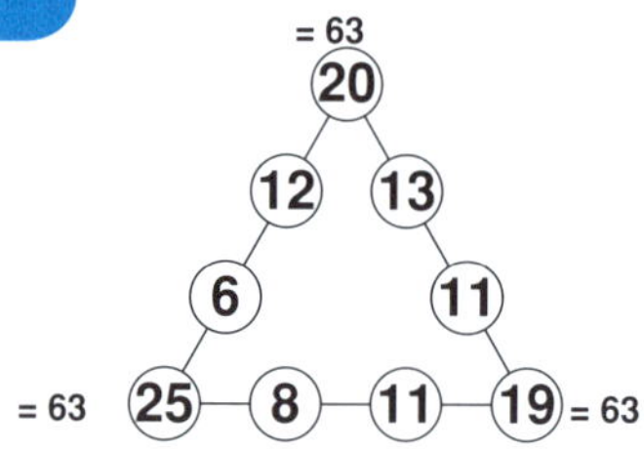

326

Williger Sinn macht leichte Füße.

327

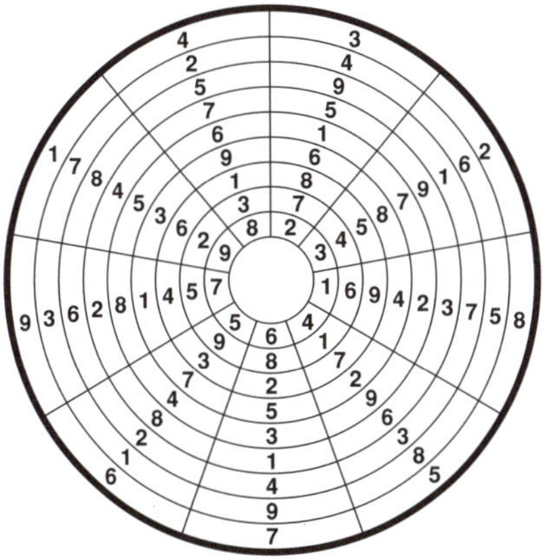

328

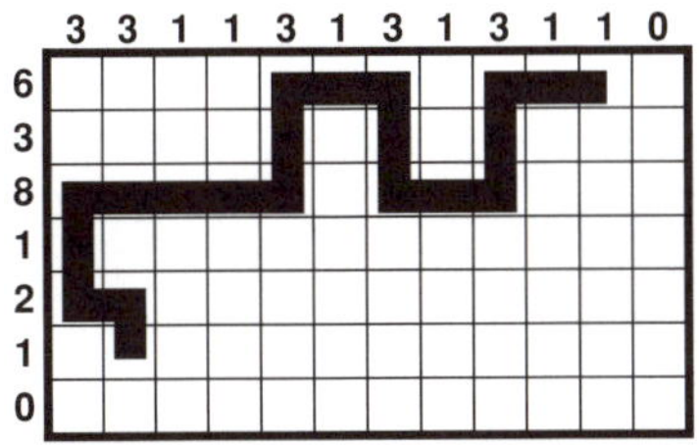

329

E	B	E	R	E	B	E
M	A	M	I	M	A	M
T	E	I	N	I	E	T
B	O	R	G	R	O	B
S	O	R	E	R	O	S
F	L	O	R	O	L	F

330

Pizzabäckerin

331

2 x 3 + 7 + 4 x 8 – 9 + 5 = 132

332

3	8	7	4	12	11	10	6	2	9	1	5
12	10	6	2	9	5	1	7	3	8	4	11
1	9	5	11	4	2	3	8	6	10	7	12
8	7	1	6	11	10	12	3	5	2	9	4
11	2	4	5	7	9	8	1	12	6	3	10
10	12	3	9	2	6	5	4	7	11	8	1
9	6	12	1	8	3	2	10	11	4	5	7
4	3	10	8	5	7	11	9	1	12	6	2
5	11	2	7	1	4	6	12	9	3	10	8
7	4	8	12	3	1	9	2	10	5	11	6
2	5	9	10	6	8	7	11	4	1	12	3
6	1	11	3	10	12	4	5	8	7	2	9

333

M	I	K	R	O	L				V	E	N	E
L		D	I	A	G	N	O	S	E	E		E
E		K	G	N	K	E		C	L	A	N	D
T	O	E	R	A	N	B	A	H	N	E	N	N
T	R	W	A	R	E	S	E	A	B	I	E	
L		E	U	D	S	T	P	E	E	N	B	
A		D	G	R	S	R	L	F	N	W	E	
N		A	E	O	E	E		E	A	A	N	
D	M	D	L	P	T	N	O	R	A	N	D	Y
	C	A	B	S	E	G	N	E	N	D	D	

334

335

9 + 7 x 5 + 3 + 8 + 4 – 6 = 89

336

194	+	48	=	242
+		+		+
201	+	42	=	243
395	+	90	=	485

337

Y	U	C	C	A
Y	A	C	H	T
Y	O	N	N	E
Y	T	O	N	G
Y	E	A	T	S
Y	O	G	I	N
Y	A	R	E	N
Y	O	U	N	G

338

8	4	9	7	2	5	6	3	1				4	3	6	1	5	7	8	2	9
2	6	7	1	3	9	4	5	8				1	8	9	6	3	2	7	4	5
3	1	5	6	4	8	7	2	9				5	7	2	4	9	8	6	3	1
5	8	3	4	9	6	1	7	2				8	5	7	9	2	4	1	6	3
9	7	1	5	8	2	3	6	4				9	6	1	5	7	3	2	8	4
6	2	4	3	1	7	8	9	5				3	2	4	8	6	1	5	9	7
4	3	2	9	7	1	5	8	6	2	4	1	7	9	3	2	8	5	4	1	6
7	9	6	8	5	4	2	1	3	5	7	9	6	4	8	7	1	9	3	5	2
1	5	8	2	6	3	9	4	7	6	3	8	2	1	5	3	4	6	9	7	8
						8	9	4	3	5	7	1	6	2						
						6	5	1	9	2	4	8	3	7						
						7	3	2	1	8	6	4	5	9						
9	6	1	8	3	7	4	2	5	8	6	3	9	7	1	5	4	8	2	3	6
2	3	7	9	5	4	1	6	8	7	9	5	3	2	4	7	1	6	8	9	5
5	8	4	6	2	1	3	7	9	4	1	2	5	8	6	2	9	3	4	7	1
1	4	3	5	6	9	2	8	7				2	1	5	4	6	7	9	8	3
6	7	9	4	8	2	5	1	3				6	9	8	3	2	1	5	4	7
8	2	5	1	7	3	6	9	4				4	3	7	8	5	9	1	6	2
4	9	2	3	1	8	7	5	6				1	4	3	9	7	2	6	5	8
7	5	8	2	4	6	9	3	1				8	6	9	1	3	5	7	2	4
3	1	6	7	9	5	8	4	2				7	5	2	6	8	4	3	1	9

339

XVIII + VI = XXIV

340

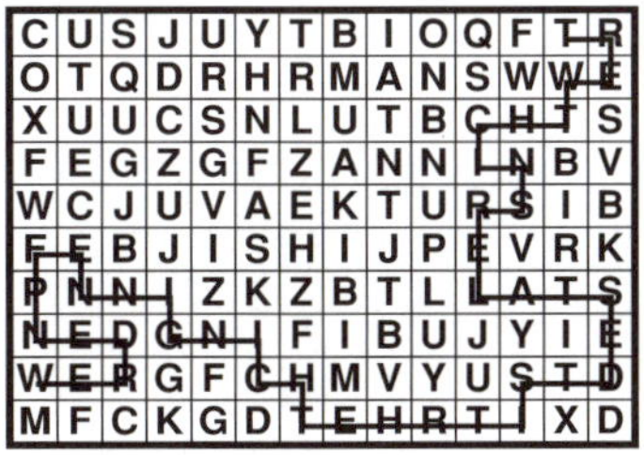

Wer den Pfennig nicht ehrt, ist des Talers nicht wert

341

	8		7	4	3	5	
5	3	4		1		7	2
	6		8		5	1	
1	2	5	4	7	6		3
2	4		6		8	3	5
3		7	5	8		2	1
4	5		3		2		8
7		1	2	6	4	8	

342

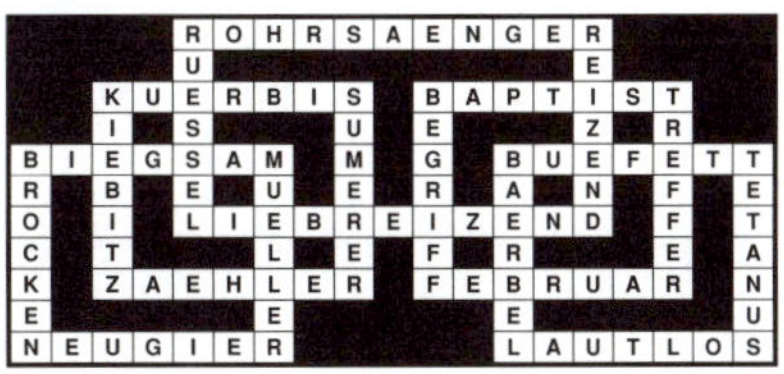

343

260 + 269 = 529
+ + +
61 + 184 = 245

321 + 453 = 774

344

KARST, UNRAT, ESPEN, NEHRU, DIELEN, ITALA, GEIER, UNTER, NENNER, GESTE = KUENDIGUNG

345

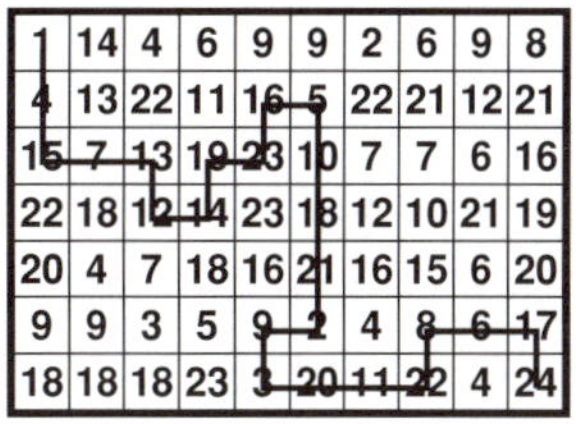

346

Nach rechts unten: 1 DEIN, 2 BODEN, 3 RODEL, 4 RASEN, 5 WEBEN, 6 PATER, 7 LATEX, 8 DREH, 9 OM

Nach links unten: 2 BD, 3 ROER, 4 RODIN, 5 WADEN, 6 PESEN, 7 LABEL, 8 DATEN, 9 ORTEN, 10 MEER

347

	A			T	M			L		O		B
U	N	R	U	H	E	S	T	I	F	T	E	R
	L	A	S	E	R		A	M	E	I	S	E
M	A	R	C		K		K	A	R	T	E	I
	E		H	A	U	P	T		K	I	L	T
	S		I	R	R	E		H	E	S	S	E
I	S	E		O		S	T	I	L		O	
W	E	I	S	S	D	O	R	N		V	H	S
		S	K	A	I		E		B	A	R	T
	M		R		L	O	U	N	G	E		I
K	A	M	I	L	L	E		O	S	T	E	N
	D	O	P	E		D	I	E		E	T	E
K	L	E	T	T	E		S		F	R	A	
		N		A	N	G	A	B	E			E
	D		A	L	T	E		A	E	S	E	N
B	I	L	L		E	R	L	E		K	I	D
	A	K	Z	E	N	T		H	E	I	D	E

348

BERGE, UNEHRE, CHRIST, HERDEN, MAGIE, AROMEN, CHANEL, HEUERN, ERNEST, RIEGE = BUCHMACHER

349

1	6	10	7	11	2	4	12	3	5	9	8
5	3	4	9	7	6	1	8	2	11	10	12
2	11	12	8	5	10	9	3	4	6	1	7
12	8	11	6	3	9	10	1	5	4	7	2
4	9	5	10	2	11	12	7	1	8	6	3
3	7	1	2	8	5	6	4	11	10	12	9
6	5	9	4	10	7	8	2	12	1	3	11
7	2	3	1	12	4	11	5	10	9	8	6
10	12	8	11	9	1	3	6	7	2	4	5
8	10	7	5	4	3	2	9	6	12	11	1
11	1	2	12	6	8	7	10	9	3	5	4
9	4	6	3	1	12	5	11	8	7	2	10

350

1 + 6 x 2 + 9 – 8 x 7 : 3 = 35

351

1. Sg8
1. ... Kc6 2. Dxe4‡
1. ... c6 2. Lf7‡
1. ... d6 2. c6‡
1. ... e3 2. Sb4‡
1. ... L ~ 2. Dxd7‡
1. ... S ~ 2. S(x)e7‡

352

Wenige Suender werden noch nach den ersten zwanzig Minuten einer Predigt gerettet

353

94					
50	44				
28	22	22			
17	11	11	11		
11	6	5	6	5	
6	5	1	4	2	3

354

6	3	7	9	1	2	5	4	8
8	5	1	6	3	4	2	7	9
5	4	2	7	8	9	3	6	1
2	8	3	4	9	1	6	5	7
9	2	4	3	7	5	1	8	6
3	1	5	2	6	8	7	9	4
4	6	8	1	2	7	9	3	5
7	9	6	8	5	3	4	1	2
1	7	9	5	4	6	8	2	3

355

8	2	1	7	9	4	5	3	12	11	6	10
4	9	12	11	6	10	1	8	7	2	3	5
5	10	3	6	11	2	7	12	9	8	1	4
11	1	9	12	5	3	6	7	2	10	4	8
6	3	10	8	2	12	4	11	5	1	7	9
2	4	7	5	8	1	10	9	6	12	11	3
1	8	4	9	7	6	12	10	11	3	5	2
3	12	6	10	4	5	11	2	8	7	9	1
7	11	5	2	3	9	8	1	10	4	12	6
9	7	8	4	1	11	2	6	3	5	10	12
10	6	11	1	12	8	3	5	4	9	2	7
12	5	2	3	10	7	9	4	1	6	8	11

356

I	B				F	P	R	O	T	E	G	E
S	R	K	B		E			I	O		A	T
L	A	A	A		A		F	N	N	B	L	I
E	D	K	N	N	T	T	U	I		G	O	B
I	I	G	K	E	U	S	N	V			E	E
S	K	A	N	O	R	A	K	E	I	N	E	R
T	A	M	O	M	E	N	T	A	N			I
U	L	S	T	U	N	K	I	U	L			U
N	E	B	E	N	A	N	O		M	A	S	S
G				H	A	E	N	D	L	E	R	

357

4	10	3	10	2	1	5
5	1	2	14	3	16	4
6	9	1	3	15	4	2
3	2	10	4	1	15	10
2	14	14	14	4	3	1
10	3	4	1	12	2	9
1	4	14	2	5	5	3

358

I	D	I	O	M
I	D	O	T	Z
I	T	A	L	O
I	L	I	O	N
I	M	A	G	E
I	B	I	Z	A
I	N	S	E	L
I	N	D	I	Z

359

459	−	41	=	418
+		+		+
497	−	399	=	98
956	−	440	=	516

360

UNSTETT, NASEN, SCHORF, TIMES, RATER, ERBSE, INDRA, TAKEL, INDER, GENUS = UNSTREITIG

361

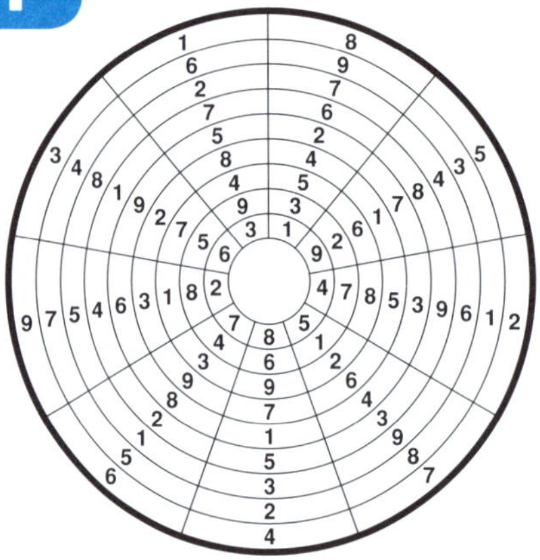

362

Wenn das Boese die Dreistigkeit hat, muss das Gute den Mut haben

363

R	F	E	I	N	M	A	L	E	Q	N	E	N	S
I	V	E	X	B	L	W	A	B	B	N	U	M	Y
T	W	I	G	S	P	V	X	H	R	E	J	U	S
U	G	O	L	O	R	Q	B	B	U	Y	I	D	V
J	G	S	Y	X	O	V	S	O	T	Z	R	N	B
C	A	T	S	D	H	O	L	S	G	T	O	K	O
N	I	S	T	N	J	N	X	V	R	E	Q	C	D
E	H	Z	M	U	A	X	L	B	J	Q	O	I	K
D	E	I	Y	L	N	A	M	S	Z	U	W	P	U
R	E	I	M	A	Z	O	S	U	F	B	I	I	I

Dreimal umziehen ist so gut wie einmal abbrennen

364

6	2	4	9	1	3	5	7	8				4	7	1	2	8	9	3	5	6
5	8	3	4	7	6	1	2	9				6	3	8	5	7	1	9	4	2
1	7	9	2	8	5	3	4	6				5	2	9	4	6	3	7	1	8
3	9	1	7	4	2	6	8	5				8	9	5	6	4	2	1	3	7
2	5	7	1	6	8	9	3	4				3	6	4	9	1	7	2	8	5
4	6	8	3	5	9	2	1	7				7	1	2	8	3	5	4	6	9
7	3	2	5	9	4	8	6	1	3	9	5	2	4	7	1	5	8	6	9	3
9	1	6	8	2	7	4	5	3	1	7	2	9	8	6	3	2	4	5	7	1
8	4	5	6	3	1	7	9	2	4	6	8	1	5	3	7	9	6	8	2	4
						6	8	4	2	5	1	3	7	9						
						1	7	9	6	8	3	4	2	5						
						2	3	5	7	4	9	6	1	8						
5	2	9	8	1	7	3	4	6	8	1	7	5	9	2	8	7	6	3	4	1
4	7	1	3	5	6	9	2	8	5	3	4	7	6	1	5	3	4	2	8	9
3	6	8	4	9	2	5	1	7	9	2	6	8	3	4	2	9	1	6	7	5
8	4	7	1	6	9	2	3	5				3	4	7	6	8	5	1	9	2
1	3	6	5	2	8	4	7	9				6	5	8	9	1	2	4	3	7
9	5	2	7	4	3	6	8	1				2	1	9	7	4	3	8	5	6
7	9	5	2	3	1	8	6	4				1	7	5	3	2	8	9	6	4
6	8	3	9	7	4	1	5	2				9	2	3	4	6	7	5	1	8
2	1	4	6	8	5	7	9	3				4	8	6	1	5	9	7	2	3

365

366

I	D	A	H	O
I	A	S	O	N
I	M	O	L	A
I	L	I	A	S
I	N	T	R	O
I	B	S	E	N
I	S	L	A	M
I	R	D	E	N

367

1. Sd2
1. ... Kc5 oder Se4 2. Sb3‡
1. ... Ke5 oder c5 oder Sh3
2. Dh8‡
1. ... d5 oder S ~ 2. Lf2‡

368

3	10	6	5	2	7	12	9	11	8	4	1
4	9	12	11	1	6	8	5	7	10	3	2
2	8	1	7	10	3	4	11	5	9	12	6
7	2	11	10	12	4	1	6	8	5	9	3
8	1	5	12	11	9	3	2	4	6	10	7
9	3	4	6	8	5	10	7	2	11	1	12
10	6	7	1	3	2	11	4	9	12	8	5
5	12	8	9	7	1	6	10	3	2	11	4
11	4	2	3	5	8	9	12	1	7	6	10
1	7	10	4	6	11	2	8	12	3	5	9
6	5	9	8	4	12	7	3	10	1	2	11
12	11	3	2	9	10	5	1	6	4	7	8

369

Nach rechts unten: 1 FRON, 2 KAREL, 3 BEBEN, 4 GEGEN, 5 ORDEN, 6 ORTER, 7 INDUS, 8 ENDE, 9 AB
Nach links unten: 2 KF, 3 BART, 4 GEROK, 5 OEBEN, 6 ORGEL, 7 IRDEN, 8 ENTEN, 9 ANDEN, 10 BDUR

370

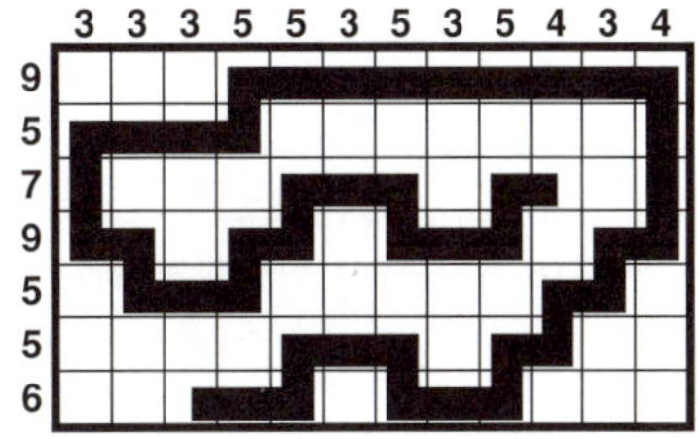

371

Die Natuerlichkeit ist nicht nur das Beste, sondern auch das Vornehmste

372

373

7	4	6	1	5	9	8	3	2
1	3	5	2	4	8	7	6	9
9	2	8	7	6	3	5	4	1
2	5	3	4	8	7	1	9	6
6	9	4	5	1	2	3	8	7
8	1	7	9	3	6	4	2	5
4	7	9	3	2	1	6	5	8
5	8	1	6	9	4	2	7	3
3	6	2	8	7	5	9	1	4

374

1	14	12	9	8	5	4	13	18	5
10	11	18	7	2	15	24	14	4	19
16	21	21	3	22	13	3	16	7	13
10	24	2	8	18	7	16	23	19	25
16	3	18	14	3	18	13	21	16	6
5	6	24	3	24	6	2	15	22	20
10	11	11	4	11	11	8	12	17	26

375

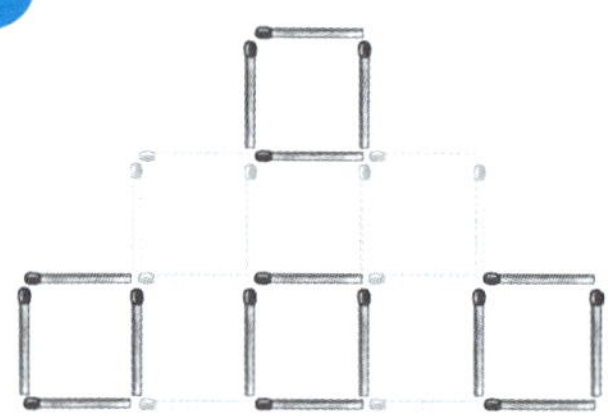

376

Eine Ehe in Hollywood ist wie ein schoenes heisses Bad. Es kuehlt ziemlich schnell ab.

377

A	L	T	E	I	S	E	N	M	N	S		P
E	E	T	I	K	E	T	T	E	I	E		U
E	T	A	N	G	O	I	D	O	Z	E	N	T
R		L	I	R	E	E	T	R		G	Z	E
D		K	I	H	A	R	E	F	R	R	D	E
K	L	A	M	C	E	U	H	L	A	A		K
U	K	M	D	B	H		P	A	K	S		A
N	U	E	O	C	O	E	S	E	I	E	A	N
D	E	R	S	T	H	E	D	I	T	I	O	N
E		A	E		N	E	G	E	R	A	D	E

378

5	8	4	11	6	12	3	2	9	7	1	10
3	6	1	10	11	8	9	7	2	5	4	12
12	9	2	7	5	4	1	10	6	8	11	3
8	7	10	12	1	3	11	5	4	9	6	2
4	1	5	3	2	9	6	12	11	10	7	8
9	2	11	6	4	7	10	8	3	1	12	5
7	12	9	1	8	6	4	3	10	2	5	11
10	4	6	8	12	2	5	11	7	3	9	1
2	11	3	5	10	1	7	9	12	6	8	4
1	10	7	9	3	11	8	4	5	12	2	6
11	3	8	2	7	5	12	6	1	4	10	9
6	5	12	4	9	10	2	1	8	11	3	7

379

VIOLEN, ERLAU, RESET, FURIEN, ULMER, EINTEL, HUSCH, RATTE, EGART, NIPPEL = VERFUEHREN

380

280	−	144	=	136
+		+		+
323	−	65	=	258
603	−	209	=	394

381

EUTER, NEGUS, TRAPEZ, LUMPEN, AUREL, SONJA, SORTEN, UNIKAT, NORGE, GRETA = ENTLASSUNG

382

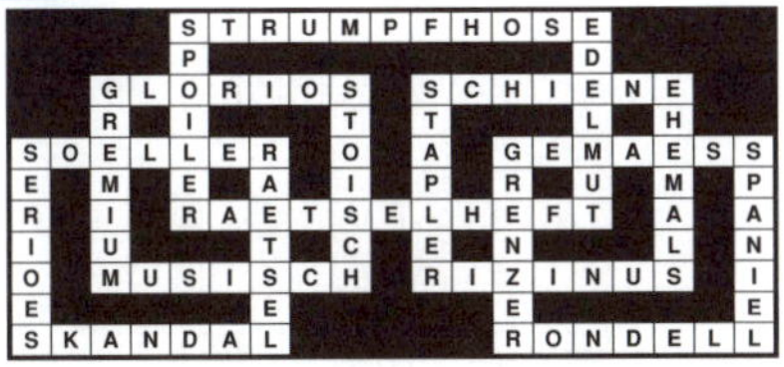

383

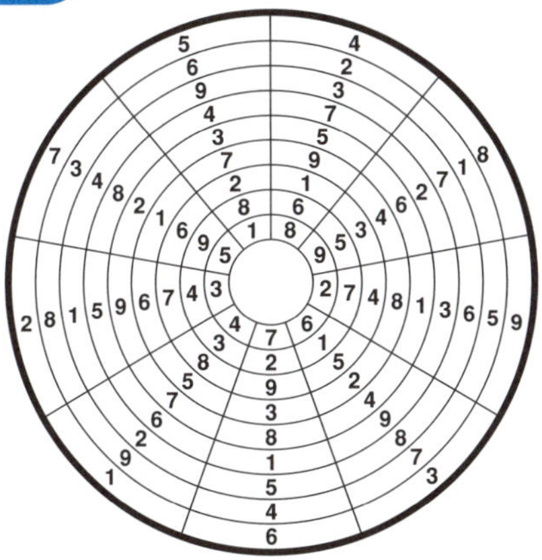

384

Wenn man einem uebel will, findet man zur Axt leicht einen Stiel

385

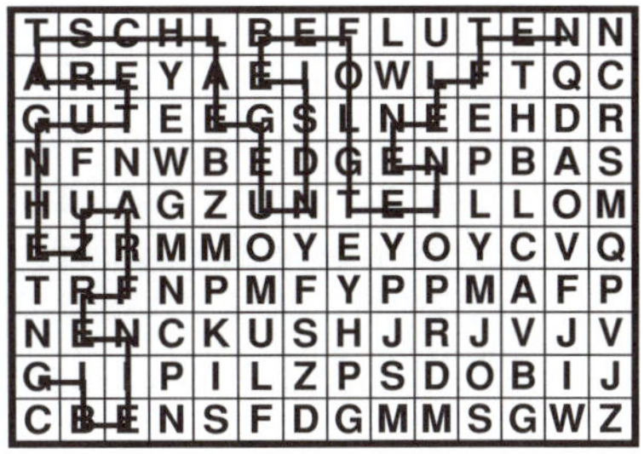

Gib einer Frau zehn gute Ratschläge und sie befolgt einen elften

386

X	E	N	O	N
X	Y	L	O	L
X	E	T	R	A
X	F	A	C	H
X	A	V	E	R
X	Y	L	E	N
X	H	O	S	A
X	E	R	E	S

387

	2	1	6		3	5	
3		7		8	1	4	2
6	1	5	7		2		4
5		3		1		8	6
8	7		2	4	6	1	
4	6	8		2	5		1
	5		1		8	2	7
2	8	6	5	3	4	7	

388

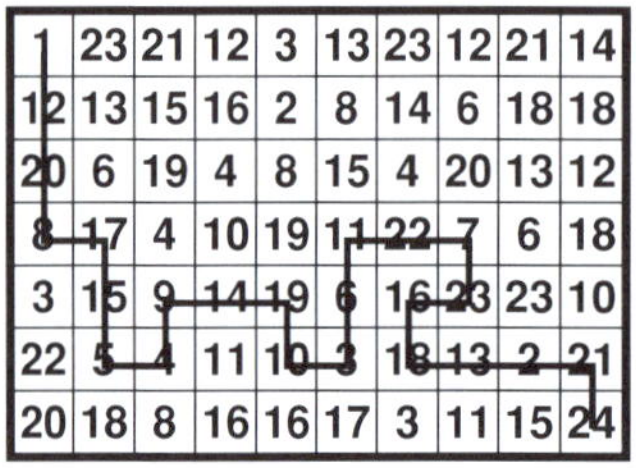

389

4	8	12	3	11	2	6	9	10	1	5	7
9	1	6	10	12	4	7	5	11	3	2	8
5	7	2	11	10	8	3	1	12	4	6	9
11	3	10	7	5	9	8	4	6	2	12	1
1	12	8	2	6	11	10	7	9	5	4	3
6	5	9	4	3	1	2	12	7	10	8	11
3	11	4	6	9	7	5	8	2	12	1	10
12	10	7	9	2	3	1	6	4	8	11	5
8	2	1	5	4	10	12	11	3	9	7	6
7	9	5	12	1	6	4	3	8	11	10	2
2	4	3	8	7	5	11	10	1	6	9	12
10	6	11	1	8	12	9	2	5	7	3	4

390

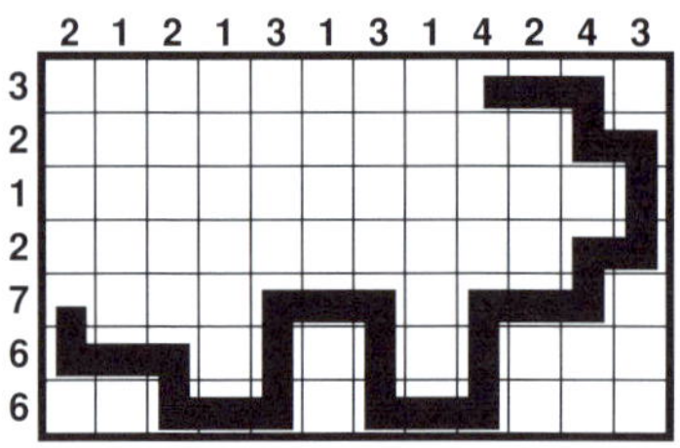

391

	R		W		G		U		D			
	E	H	E	M	A	L	S		E	S	S	E
	F	I	L	E	T		A	D	R	E	T	T
	R	E	K	T	O	R		E		E	A	U
L	A	B			W	E	R	K	T	A	G	E
T	I	E	F	E		T	I	A	R	A		D
	N		E	R	S	T	E		A	L	G	E
		U	N	I		U	L	A	N		E	
W	I	N	S	E	L	N		S		A	N	A
	S	E	T		E	G	O	I	S	M	U	S
	D		E	I	S		B	A	T	I	S	T
U	N	A	R	T		I	O	T	A			E
		L		O	E	D	E		M	A	A	R
E	N	G	E		D	E	N	K	M	A	L	
	E	I	B	S	E	E		A		R	A	O
	P	E	R	I		L	A	U	W	A	R	M
	P	R	O	M	I	L	L	E		U	M	A

392

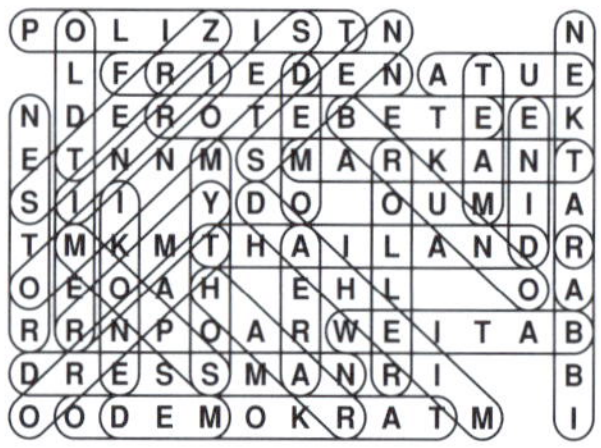

393

Auf das Glueck darf man nicht warten, denn dann kommt es nicht; man muss daran arbeiten

394

$$7 + 9 \times 6 \times 4 - 8 + 3 - 2 = 377$$

395

2	7	2	+		5	4	=	3	2	6
	+				+				+	
2	2	1	+	1	1	3	=	3	3	4
4	9	3	+	1	6	7	=	6	6	0

396

5	1	2	10	3	4	5
4	13	3	2	12	14	1
3	17	13	1	2	10	4
8	3	4	12	12	1	2
2	12	14	4	1	3	9
9	2	1	13	4	13	3
1	4	10	3	9	2	5

397

VIII + V = XIII

398

4	5	3	2	1	6	7	8	9				6	4	1	2	8	7	9	3	5
8	9	6	4	7	3	5	2	1				2	5	3	6	1	9	4	7	8
1	7	2	5	8	9	6	4	3				8	9	7	4	3	5	2	6	1
7	6	9	1	5	2	4	3	8				5	7	6	8	9	3	1	4	2
2	8	1	6	3	4	9	7	5				3	1	2	5	6	4	8	9	7
3	4	5	7	9	8	1	6	2				9	8	4	7	2	1	6	5	3
9	3	7	8	4	5	2	1	6	5	9	4	7	3	8	9	4	2	5	1	6
5	2	4	3	6	1	8	9	7	3	2	1	4	6	5	1	7	8	3	2	9
6	1	8	9	2	7	3	5	4	6	7	8	1	2	9	3	5	6	7	8	4
						9	8	2	4	3	6	5	1	7						
						4	7	1	2	8	5	6	9	3						
						5	6	3	9	1	7	2	8	4						
4	6	2	9	1	5	7	3	8	1	4	2	9	5	6	3	2	7	8	1	4
3	9	7	8	6	2	1	4	5	8	6	9	3	7	2	8	4	1	6	9	5
5	1	8	7	3	4	6	2	9	7	5	3	8	4	1	6	5	9	3	2	7
2	5	1	4	8	3	9	7	6				2	1	8	4	7	3	9	5	6
6	4	3	1	7	9	8	5	2				4	9	7	1	6	5	2	8	3
7	8	9	5	2	6	4	1	3				6	3	5	9	8	2	7	4	1
9	7	4	2	5	8	3	6	1				7	2	9	5	1	6	4	3	8
1	2	6	3	9	7	5	8	4				5	8	3	7	9	4	1	6	2
8	3	5	6	4	1	2	9	7				1	6	4	2	3	8	5	7	9

399

Nach rechts unten: 1 ORLY, 2 LOIPE, 3 KELTE, 4 TESLA, 5 DOLDE, 6 MINOS, 7 VORAB, 8 FEIN, 9 AR

Nach links unten: 2 LO, 3 KORB, 4 TEILS, 5 DELPY, 6 MOSTE, 7 VILLE, 8 FONDA, 9 AEROE, 10 RIAS

400

T	E	I	R	D	D	E	N	H	Q	X	E	R	F
R	T	W	J	S	A	O	S	T	E	W	L	E	D
A	S	S	O	S	C	H	N	I	P	E	T	T	R
W	H	G	H	J	C	N	P	R	X	R	M	N	V
G	U	N	E	G	J	F	M	C	Y	B	B	G	P
A	N	L	A	E	C	G	F	A	U	C	V	B	X
M	N	B	N	G	M	F	T	L	C	P	B	M	T
R	N	G	N	P	Z	D	O	H	F	A	F	U	J
W	E	Z	U	J	U	P	M	K	T	C	D	A	M
H	Z	S	M	O	Y	F	F	F	J	G	Y	N	S

Wenn man lange genug wartet, wird das schönste Wetter

401

BEILE, ENKEL, GIEBEL, EDLER, ISERE, STEIG, TABUS, EIFERN, ROLAND, TUNKE = BEGEISTERT

402

6	5	3	7	1	11	4	12	10	8	2	9
2	4	8	12	6	3	10	9	11	7	5	1
1	9	11	10	8	2	7	5	3	6	12	4
11	8	12	1	7	4	2	6	5	9	10	3
3	10	7	9	11	1	5	8	4	2	6	12
5	6	4	2	3	12	9	10	8	1	7	11
7	1	10	4	9	5	8	3	2	12	11	6
8	12	2	11	10	6	1	4	9	5	3	7
9	3	6	5	12	7	11	2	1	10	4	8
4	7	9	8	5	10	12	11	6	3	1	2
12	2	5	6	4	8	3	1	7	11	9	10
10	11	1	3	2	9	6	7	12	4	8	5

403

7 + 3 + 6 + 2 + 7 x 4 + 8 = 108

404

1. Lc8
1. ... exd6 2. Dg5‡
1. ... dxe2 2. Dd2‡
1. ... c5 2. Lb7‡
1. ... ~ 2. De6‡

405

				S	C	H	L	A	F	A	N	Z	U	G				
				T										O				
		S	P	A	R	S	A	M		G	E	B	U	E	H	R		
		C		R				E		E				T		E		
A	C	H	T	L	O	S		N		Z		A	U	T	O	B	U	S
N		E		E		O		T		I		U		E		H		P
D		L		T	A	N	N	H	A	E	U	S	E	R		U		E
R		T				D		O		R		G				H		I
A		E	R	D	T	E	I	L		T	R	U	N	K	E	N		S
N						R						C						E
G	R	I	L	L	E	N						K	A	R	P	F	E	N

406

Ein Geschaeft eroeffnen ist leicht; schwer ist es, es geoeffnet zu halten

407

J	P	J	V	O	K	O	C	Q	I	K	J	D	B
B	O	D	P	J	I	D	V	U	R	H	A	N	K
M	M	F	E	L	W	E	K	Z	E	Y	V	C	W
P	U	L	K	B	S	N	C	N	D	N	U	N	B
J	T	M	H	V	B	L	P	D	C	M	M	F	Y
Z	V	P	W	B	U	W	T	E	Q	O	V	E	F
O	F	F	K	F	E	U	E	I	F	Z	E	L	W
S	D	J	D	T	S	O	W	T	U	R	N	Z	E
E	S	T	N	H	F	F	E	V	D	E	M	U	D
S	I	A	L	C	R	V	N	O	M	H	M	U	N

Es ist nicht so weit vom Herzen zum Munde, wie vom Munde zur Hand

408

8	7	9	4	5	3	1	6	2
5	6	3	2	8	1	9	7	4
4	2	1	9	7	6	8	3	5
9	4	7	6	2	8	5	1	3
1	3	6	5	9	4	2	8	7
2	8	5	3	1	7	4	9	6
3	5	2	8	6	9	7	4	1
6	1	8	7	4	5	3	2	9
7	9	4	1	3	2	6	5	8

409

G	O	L	E	M
G	E	I	S	S
G	A	B	U	N
G	R	I	L	L
G	R	U	B	E
G	R	A	S	S
G	L	O	S	S
G	R	A	T	A

410

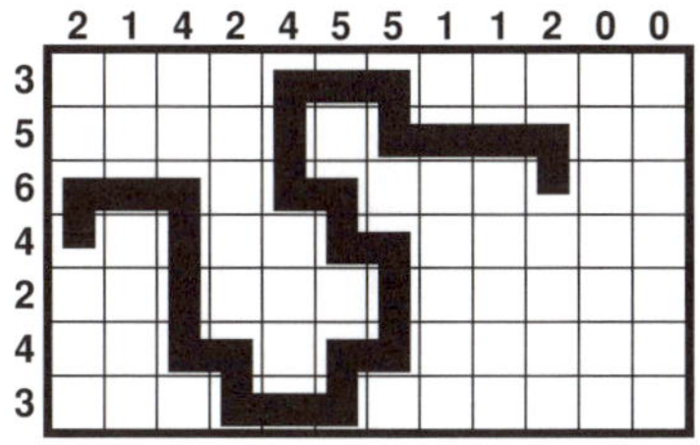

411

Nach rechts unten: 1 FASS, 2 BESAN, 3 LITER, 4 NOMEN, 5 NEUES, 6 DEHIO, 7 TANGO, 8 IRAK, 9 OY
Nach links unten: 2 BF, 3 LEAD, 4 NISSE, 5 NOTAS, 6 DEMEN, 7 TEUER, 8 IAHEN, 9 ORNIS, 10 YAGO

412

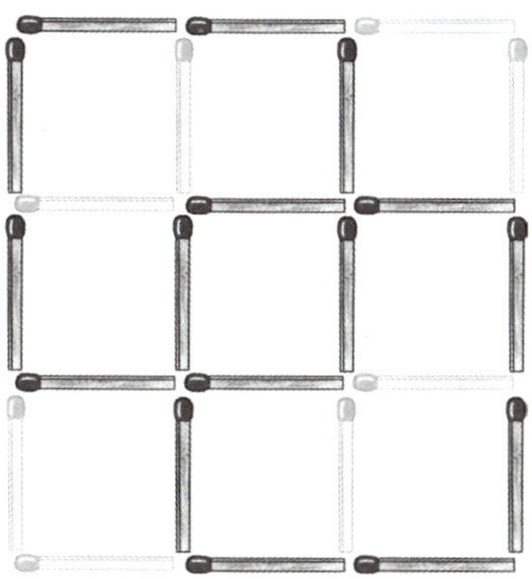

413

1	24	25	25	22	15	10	2	17	24
17	10	16	6	9	5	2	21	6	2
25	2	11	12	21	14	3	23	17	24
3	21	12	4	18	3	25	11	9	19
8	6	4	25	19	22	24	8	4	4
25	16	13	12	23	6	13	14	20	15
14	22	20	21	9	3	7	5	15	26

414

9	7	8	10	1	3	11	4	2	5	6	12
11	12	5	4	10	9	6	2	8	3	7	1
6	2	1	3	5	12	8	7	4	10	11	9
5	10	9	6	2	8	3	12	11	7	1	4
3	8	2	1	7	5	4	11	6	9	12	10
7	4	12	11	9	10	1	6	5	2	3	8
8	1	11	2	6	7	5	10	12	4	9	3
10	5	6	12	3	4	2	9	7	1	8	11
4	9	3	7	8	11	12	1	10	6	2	5
2	6	4	8	11	1	9	5	3	12	10	7
12	11	10	9	4	6	7	3	1	8	5	2
1	3	7	5	12	2	10	8	9	11	4	6

415

90
49 41
28 21 20
16 12 9 11
9 7 5 4 7
4 5 2 3 1 6

416

Hat man die Liebe durchgeliebt, faengt man die Freundschaft an

417

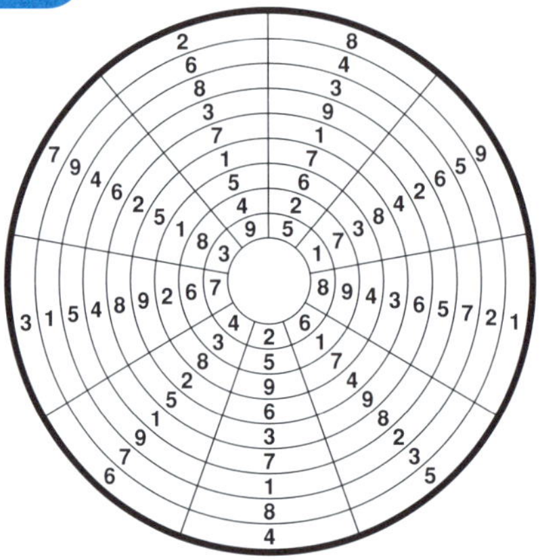

418

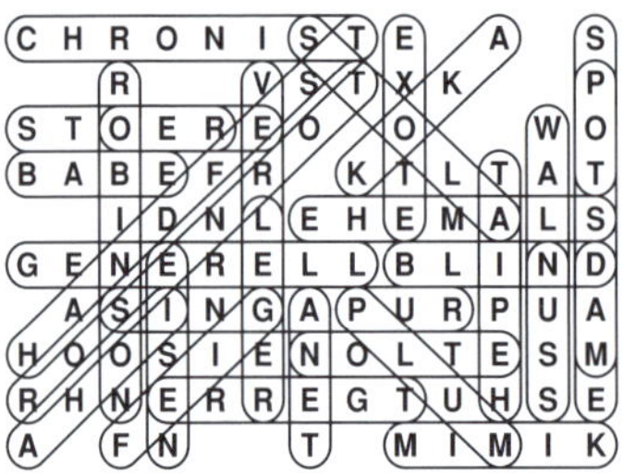

419

1. De7
1. ... Kxd4 2. Lb2‡
1. ... Kf4 2. Dxc7‡
1. ... Tx d4 2. Dxg5‡
1. ... Tf4 2. Td5‡
1. ... Txg4 oder Se3 ~ 2. Sf3‡
1. ... Sf2 ~ 2. Txe4‡

420

9 + 3 + 4 – 9 x 5 : 7 x 6 = 30

421

6	8	9	4	7	2	3	1	5
2	5	7	1	8	3	9	4	6
4	2	3	5	9	6	8	7	1
1	4	2	7	5	8	6	9	3
9	3	6	2	4	1	7	5	8
8	1	4	3	6	9	5	2	7
3	7	5	8	2	4	1	6	9
7	9	1	6	3	5	2	8	4
5	6	8	9	1	7	4	3	2

422

R	A	N	K	E
R	I	G	I	D
R	A	M	M	E
R	A	C	H	E
R	U	M	B	A
R	U	S	S	E
R	E	N	T	E
R	O	M	E	O

423

L	T	N	Y	E	M	C	C	O	V	O	A	T	H
U	K	D	Z	S	Z	S	M	N	S	V	E	R	E
J	G	K	Y	H	J	F	C	Q	Y	E	S	S	T
N	V	C	W	Q	H	A	N	L	R	D		R	E
T	C	K	T	T	F	B	W	W		B	E	W	D
M	S	F	W	Z	U	V	S	E	K	O	E	S	E
Q	A	L	G	E	N	E	N	D	W	I	Q	C	R
E	C	R	R	G	S	S	L	K	T	W	Y	I	L
N	U	R	R	U		K	O	R	V	F	J	E	X
R	J	D	E	N	W	D	J	B	Z	Z	E	U	W

Nur der Umwissende wird boese.
Der Weise versteht.

424

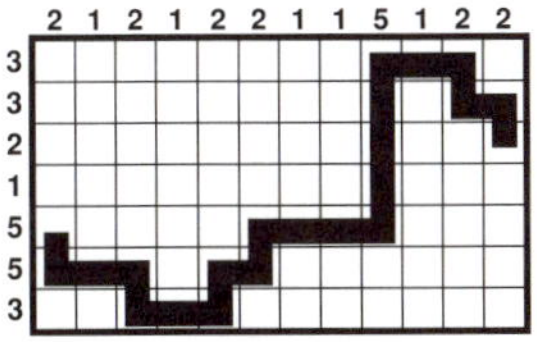

425

6	5	■	8	2	■	3	■
■	4	1	5	8	3	2	6
7	■	3	■	1	4	8	■
4	8	6	7	■	2	■	1
5	■	7	■	6	8	1	3
■	6	5	2	■	7	■	8
1	2	■	6	3	■	4	■
■	3	2	■	7	6	5	4

426

Nach rechts unten: 1 OERE, 2 MIETE, 3 GUSTO, 4 ZARGE, 5 PORST, 6 BASAR, 7 KEBAB, 8 JAEH, 9 CD
Nach links unten: 2 MO, 3 GIER, 4 ZUERI, 5 PASTE, 6 BORTE, 7 KARGO, 8 JESSE, 9 CABAT, 10 DEAR

427

Nicht weil es schwer ist, wagen wir's nicht, sondern weil wir's nicht wagen, ist es schwer

428

88
47 41
28 19 22
17 11 8 14
9 8 3 5 9
3 6 2 1 4 5

429

39 + 281 = 320
\+ + +
228 + 118 = 346

267 + 399 = 666

430

■	■	■	A	■	V	■	S	■	■	■	B	■
T	R	A	U	M	A	■	I	■	A	E	R	A
■	I	L	L	U	S	T	R	A	T	I	O	N
M	E	T	■	R	A	E	■	B	E	S	T	E
■	F	E	E	■	L	I	G	A	■	B	■	C
N	E	I	■	E	L	L	E	■	T	E	A	K
■	■	S	D	R	■	E	S	K	O	R	T	E
■	B	E	R	L	I	N	■	A	R	G	O	N
K	A	N	U	■	L	■	D	A	U	■	M	■
■	R	■	S	A	T	A	N	■	S	K	A	T
■	■	M	E	L	I	S	S	E	■	I	R	R
U	N	O	■	P	S	I	■	B	G	S	■	E
■	E	R	B	E	■	A	B	B	E	■	M	■
■	U	S	U	S	■	■	L	E	I	D	E	R
■	N	■	T	■	K	E	A	■	E	R	L	E
L	E	T	Z	T	E	N	S	■	R	E	I	S
■	R	U	E	■	N	A	S	A	■	I	S	T

431

GERADE, EINZEL, MATHE, UMBRA, EFENDI, TISCHE, LUPEN, IRDEN, CREEK, HUNGER = GEMUETLICH

432

$$\begin{array}{ccccc} 160 & + & 290 & = & 450 \\ + & & + & & + \\ 113 & + & 122 & = & 235 \\ \hline 273 & + & 412 & = & 685 \end{array}$$

433

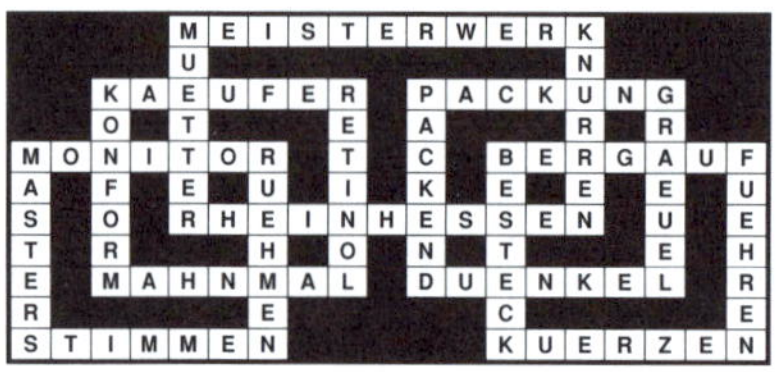

434

6	8	3	4	1	7	9	5	2
9	7	1	6	5	2	8	3	4
2	5	4	3	8	9	6	7	1
5	4	2	1	7	8	3	9	6
8	3	9	2	6	4	5	1	7
7	1	6	9	3	5	4	2	8
4	2	7	5	9	6	1	8	3
3	6	5	8	2	1	7	4	9
1	9	8	7	4	3	2	6	5

435

M	A	M	B	A
M	I	M	I	K
M	E	M	M	E
M	A	F	I	A
M	O	T	T	O
M	E	N	S	A
M	A	K	R	O
M	A	R	G	E

436

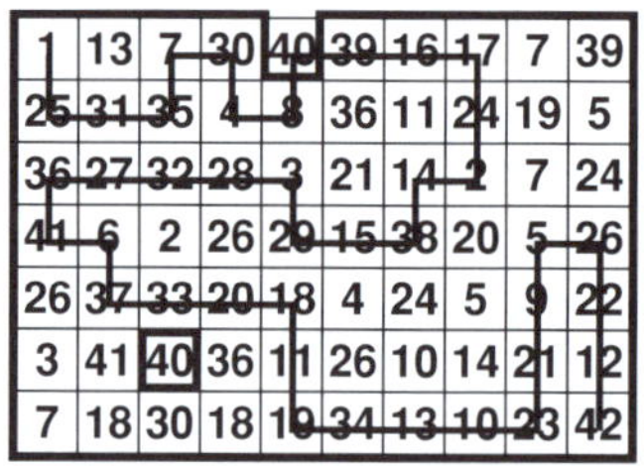

437

6	10	7	11	3	9	1	2	4	8	12	5
12	2	1	4	5	7	8	11	9	10	6	3
3	8	5	9	10	6	12	4	11	2	1	7
9	3	4	10	1	12	5	7	8	11	2	6
8	5	11	1	4	2	6	3	12	7	10	9
2	6	12	7	8	11	10	9	3	4	5	1
10	7	9	5	6	3	4	12	2	1	8	11
11	1	8	2	9	5	7	10	6	3	4	12
4	12	3	6	11	8	2	1	5	9	7	10
5	9	10	12	7	4	3	8	1	6	11	2
7	11	2	8	12	1	9	6	10	5	3	4
1	4	6	3	2	10	11	5	7	12	9	8

438

3	1	3	8	10	2	4
2	9	10	4	1	3	12
1	9	2	16	4	14	3
10	4	12	3	2	14	1
3	2	1	14	13	4	7
12	17	4	1	3	10	2

439

13 + 380 = 393
+ + +
211 + 368 = 579

224 + 748 = 972

440

3 + 8 x 3 – 6 – 1 + 9 + 4 = 39

441

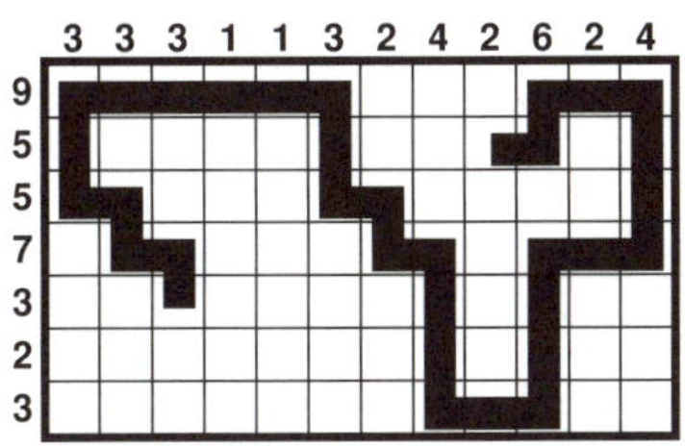

442

B	P	H	H	G	N	X	W	D	C	V	Y	L	L
M	L	P	O	P	P	H	L	V	O	I	D	W	I
D	P	A	D	D	C	N	A	Q	L	F	B	R	P
Y	T	O	F	A	N	R	V	L	P	C	W	E	S
A	X	U	J	I	Z	K	G	G	S	A	O	D	T
Y	L	M	L	M	C	O	Y	R	U	R	Z	N	E
R	H	A	W	P	Y	I	K	U	H	F	P	E	T
T	N	C	O	Q	D	M	Z	X	K	A	R	D	U
N	I	T	S	S	I	U	S	W	E	U	E	J	Q
J	C	H	I	S	T	Z	C	H	R	F	U	G	N

Nichts ist zu schwer, fuer den, der will

443

6	3	1	8	7	9	2	4	5				3	8	7	9	4	6	1	2	5
5	7	2	6	1	4	8	9	3				9	1	6	2	5	8	3	4	7
9	8	4	2	3	5	7	1	6				4	2	5	3	1	7	6	8	9
2	9	5	1	8	6	4	3	7				5	7	8	6	3	2	4	9	1
8	6	7	3	4	2	1	5	9				6	4	9	5	8	1	2	7	3
1	4	3	9	5	7	6	2	8				2	3	1	4	7	9	5	6	8
4	2	9	5	6	8	3	7	1	5	2	9	8	6	4	1	9	5	7	3	2
7	1	8	4	9	3	5	6	2	7	8	4	1	9	3	7	2	4	8	5	6
3	5	6	7	2	1	9	8	4	3	1	6	7	5	2	8	6	3	9	1	4
						7	3	5	6	9	2	4	8	1						
						8	4	6	1	5	7	3	2	9						
						2	1	9	8	4	3	5	7	6						
4	8	1	5	3	9	6	2	7	4	3	5	9	1	8	7	5	6	2	4	3
6	5	7	8	2	4	1	9	3	2	7	8	6	4	5	3	2	9	7	8	1
9	3	2	7	6	1	4	5	8	9	6	1	2	3	7	4	1	8	9	5	6
1	7	6	2	5	8	3	4	9				5	9	1	8	7	3	6	2	4
3	9	5	4	1	7	8	6	2				8	7	6	1	4	2	5	3	9
8	2	4	3	9	6	5	7	1				4	2	3	9	6	5	8	1	7
7	6	9	1	4	3	2	8	5				7	8	9	2	3	4	1	6	5
5	1	8	6	7	2	9	3	4				3	6	2	5	9	1	4	7	8
2	4	3	9	8	5	7	1	6				1	5	4	6	8	7	3	9	2

444

DESPOT, ORTER, PORTER, PERSER, ENTEN, LATTEN, KASSEN, OSTERN, RODEN, NUTEN = DOPPELKORN

445

1. Sc4
1. ... Kxc4 2. La2‡
1. ... Dxb6 2. Sxb6‡
1. ... D ~ 2. D(x)c5‡
1. ... c5 2. De6á
1. ... e4 2. Dd4‡
1. ... ~ 2. Se3‡

446

9	5	8	2	11	6	7	1	10	3	4	12
12	11	6	1	5	3	10	4	7	9	8	2
7	10	4	3	8	2	12	9	1	5	6	11
11	3	5	8	2	1	6	7	9	4	12	10
10	9	12	7	3	8	4	5	6	2	11	1
4	2	1	6	9	10	11	12	3	8	7	5
3	1	11	4	6	12	2	8	5	10	9	7
8	6	2	9	4	7	5	10	12	11	1	3
5	12	7	10	1	11	9	3	8	6	2	4
1	8	9	5	12	4	3	2	11	7	10	6
6	4	10	12	7	5	8	11	2	1	3	9
2	7	3	11	10	9	1	6	4	12	5	8

447

146 + 190 = 336
\+   +   +
221 + 169 = 390

367 + 359 = 726

448

90
51 39
30 21 18
17 13 8 10
9 8 5 3 7
4 5 3 2 1 6

449

1. Lc2
1. ... g6 2. Lf6‡
1. ... Ld6 2. Dxg7‡
1. ... L ~ 2. D(x)c7‡
1. ... Td4 2. cxd4‡
1. ... Tc4 2. Sxc4‡
1. ... Txg4 2. Sxg4‡
1. ... T ~ 2. L(x)f4‡
1. ... Sb ~ 2. Txd5‡
1. ... Sg ~ 2. Txe4‡

450

1	8	3	4	13	7	11	11	4	3
10	13	14	11	12	4	5	2	9	14
10	5	17	8	5	10	15	4	14	12
17	9	13	5	17	9	2	13	8	13
12	13	9	9	7	5	6	8	5	3
10	11	11	11	16	6	14	16	4	6
6	4	6	16	2	12	17	15	7	18

451

Nach rechts unten: 1 NEST, 2 TIEFS, 3 TUNIS, 4 DUDEN, 5 ZARIN, 6 LOBEN, 7 MASER, 8 GIRO, 9 EI
Nach links unten: 2 TN, 3 TIER, 4 DUESE, 5 ZUNFT, 6 LADIS, 7 MORES, 8 GABIN, 9 EISEN, 10 IREN

452

3	7	5	2	9	8	6	1	4
4	6	7	9	2	5	8	3	1
8	4	2	1	5	3	9	6	7
9	3	4	8	1	7	5	2	6
7	5	3	6	4	1	2	9	8
6	1	8	5	3	9	7	4	2
2	8	9	7	6	4	1	5	3
5	2	1	4	8	6	3	7	9
1	9	6	3	7	2	4	8	5

453

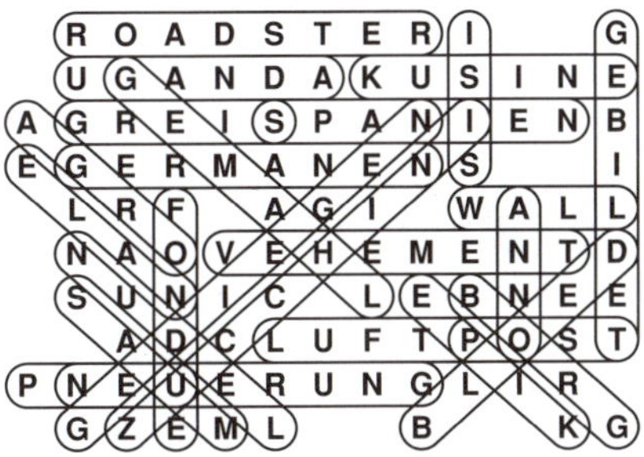

454

3	4	2	9	5	1	6	7	8
8	6	1	3	7	2	9	5	4
7	9	5	6	4	8	3	1	2
9	1	7	8	6	4	2	3	5
6	2	8	5	3	9	7	4	1
4	5	3	2	1	7	8	6	9
2	3	4	7	8	5	1	9	6
5	8	6	1	9	3	4	2	7
1	7	9	4	2	6	5	8	3

455

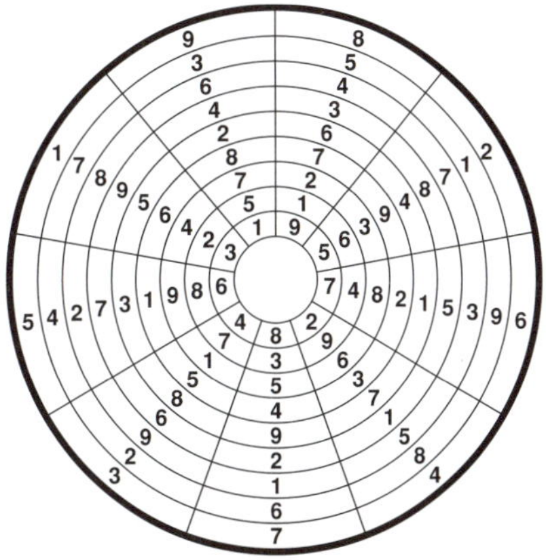

456

Die Schueler sollen nicht meinen, besser als der Lehrer zu sein

457

Vergessenkoennen ist das Geheimnis ewiger Jugend. Wir werden alt durch Erinnerung

458

147 + 254 = 401
\+ \+ \+
348 + 29 = 377

495 + 283 = 778

459

86

41 45

21 20 25

12 9 11 14

8 4 5 6 8

5 3 1 4 2 6

460

6	1		2	7		8	
	8	2	1	6	7	4	5
2	3	5	8		6		4
	4		7	3		1	
4		1	6		5	7	8
3	6		5	2	4		1
7		8	4		1	5	3
8	5	6		4	2	3	

461

H	E	C	H	T
H	A	C	H	E
H	A	D	E	S
H	E	X	E	N
H	A	G	E	R
H	A	N	O	I
H	E	L	L	E
H	E	U	E	R

462

9 + 8 x 6 + 4 x 9 + 5 : 7 = 137

463

819	−	204	=	615
+		−		+
138	+	107	=	245
957	−	97	=	860

464

				K	R	A	N	K	E	N	H	A	U	S				
				O										P				
		G	E	N	E	S	I	S		A	L	I	B	A	B	A		
		E		T				T		B				N		R		
A	U	S	H	A	N	G		U		F		R	E	G	R	E	S	S
R		A		K		R		P		L		E		E		O		I
T		E		T	R	A	N	S	F	U	S	I	O	N		P		T
I		S				U		E		S		N				A		T
K		S	T	O	S	S	E	N		S	E	E	G	A	N	G		S
E						I						K						A
L	E	S	S	I	N	G						E	I	N	B	A	U	M

465

1	7	9	6	3	5	4	2	8				7	5	4	6	9	1	8	3	2
6	4	5	2	8	7	1	3	9				1	8	2	7	5	3	6	4	9
3	2	8	1	4	9	5	7	6				3	9	6	8	2	4	7	1	5
8	9	7	5	1	2	3	6	4				5	1	3	2	6	7	9	8	4
5	3	6	8	7	4	2	9	1				6	4	8	9	1	5	3	2	7
2	1	4	3	9	6	8	5	7				9	2	7	3	4	8	1	5	6
7	5	3	4	6	8	9	1	2	6	7	8	4	3	5	1	7	6	2	9	8
4	6	1	9	2	3	7	8	5	9	4	3	2	6	1	5	8	9	4	7	3
9	8	2	7	5	1	6	4	3	2	1	5	8	7	9	4	3	2	5	6	1
						4	3	7	8	6	9	5	1	2						
						8	9	6	1	5	2	3	4	7						
						2	5	1	7	3	4	6	9	8						
4	3	2	6	8	1	5	7	9	4	2	6	1	8	3	7	6	9	4	5	2
7	8	6	3	5	9	1	2	4	3	8	7	9	5	6	2	4	1	7	8	3
5	1	9	4	2	7	3	6	8	5	9	1	7	2	4	8	5	3	9	6	1
1	4	3	7	9	2	6	8	5				3	1	8	4	9	6	2	7	5
6	9	5	8	4	3	7	1	2				6	7	5	1	3	2	8	9	4
2	7	8	5	1	6	4	9	3				2	4	9	5	8	7	1	3	6
8	6	7	2	3	4	9	5	1				5	3	1	9	7	4	6	2	8
9	2	4	1	7	5	8	3	6				8	9	2	6	1	5	3	4	7
3	5	1	9	6	8	2	4	7				4	6	7	3	2	8	5	1	9

466

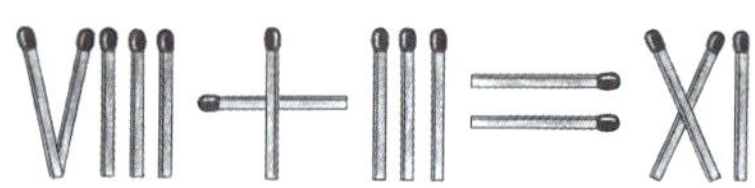

467

11	1	2	8	5	4	3	9	12	7	10	6
9	12	3	5	10	7	6	8	2	4	11	1
10	4	7	6	1	12	2	11	3	8	9	5
1	3	11	2	4	6	7	10	9	5	12	8
8	6	5	10	12	1	9	2	11	3	4	7
12	9	4	7	8	3	11	5	1	6	2	10
4	7	9	12	11	10	5	3	8	1	6	2
3	8	6	11	7	2	1	4	10	12	5	9
5	2	10	1	9	8	12	6	4	11	7	3
6	5	12	3	2	9	4	1	7	10	8	11
2	10	1	4	6	11	8	7	5	9	3	12
7	11	8	9	3	5	10	12	6	2	1	4

468

5	1	6	9	8	3	2	4	7
3	7	9	4	1	8	5	6	2
1	6	3	2	7	4	8	5	9
8	5	4	6	9	2	7	1	3
6	9	8	5	2	1	3	7	4
4	3	7	8	6	9	1	2	5
7	2	1	3	5	6	4	9	8
2	4	5	1	3	7	9	8	6
9	8	2	7	4	5	6	3	1

469

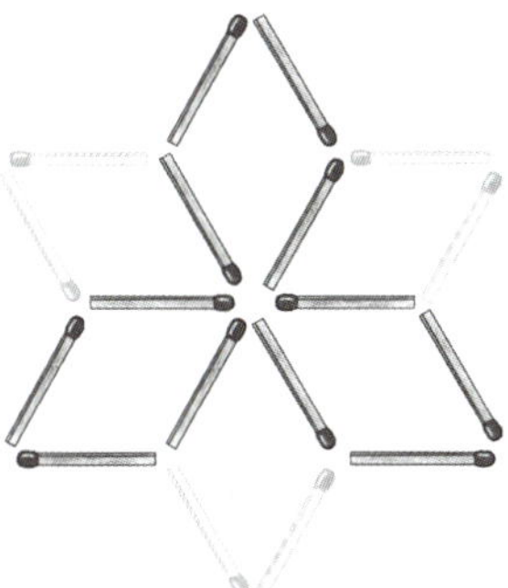

470

1. Sc2
1. ... Ke5 2. Dd4‡
1. ... Kc4 2. Se3‡
1. ... d6 2. Db5‡
1. ... e5 2. Se3‡

471

Auch die Heiterkeit und die Leichtigkeit gehoert zur Philosophie

472

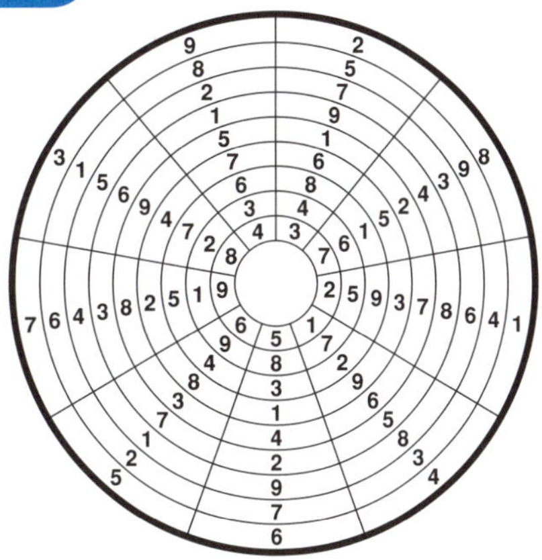

473

1	16	7	9	18	22	13	6	21	3
27	12	3	13	11	25	8	11	20	19
21	2	16	27	18	23	15	26	7	12
13	13	19	26	9	17	14	3	13	18
10	9	11	15	11	5	2	24	4	8
14	17	6	8	27	3	5	24	10	22
20	23	24	25	23	8	27	3	19	28

476

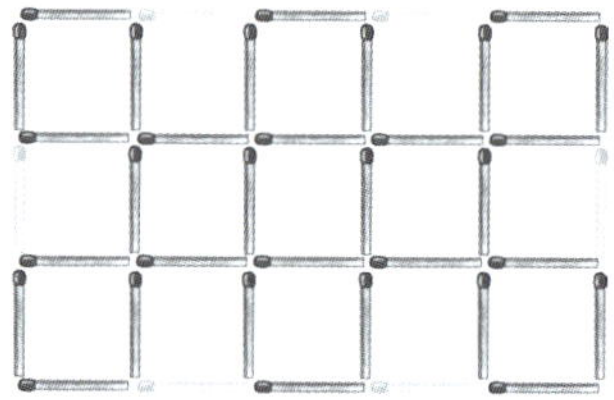

474

■	■	M	■	K	■	■	■	E	■	G	■	■
O	L	I	V	E	■	D	E	S	H	A	L	B
■	E	T	O	N	■	I	N	T	E	G	E	R
■	N	■	I	■	R	E	G	E	L	■	■	U
S	I	N	G	L	E	■	E	■	O	B	I	S
■	■	E	T	A	G	E	■	S	T	A	D	T
A	U	F	■	H	E	C	H	T	■	M	O	B
■	■	F	A	N	■	H	E	R	A	B	■	E
E	B	E	R	■	B	O	L	A	■	U	R	I
■	U	■	I	R	I	S	■	F	A	S	A	N
S	T	U	D	I	O	■	J	E	T	■	B	■
P	O	L	■	E	N	T	E	■	U	R	I	G
■	■	L	S	D	■	A	N	E	M	O	N	E
E	T	A	T	■	B	L	E	I	■	B	■	N
■	O	■	E	N	A	K	■	D	A	B	E	I
N	U	C	K	E	L	■	G	E	L	E	G	E
■	L	U	S	T	I	G	■	R	I	N	G	S

477

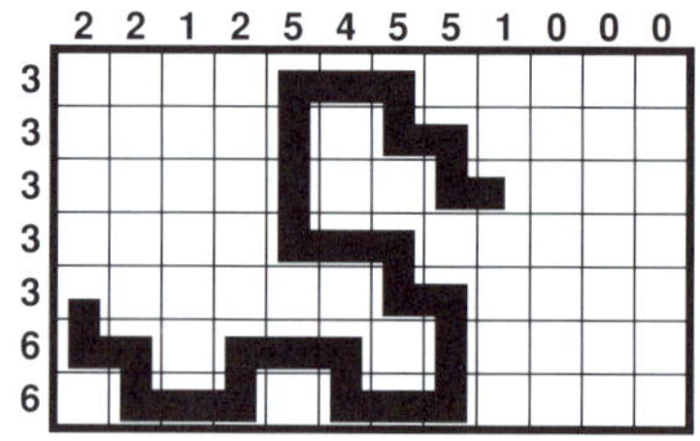

478

Was man nicht weiss, das eben brauchte man; und was man weiss, kann man nicht gebrauchen

475

6	9	7	4	8	10	11	1	3	12	2	5
11	8	3	1	12	2	9	5	7	10	4	6
5	12	10	2	7	4	3	6	9	1	8	11
8	3	11	7	5	9	4	2	10	6	1	12
12	5	2	10	6	3	1	11	8	4	9	7
1	4	6	9	10	12	8	7	5	11	3	2
7	2	1	6	9	5	12	3	4	8	11	10
9	10	5	12	11	8	2	4	1	7	6	3
3	11	4	8	1	7	6	10	2	5	12	9
2	7	12	11	3	1	10	8	6	9	5	4
10	1	9	3	4	6	5	12	11	2	7	8
4	6	8	5	2	11	7	9	12	3	10	1

479

3	■	6	7	■	8	5	2
4	2	5	■	1	6	8	■
■	5	■	6	8	■	4	7
7	1	2	4	■	3	6	■
1	8	■	5	4	2	■	3
5	■	1	8	■	7	3	4
■	4	8	■	5	1	7	6
6	7	■	2	3	■	1	■

480

1	4	7	8	9	2	6	5	3
8	5	2	4	3	6	1	9	7
3	6	9	1	7	5	2	4	8
7	2	4	9	6	3	5	8	1
5	1	8	7	2	4	9	3	6
6	9	3	5	1	8	4	7	2
4	3	1	2	5	7	8	6	9
2	8	6	3	4	9	7	1	5
9	7	5	6	8	1	3	2	4

481

482

5 + 86 = 91
+ + +
90 + 64 = 154

95 + 150 = 245

483

FEHLEN, REMUS, IMMEN,
KIOTO, AESOP, DIENER,
EISEN, LUDER, LASCH, ETUIS
= FRIKADELLE

484

7 + 7 x 8 – 6 – 4 : 3 + 2 = 36

485

1. Db4
1. ... Kf5 2. De4‡
1. ... Kd5/d6 2. Dxc5‡
1. ... f5 2. Dd4‡
1. ... d6 2. De4‡
1. ... d5 2. Df4‡

486

633 – 435 = 198
+ + +
348 – 211 = 137

981 – 646 = 335

487

85
50 35
31 19 16
19 12 7 9
11 8 4 3 6
6 5 3 1 2 4

488

4	6	10	3	12	11	2	1	9	7	8	5
9	11	7	1	4	8	10	5	6	2	3	12
5	2	12	8	6	7	3	9	10	1	11	4
2	10	1	7	9	4	12	8	3	11	5	6
3	5	8	6	1	2	7	11	12	10	4	9
11	4	9	12	3	10	5	6	7	8	2	1
6	9	4	11	10	5	1	2	8	3	12	7
12	7	5	10	8	3	11	4	1	9	6	2
8	1	3	2	7	9	6	12	5	4	10	11
1	8	2	5	11	6	9	10	4	12	7	3
10	3	11	9	5	12	4	7	2	6	1	8
7	12	6	4	2	1	8	3	11	5	9	10

489

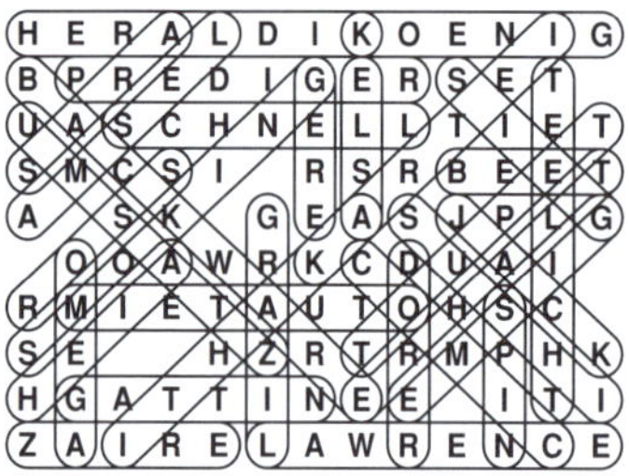

490

4	8	10	2	9	3	5	11	12	6	1	7
9	12	5	1	7	8	6	4	11	10	3	2
7	3	11	6	1	10	12	2	8	9	5	4
11	5	8	10	12	6	4	1	9	2	7	3
2	7	6	9	11	5	10	3	1	8	4	12
1	4	3	12	2	7	9	8	10	11	6	5
3	6	7	4	10	2	1	9	5	12	11	8
5	1	2	11	8	12	3	7	6	4	10	9
10	9	12	8	6	4	11	5	3	7	2	1
12	10	9	7	3	1	2	6	4	5	8	11
8	11	1	5	4	9	7	10	2	3	12	6
6	2	4	3	5	11	8	12	7	1	9	10

491

Z	E	Z	L	Q	X	J	X	E	R	B	E	N	F
S	A	H	A	R	R	W	G	T	K	N	F	J	O
Q	F	O	N	V	V	E	R	S	W	J	Y	F	Z
F	A	C	S	W	M	V	R	P	G	L	X	I	R
I	C	H	L	H	D	U	A	O	E	X	H	E	B
S	M	V	A	G	A	M	N	F	C	M	B	M	M
R	H	E	R	E	B	F	E	S	M	O	G	X	W
E	K	A	L	K	X	W	B	R	W	U	P	A	S
W	B	E	X	Y	T	F	U	E	O	M	F	S	T
I	A	S	S	T	A	U	F	S	M	L	K	B	X

Wer sich verlaesst aufs erben, mag als Narr versterben

492

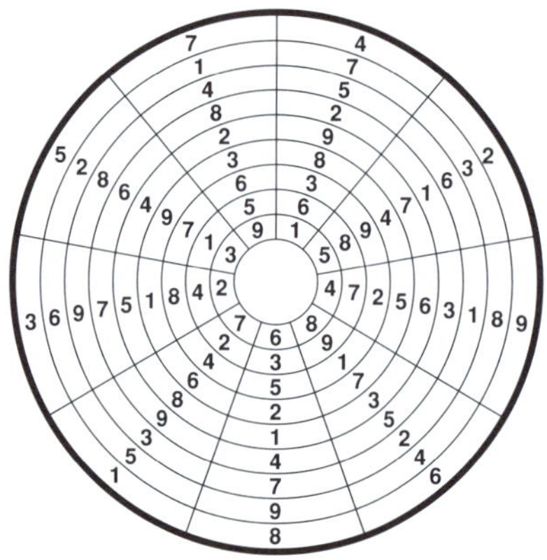

493

Versuchungen bekaempft man am besten mit Geldmangel und Rheumatismus

494

Nach rechts unten: 1 ZINN, 2 JENES, 3 LOGIK, 4 RANKE, 5 LAERM, 6 SUCHE, 7 BASIS, 8 SEAL, 9 QM
Nach links unten: 2 JZ, 3 LEIB, 4 RONNI, 5 LAGEN, 6 SANIS, 7 BUEKK, 8 SACRE, 9 QESHM, 10 MAIE

495

1	18	19	6	17	4	25	27	31	9
8	26	20	10	34	31	22	34	24	35
5	33	30	32	33	12	7	17	2	23
4	30	14	35	29	21	13	28	14	16
22	12	25	27	9	16	11	24	15	10
13	13	11	17	27	21	12	23	3	19
19	10	18	31	8	29	2	2	5	36

496

497

3	7	2	5	4	6	1	9	8				6	3	8	2	1	4	9	7	5
1	9	5	3	7	8	6	2	4				2	1	7	5	8	9	4	6	3
4	6	8	1	2	9	5	7	3				9	4	5	7	3	6	1	2	8
2	1	7	8	5	4	9	3	6				1	6	2	3	5	8	7	9	4
6	8	3	9	1	7	4	5	2				8	9	4	6	7	1	3	5	2
5	4	9	6	3	2	7	8	1				7	5	3	9	4	2	6	8	1
8	3	4	7	6	5	2	1	9	3	5	7	4	8	6	1	2	7	5	3	9
9	5	6	2	8	1	3	4	7	6	1	8	5	2	9	4	6	3	8	1	7
7	2	1	4	9	3	8	6	5	9	4	2	3	7	1	8	9	5	2	4	6
						1	2	4	7	3	9	6	5	8						
						9	3	6	1	8	5	7	4	2						
						7	5	8	4	2	6	1	9	3						
3	6	8	9	5	2	4	7	1	8	9	3	2	6	5	1	4	8	7	9	3
7	5	9	3	1	4	6	8	2	5	7	1	9	3	4	5	2	7	8	1	6
2	4	1	6	7	8	5	9	3	2	6	4	8	1	7	3	9	6	5	4	2
4	8	5	2	3	9	1	6	7				4	2	8	7	1	5	6	3	9
6	9	3	7	4	1	2	5	8				1	5	6	8	3	9	4	2	7
1	2	7	5	8	6	9	3	4				3	7	9	4	6	2	1	8	5
9	1	4	8	6	3	7	2	5				5	4	1	2	7	3	9	6	8
5	3	6	4	2	7	8	1	9				7	9	2	6	8	1	3	5	4
8	7	2	1	9	5	3	4	6				6	8	3	9	5	4	2	7	1

498

2	5	11	6	4	10	7	8	12	9	1	3
7	9	3	4	11	6	1	12	2	5	8	10
10	12	1	8	2	5	9	3	11	4	6	7
3	7	5	10	1	2	11	9	8	12	4	6
1	11	2	12	7	8	6	4	10	3	5	9
4	8	6	9	3	12	10	5	7	2	11	1
9	1	8	7	6	11	5	2	3	10	12	4
5	6	10	11	12	3	4	7	1	8	9	2
12	3	4	2	10	9	8	1	5	6	7	11
8	4	7	3	9	1	12	10	6	11	2	5
6	2	9	5	8	7	3	11	4	1	10	12
11	10	12	1	5	4	2	6	9	7	3	8

499

$1 + 7 \times 4 - 6 + 2 + 5 : 3 = 11$

500

K	U	H	L	E
K	O	N	G	O
K	R	U	M	M
K	A	P	E	R
K	N	A	C	K
K	R	I	P	O
K	O	G	G	E
K	A	R	M	A

501

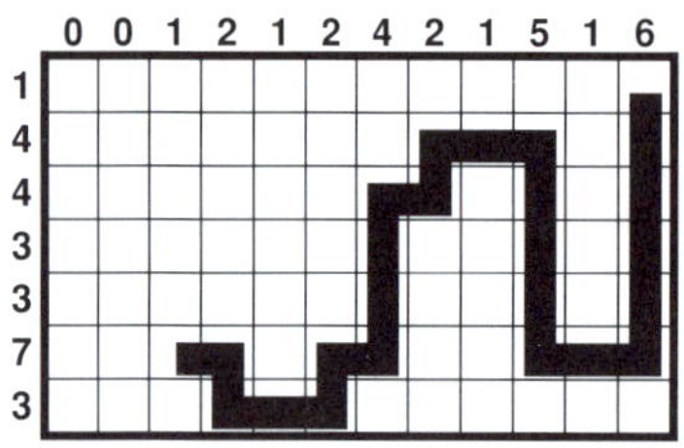

502

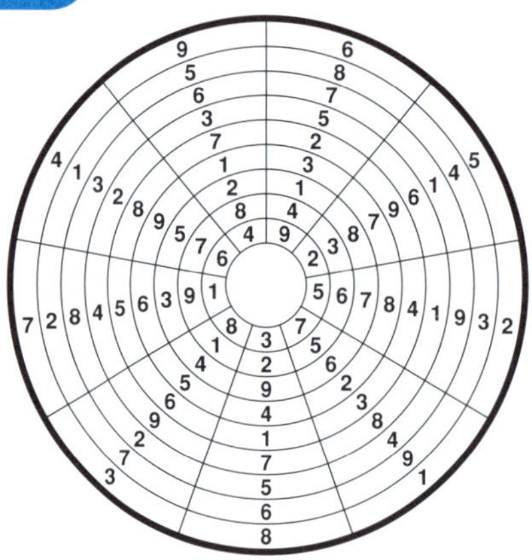

503

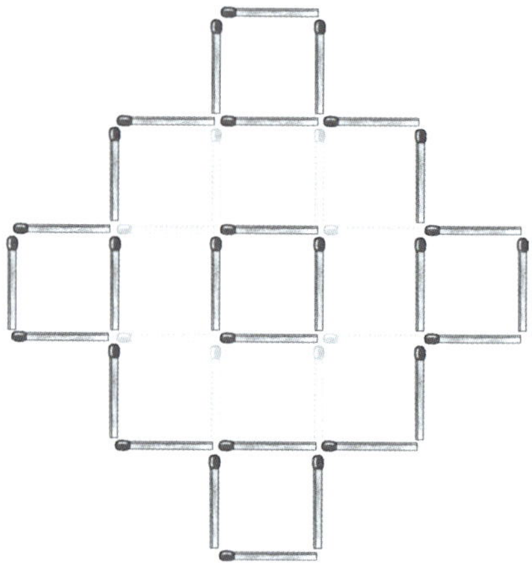

504

1. Db2
1. ... Kc4 2. Sb6‡
1. ... Kc6 2. Db7/g2‡
1. ... c4 2. Ld7‡
1. ... cxd4 2. Db5‡

SO GEHT'S

Rätsel-
anleitungen

3 in 1 Rätsel

Bei diesem Rätsel geht es darum, aus drei Begriffen das Lösungswort herauszufinden. Dabei erklärt der erste Begriff das gesamte Wort, der zweite und dritte Begriff Teile des Wortes, die an erster bzw. zweiter Position einsetzbar sind.

Nr. 46, Nr. 65, Nr. 95, Nr. 114, Nr. 137, Nr. 160

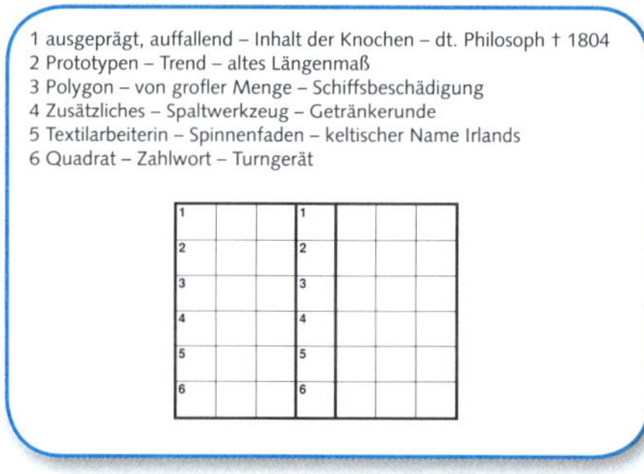

Am Faden

Finden Sie den Anfangsbuchstaben, dann ergibt sich ein Sprichwort aus den restlichen Buchstaben.

Nr. 174, Nr. 194, Nr. 209, Nr. 223, Nr. 247, Nr. 265, Nr. 276, Nr. 293, Nr. 310, Nr. 320

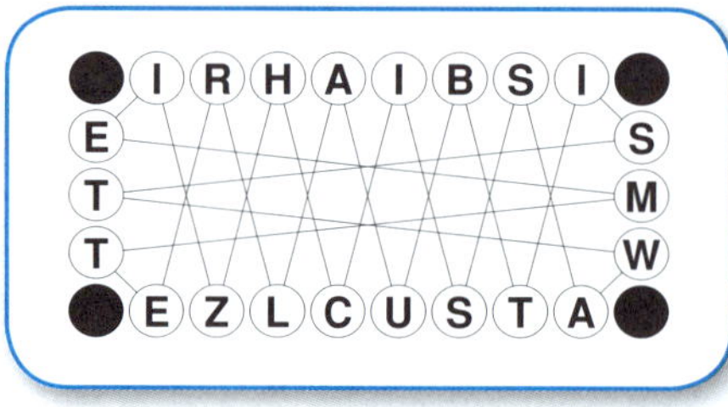

Atomium

Dieser Aufgabentyp beschäftigt sich mit der Addition von Zahlen. Die neun Zahlen müssen so in das Dreieck eingesetzt werden, dass die Summe aller Zahlen einer Seite das jeweils an den Eckpunkten angegebene Ergebnis aufweist.

Nr. 1, Nr. 32, Nr. 62, Nr. 84, Nr. 128, Nr. 152, Nr. 178, Nr. 208, Nr. 227, Nr. 267, Nr. 298, Nr. 325

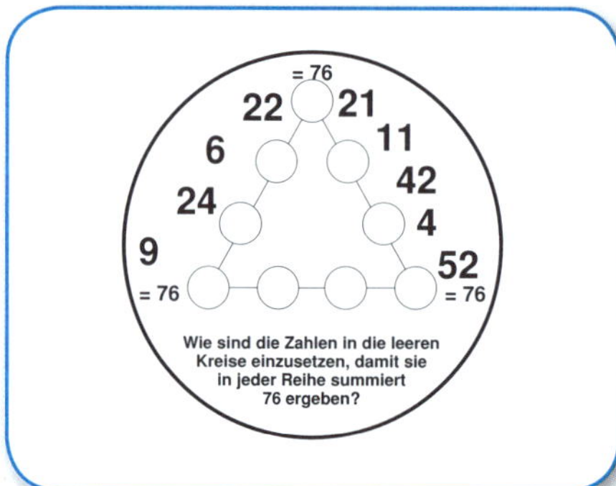

Bilderrrad (Picture Wheel)

Tragen Sie die Anfangsbuchstaben der abgebildeten Gegenstände im Uhrzeigersinn in die Kästen, dann erhalten Sie das Lösungswort.

Nr. 16, Nr. 38, Nr. 48, Nr. 71, Nr. 94, Nr. 123, Nr. 163

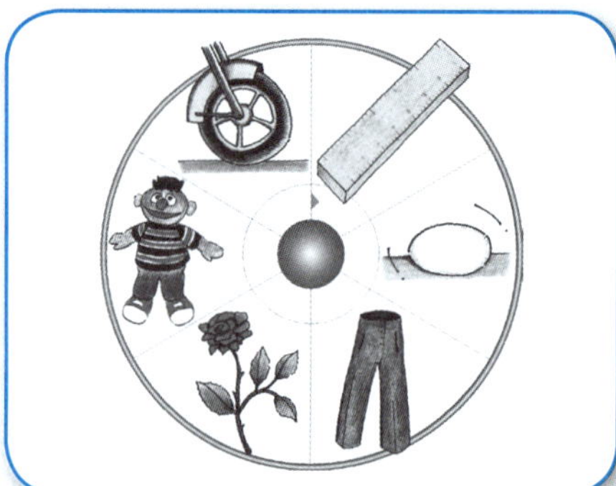

Bildersalat

Beim Bildersalat müssen die aufgelisteten Gegenstände in der Grafik gefunden werden, wobei diese von rechts nach links oder links nach rechts, von oben nach unten oder unten nach oben sowie diagonal verlaufen können.
Nr. 67, Nr. 148

Blindfeldsuche

Aus den in den Trennfeldern stehenden Buchstaben ergibt sich, zeilenweise von oben nach unten gelesen, ein Satz. Nr. 170, Nr. 200, Nr. 218, Nr. 232, Nr. 243, Nr. 255, Nr. 266, Nr. 283, Nr. 299

Buchstabenschieben

Beim Buchstabenschieben muss man die Buchstaben einzeln aus den Kästchen nehmen und in die rechte Grafik einsetzen. Nach Verteilung aller Buchstaben ergeben sich in der rechten Grafik sinnvolle Begriffe, die alle denselben Anfangsbuchstaben besitzen.
Nr. 337, Nr. 358, Nr. 366, Nr. 386, Nr. 409, Nr. 422, Nr. 435, Nr. 461, Nr. 500

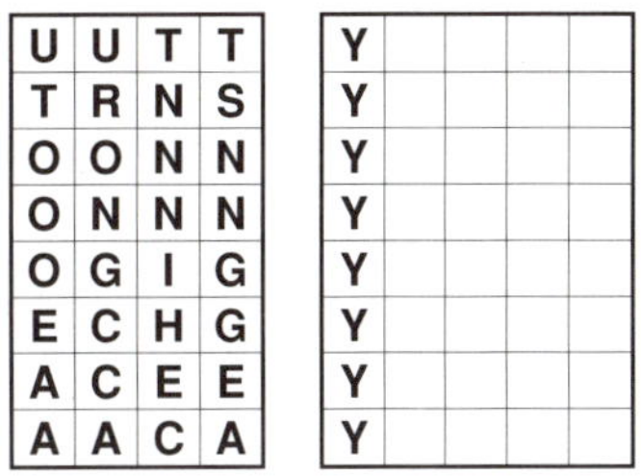

Business

Stellen Sie die Buchstaben so um, dass sich ein sinnvolles Wort aus dem Bereich „Berufe" ergibt.
Nr. 177, Nr. 205, Nr. 235, Nr. 285, Nr. 292, Nr. 303, Nr. 317, Nr. 330

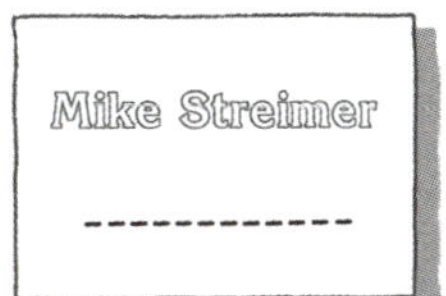

Cube

Dieses Rätsel bietet optische Abwechslung. Sie benötigen vor allem Konzentrationsfähigkeit. Wie viele Würfel werden insgesamt dargestellt?
Nr. 22, Nr. 47, Nr. 63, Nr. 87, Nr. 113, Nr. 131, Nr. 154

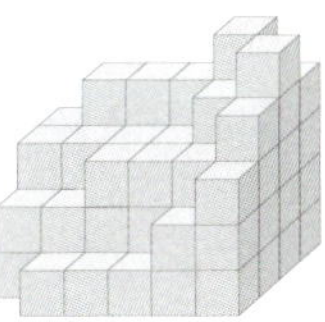

SO GEHT'S

Darträtsel

Wie wäre es, Darts einmal mit Wörtern zu spielen? Die Lösungen sind im nächsten Rätsel, beginnend bei den Zahlen, von außen nach innen in die Grafik einzutragen. Alle Wörter enden hierbei mit dem gleichen Buchstaben. Nr. 180, Nr. 195, Nr. 215, Nr. 224, Nr. 240, Nr. 263, Nr. 274, Nr. 294, Nr. 313

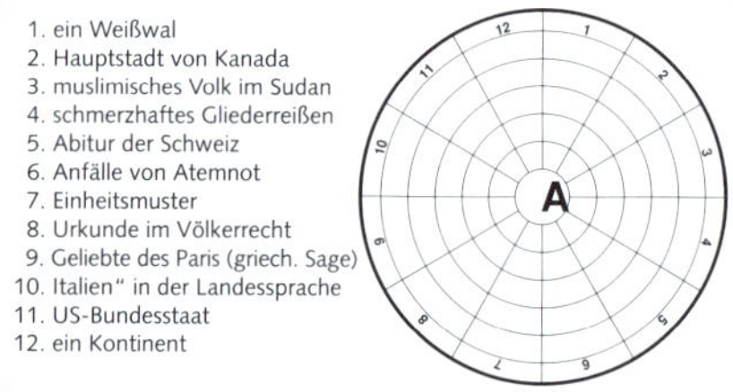

Drudel

Ein Drudel ist eine gezeichnete Scherzfrage. Was zeigen die jeweiligen Drudel? Um die Ecke denken ist erwünscht!

Nr. 3, Nr. 31, Nr. 109, Nr. 132, Nr. 156

Einer zu viel

Sie finden in jedem Feld zwei Buchstaben. Einer davon ist falsch und kann nicht für das Wort verwendet werden. Jetzt heißt es: Der richtige Buchstabe muss gefunden, der falsche gestrichen werden. Auf diese Weise ergibt sich ein sinnvolles Kreuzworträtsel. Nr. 21, Nr. 43, Nr. 64, Nr. 81, Nr. 100, Nr. 134, Nr. 157

Endstück

Bei diesem Rätsel müssen vier Zahlen jeweils ein einziges Mal in jeder Spalte und jeder Zeile eingetragen werden. Die Zahlen am Rand geben dafür eine Hilfestellung. Steht die Zahl über einer Spalte bzw. links von einer Zeile, kann die Zahl entweder im ersten oder zweiten Kästchen eingetragen werden. Steht die Zahl unter einer Spalte bzw. rechts von einer Zeile, kann sie nur im vierten oder fünften Kästchen ihren Platz finden.

Nr. 212, Nr. 244, Nr. 282, Nr. 301, Nr. 321

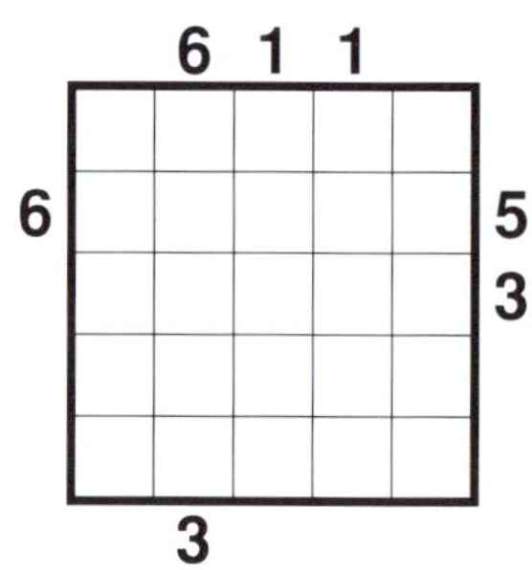

Ensaimada

Das Ensaimada ist ein rundes Sudoku. Die Regeln unterscheiden sich nicht von der klassischen Variante: Die Zahlen von 1 bis 9 dürfen in jedem Kreis und jedem Abschnitt nur ein Mal vorkommen.

Nr. 13, Nr. 34, Nr. 53, Nr. 80, Nr. 97, Nr. 116, Nr. 139, Nr. 172, Nr. 191, Nr. 222, Nr. 242, Nr. 256, Nr. 279, Nr. 306, Nr. 327, Nr. 361, Nr. 383, Nr. 417, Nr. 455, Nr, 472, Nr. 492, Nr. 502

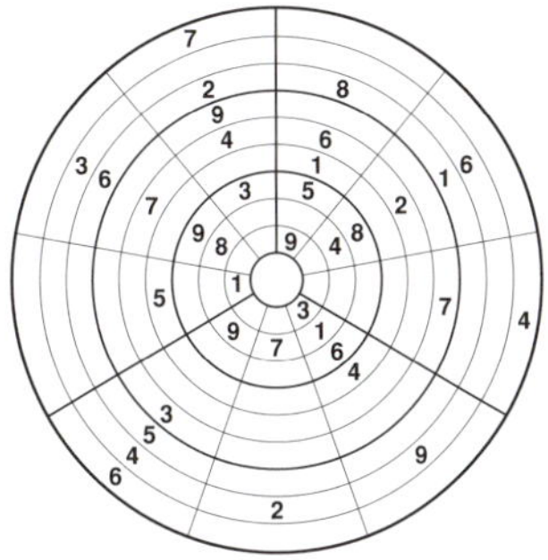

Fächerrätsel

Besonders schön anzusehen sind die Fächerrätsel. Hier müssen Sie die gesuchten Begriffe unter der entsprechenden Zahl von außen nach innen in die Grafik eintragen.

Nr. 19, Nr. 69, Nr. 99, Nr. 125, Nr. 141

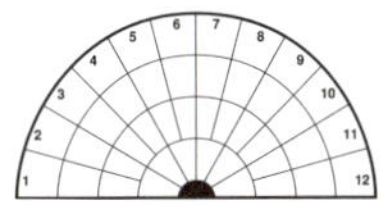

1. Pastenbehälter
2. Weichnadelbaum
3. diplomatisches Schriftstück
4. nicht weit entfernt
5. russischer Zarenname
6. Berghüttenwirt
7. Mostrich
8. Vorgesetzter
9. Besitz, Eigentum
10. Froschlurch
11. Echo in großen Räumen
12. hochwertig, kostbar

Flickwerk

Bei diesem Rätsel müssen die Begriffe so in das Rätsel eingesetzt werden, dass sich ein berühmtes Zitat oder Sprichwort ergibt. Aber Achtung: Ein Zeilenende bedeutet hier nicht unbedingt, dass an dieser Stelle auch ein Wort zu Ende ist.

Nr. 362, Nr. 371, Nr. 384, Nr. 406, Nr. 416, Nr. 456, Nr. 471, Nr. 493

Die folgenden W'rter sind so in die Grafik einzusetzen, dass ein französisches Sprichwort entsteht.

Boese das das den die Dreistigkeit Gute haben hat muss Mut Wenn

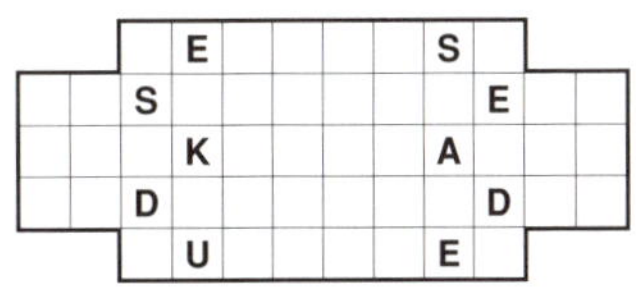

Größer oder kleiner

In dieser Grafik müssen die Zahlen von 1 bis 6 untergebracht werden. Dabei ist darauf zu achten, dass keine falsche Aussage entsteht, die Relationen – größer (>), kleiner (<) und gleich (=) – müsssen also eingehalten werden.

Nr. 29, Nr. 68, Nr. 96, Nr. 130, Nr. 147

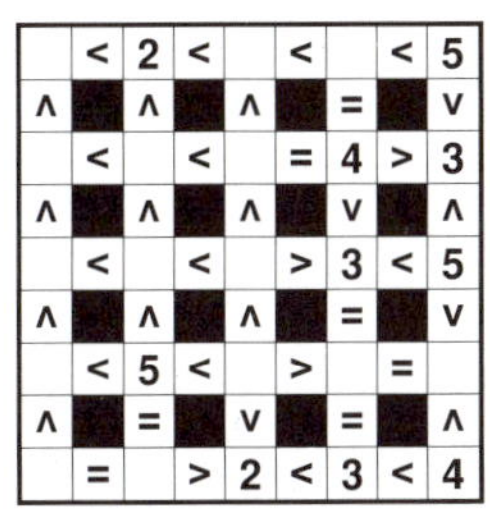

Hitori

Eines der wenigen Japan-Rätsel, die wirklich aus Japan stammen, ist das Hitori. Ähnlich wie beim Sudoku müssen in jeder Spalte und Zeile die Zahlen von 1 bis 8 ein Mal vorkommen. Dazu sind einige Felder zu schwärzen, wobei sich diese Schwarzfelder weder waagerecht noch senkrecht berühren dürfen. Am Ende dürfen Bereiche mit Zahlen auch nicht vom Rest abgeschnitten sein.

Nr. 341, Nr. 387, Nr. 425, Nr. 460, Nr. 479

8	8	8	7	4	3	5	2
5	3	4	1	1	1	7	2
6	6	6	8	7	5	1	2
1	2	5	4	7	6	6	3
2	4	2	6	7	8	3	5
3	5	7	5	8	4	2	1
4	5	3	3	3	2	8	8
7	5	1	2	6	4	8	8

Kammrätsel

Die gesuchten Begriffe werden in die Zähne des Kammes eingesetzt. Dann ergibt sich das Lösungswort im Kammrücken.

Nr. 24, Nr. 36, Nr. 49, Nr. 77, Nr. 101, Nr. 133, Nr. 164

1. Süßwasserraubfisch,
2. Wolfsschar,
3. freier Überschlag,
4. ugs.: Sachen, Dinge,
5. Heiligenbild der Ostkirche

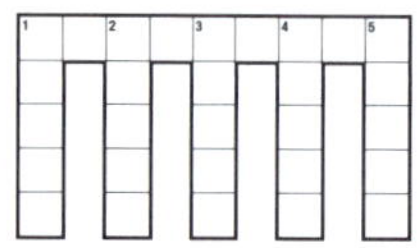

Kollapsrätsel

Zwei Grafiken befinden sich im sogenannten Kollapsrätsel. In der oberen Grafik, die eigentlich ein Kreuzworträtsel darstellt, sind alle schwarzen Felder entfernt worden. Dadurch sind alle Wörter nach unten gerutscht. Nun müssen in der unteren Grafik die schwarzen Felder wieder so platziert werden, dass sich ein passendes Rätsel ergibt.

Nr. 20, Nr. 105

Kreiskette

Bei der Kreiskette müssen Sie die umschriebenen Begriffe finden und – über der entsprechenden Zahl beginnend – im Uhrzeigersinn in die Grafik eintragen.

Nr. 52, Nr. 61, Nr. 76, Nr. 90, Nr. 103, Nr. 136

1. Biergrundstoff,
2. Klettertier auf Madagaskar,
3. menschlicher Laut,
4. Einsiedler,
5. analytischer Mensch, Grübler

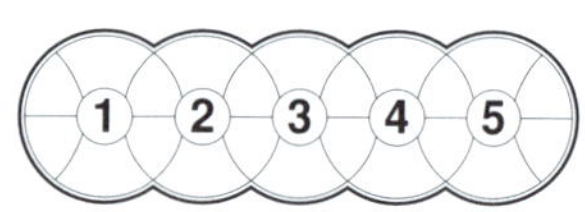

Labyrinth

Finden Sie den richtigen Weg ins Ziel.
Nr. 11, Nr. 37, Nr. 58, Nr. 82, Nr. 106, Nr. 140

Mamo

Legen Sie die Streichhölzer so um, dass eine neue geometrische Form entsteht.
Nr. 375, Nr. 412, Nr. 469, Nr. 476, Nr. 503

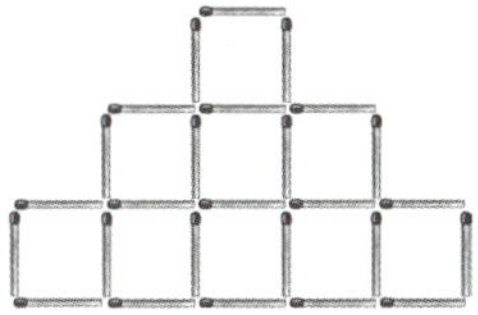

Missing Link

In diesem Rätsel fehlen einzelne Buchstaben. Setzen Sie die Buchstaben aus der Liste so ein, dass sinnvolle Wörter entstehen und das Kreuzworträtsel vervollständigt wird.
Nr. 14, Nr. 40, Nr. 70, Nr. 89, Nr. 117, Nr. 143, Nr. 159

Mittelwort

Es werden Wörter gesucht, die man sowohl den Begriffen in der linken als auch in der rechten Spalte anfügen kann, sodass aus diesen Kombinationen neue Begriffe entstehen. Die Anfangsbuchstaben der Mittelwörter ergeben die Schlusslösung.
Nr. 168, Nr. 199, Nr. 228, Nr. 269, Nr. 314

VIEL		ATHLET
OBST		MOND
KORALLEN		GRUPPE
FAST		CREME
NIEDRIG		LINSE
FEIER		STERN
DAUMEN		PROBE
OBER		WEISS

Nur Einer

In allen Kästchen befinden sich die gleichen Buchstaben jeweils neu verteilt. Nur in einem Kästchen ist ein Buchstabe nicht enthalten. Finden Sie den fehlenden Buchstaben.
Nr. 7, Nr. 26, Nr. 59, Nr. 91, Nr. 121, Nr. 150

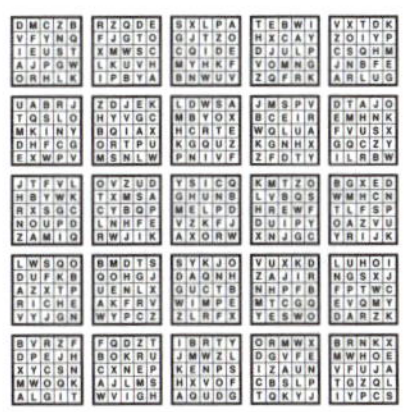

Rätselgleichung

Finden Sie die Begriffe hinter der Beschreibung und lösen Sie die Gleichung. Dabei werden die Buchstaben der einzelnen Begriffe voneinander abgezogen und die übrig bleibenden ergeben das Lösungswort.

Nr. 173, Nr. 214, Nr. 241, Nr. 280, Nr. 287

$$(a - b) + (c - d) + (e - f) + (g - h) = x$$

a = Glücksempfinden, b = Ansprache,
c = sportlicher Wettkämpfer, d = Schriftsetzerwerkzeug,
e = medizinisch-techn. Beruf, f = Lehre vom Licht,
g = Sumpffieber, h = Vorname der Schell,
x = die Schlusslösung

Rätselwurm

Kein wirkliches Kreuzworträtsel, aber doch mit den Kreuzworträtseln verwandt, ist der Rätselwurm. Tragen Sie die gesuchten Begriffe in diesem Rätsel nach rechts unten bzw. nach links unten in die Kästchen ein.

Nr. 346, Nr. 369, Nr. 399, Nr. 411, Nr. 426, Nr. 451, Nr. 494

Nach rechts unten: 1. besitzanzeigendes F‚rwort, 2. Ackergrund, 3. Schlitten, 4. gepflegte Grünflöche, 5. Tuch herstellen, 6. Mönch mit Priesterweihen, 7. Kautschukmilch, 8. Kniff, Trick, 9. magische Silbe der Brahmanen

Nach links unten: 22. Abk.: Bund, 3. niederl. Name der Rur, 4. Schöpfer d. Plastik „Der Denker" †, 5. Beinmuskeln, 6. ugs.: eilen, rennen, 7. Klebemarke, 8. Fakten, 9. die Position ermitteln, 10. Ozean

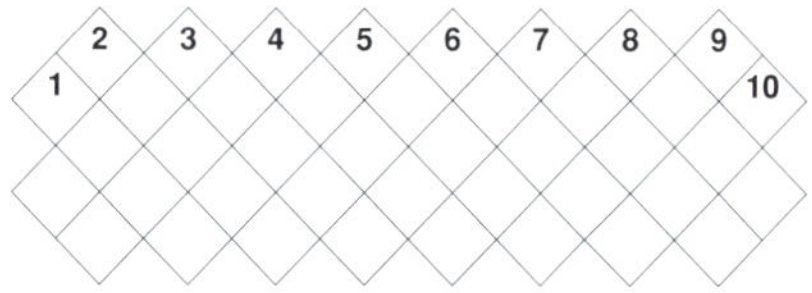

Rebus

Erraten Sie hier aus den Bildern den gesuchten Begriff oder Satz. Hin und wieder müssen Buchstaben gestrichen oder ersetzt werden.

Nr. 175, Nr. 193, Nr. 225, Nr. 237, Nr. 251, Nr. 264, Nr. 275, Nr. 296, Nr. 305, Nr. 326

Rechenproblem

Tragen Sie die fehlenden Zahlen in die leeren Kästchen ein und sorgen Sie dafür, dass die Rechnungen auch stimmen.

Nr. 167, Nr. 187, Nr. 204, Nr. 213, Nr. 221, Nr. 234, Nr. 253, Nr. 268, Nr. 281, Nr. 291, Nr. 304, Nr. 322

		3	+		8	0	=		2	3
	+				+				+	
2		1	+	2		9	=		9	0
	4	4	+	5		9	=	8	1	

Rechenquadrat

In das Rechenquadrat müssen Zahlen zwischen 1 und 9 so eingesetzt werden, dass die Gleichungen stimmen. Hier wird übrigens grundsätzlich von links nach rechts bzw. von oben nach unten gerechnet. Die Regel „Punktrechnung vor Strichrechnung", wie Sie sie aus der Schule kennen, gilt also in diesem Quadrat nicht.

Nr. 181, Nr. 196, Nr. 236, Nr. 249, Nr. 261, Nr. 278, Nr. 295, Nr. 307, Nr. 318

Reduktion

Suchen Sie die fehlenden Vokale (a, e, i, o, u) der Buchstaben in den Kästchen, sodass ein sinnvoller Begriff entsteht. Die Lösung wird dann in die angegebenen leeren Kästchen geschrieben.

Nr. 347, Nr. 391, Nr. 430, Nr. 474

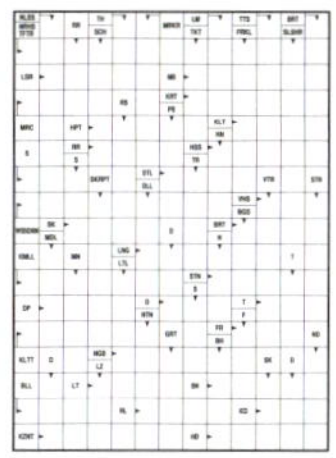

Rotationsrätsel

Beim Rotationsrätsel müssen aus Buchstaben sinnvolle Wörter erstellt werden. Hier sind jeweils vier Buchstaben in einem Kreis angeordnet. Durch geeignetes Drehen der Kreise erhält man in der oberen und unteren Zeile die Lösungswörter.

Nr. 27, Nr. 50, Nr. 60, Nr. 86, Nr. 92, Nr. 107, Nr. 149

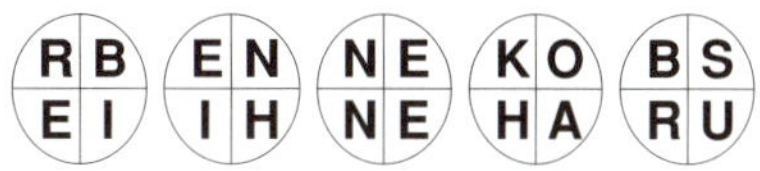

Samurai

Beim Samurai handelt es sich um ein Sudoku, das aus fünf miteinander verbundenen Einzelsudokus besteht. Die Regel, wonach die Ziffern 1 bis 9 nur ein Mal in einer Spalte bzw. Zeile auftreten dürfen, erstreckt sich beim Samurai nur auf den jeweiligen Block.

Nr. 338, Nr. 364, Nr. 398, Nr. 443, Nr. 465, Nr. 497

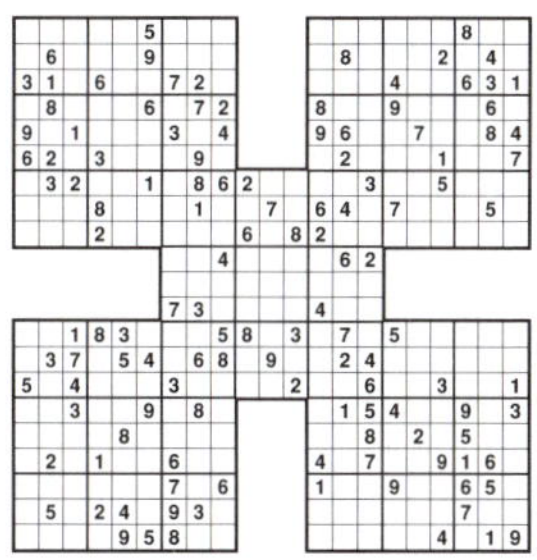

Schach

Lösen Sie mehr oder weniger komplizierte Schachprobleme. Je nachdem, wie schwierig die Angelegenheit werden soll, können Sie versuchen, die Probleme mit oder ohne die Hilfe eines Schachbretts zu lösen. Profis arbeiten natürlich ohne Brett und Figuren!
Nr. 351, Nr. 367, Nr. 404, Nr. 419, Nr. 445, Nr. 449, Nr. 470, Nr. 485, Nr. 504

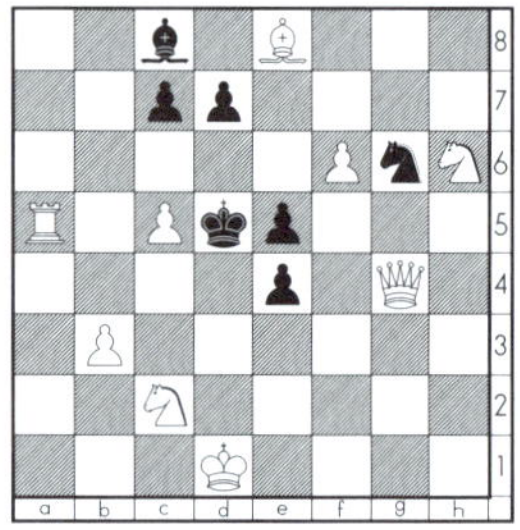

Schüttelrätsel

Stellen Sie die Buchstaben der einzelnen Wörter so um, dass neue, sinnvolle Begriffe entstehen. Die Anfangsbuchstaben ergeben die Schlusslösung.
Nr. 344, Nr. 348, Nr. 360, Nr. 379, Nr. 381, Nr. 401, Nr. 431, Nr. 444, Nr. 483

Stark – Natur – Pesen – Ruhen – Leiden – Altai – Regie – Tuner – Rennen – Stege

Schwedenrätsel

Der absolute Klassiker unter den Rätseln ist unbestritten das Kreuzworträtsel. Kannten unsere Väter und Großväter noch verhältnismäßig wenige Varianten dieses Rätsels, können Sie sich mittlerweile mit einer Vielzahl verschiedener Kreuzworträtselarten auseinandersetzen. Die Schwedenrätsel zählen hierbei zu den bekanntesten. Nr. 185, Nr. 219, Nr. 252, Nr. 288, Nr. 323

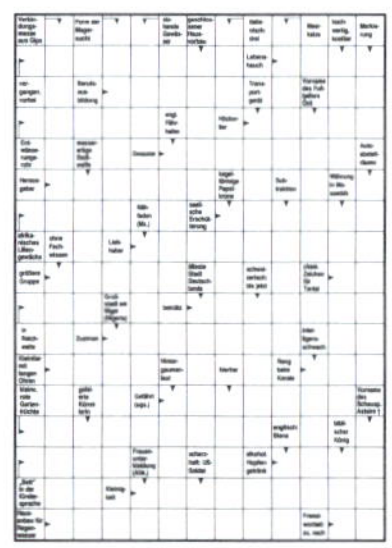

Selfmade-Salat

Eine ganz besondere Variante des Buchstabensalats ist der sogenannte Selfmade-Salat. Hier geht es nicht nur darum, einen Buchstabensalat nach bestimmten Wörtern zu durchforsten, bei diesem Rätsel müssen Sie den Salat „selbst anrichten". Als kleine Hilfe sind bereits einige Buchstaben vorgegeben. Diese Startbuchstaben sind jedoch nicht zufällig platziert, sondern werden mehrfach verwendet. Nr. 333, Nr. 356, Nr. 377, Nr. 392, Nr. 418, Nr. 453, Nr. 489

ABSEGNEN
ANBAHNEN
ANDY
CABS
CLAN
DADA
DIAGNOSE
DROPS
EBENE
EINWAND
FEIND
GELB
GOENNEN
GRAUGELB
KINN
KNESSET
LAND
LEBEN
LETTLAND
MAGD
MIKRO
NEBEN
PFAND
REGAL
SCHAEFER
STEHLEN
STELE
STRENG
TOKIO
URNE
VENE
WEDA

Silbenband

Bilden Sie aus den einzelnen Silben die Bedeutung der umschriebenen Begriffe. Dazu steht jeweils eine Silbe in einem Kästchen. Die nicht aufgeführten Mittelsilben ergeben das Lösungswort.
Nr. 9, Nr. 30, Nr. 72, Nr. 120, Nr. 155

AR - DE - DE - DU - KA - KAS - MOND - NETT - OS - PE - TRANZ - WON

1. Bogen auf zwei Pfeilern,
2. stufenförmiger Wasserfall,
3. Regierungsmannschaft,
4. merkwürdig, verdächtig,
5. alter Name des Mai,
6. Aufdringlichkeit

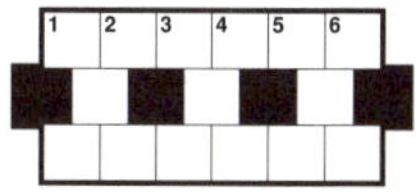

Silbengewirr

Aus den folgenden Silben sind 20 Wörter mit den aufgeführten Bedeutungen zu bilden und anschließend an die passende Stelle im Rätselgitter zu setzen.
Nr. 342, Nr. 372, Nr. 382, Nr. 405, Nr. 433, Nr. 464, Nr. 481

Sumpf-, Ackervogel –
ein Monatsname –
still, ohne Geräusch –
Zahl über dem Bruchstrich –
Wissensdurst –
ältestes historisches Volk –
angerichtete Speisen –
Angeh. einer christl. Sekte –
höchster Berg im Harz -
nachgebend, elastisch –
große Gartenfrucht –
Wortbedeutungsinhalt –
entzückend, charmant –
alter Handwerksberuf –
Wundstarrkrampf –
Frauenname –
Nase der Elefanten –
Erfolg beim Schießen –
ein Singvogel –
anmutig

AR – BAER – BAP – BE – BEL – BIEG – BIS – BITZ – BRO – BRU – BUE – CKEN – FE – FER – FETT – GER – GIER – GRIFF - KIE – KUER – LAUT – LER – LER – LIEB – LOS – ME – MUEL – NEU – NUS – REI – REI – RER – ROHR – RUES – SAEN – SAM – SEL – SU – TA – TE – TIST – TREF – ZAEH – ZEND – ZEND

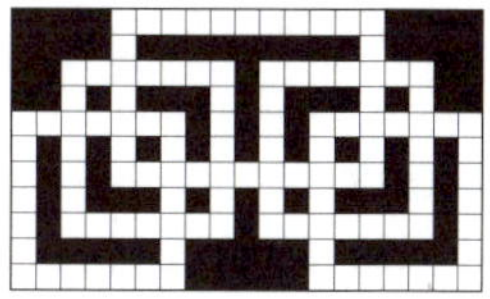

Solingo

Solingo funktioniert fast wie ein Sudoku. Die Zahlen 1 bis 9 dürfen in jeder Spalte und Zeile nur einmal vorkommen. Die Zahl in den umrandeten Feldern ist das Rechenergebnis aller Zahlen aus dem umrandeten Feld, wobei das Zeichen nach der Zahl die Rechenoperation angibt – d.h. ein + bedeutet, dass alle Zahlen des Bereichs addiert wurden.
Nr. 354, Nr. 421, Nr. 452, Nr. 468

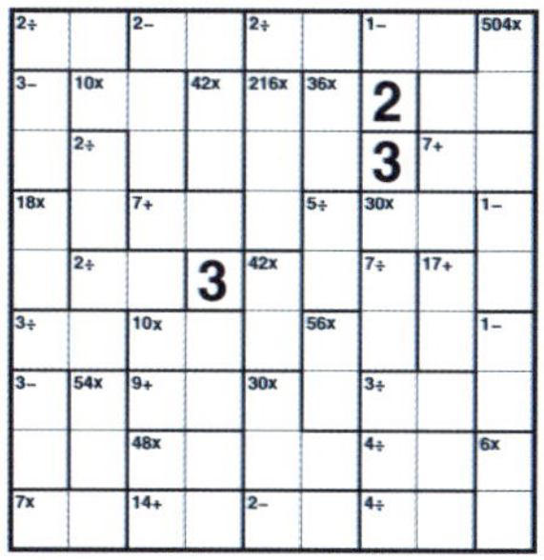

Spiegelrätsel

Tragen Sie in die Grafik vierbuchstabige Begriffe ein, die dann in der rechten Hälfte als Spiegelbild einen anderen Begriff bilden. Die eingerahmten Felder ergeben abschließend von oben nach unten gelesen das Lösungswort. Nr. 166, Nr. 189, Nr. 207, Nr. 231, Nr. 258, Nr. 309, Nr. 329

1 Täuschung, Einbildung – Sicherheitsriemen im Auto,
2 männliches Schwein – Weinstock,
3 Kinderfrau – Roman von Jane Austen,
4 Haarwuchs im Gesicht – Pferdegangart,
5 Insektenlarve – holländ. Käsestadt,
6 Aristokratie – Geliebte des Zeus

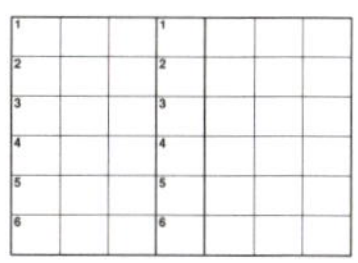

Sprüche

In dieser Grafik verbirgt sich ein bekanntes Zitat. Um es zu finden, müssen sie nur die Bänder so verschieben, dass es auch lesbar wird.
Nr. 352, Nr. 376, Nr. 393, Nr. 427, Nr. 457, Nr. 478

1	2	3	4	5	6	7
GE	NI	EN	SU	RW	WE	DE
NN	DE	HN	OC	HD	ER	AC
ST	ER	ZW	EN	ZI	EN	AN
UT	IN	EI	EN	RP	GM	NE
GT	DI	RE	GE	ET	RE	TT

Streichholzrätsel

Legen Sie ein oder mehrere Streichhölzer so um, dass die Rechnung stimmt. Nr. 6, Nr. 51, Nr. 85, Nr. 108, Nr. 122, Nr. 192, Nr. 211, Nr. 284, Nr. 339, Nr. 365, Nr. 397, Nr. 466, Nr. 496

Sudoku

Das klassische Sudoku verfügt über neun Zeilen, neun Spalten und ist überdies noch in neun kleinere Felder unterteilt. Hier müssen nun die Zahlen zwischen 1 und 9 so verteilt werden, dass jede Ziffer in jeder Zeile, jeder Spalte und jedem dick umrandeten Feld nur ein Mal auftaucht. Nr. 45, Nr. 79, Nr. 111, Nr. 118, Nr. 129, Nr. 138, Nr. 153, Nr. 165, Nr. 183, Nr. 190, Nr. 206, Nr. 226, Nr. 239, Nr. 250, Nr. 260, Nr. 262, Nr. 270, Nr. 290, Nr. 297, Nr. 319, Nr. 332, Nr. 349, Nr. 355, Nr. 368, Nr. 378, Nr. 389, Nr. 402, Nr. 414,Nr. 437, Nr. 446, Nr. 467, Nr. 475, Nr. 488, Nr. 490, Nr. 498

5					4	9	7	
7			9	6	2	5		
9		2	3	5			6	
		7				6	1	
	9		7		1		5	
	2	5				3		
	5			1	8	7		6
		1	6	2	9			5
	8	6	5					9

Sudoku Cross

Eine andere Erweiterung des klassischen Sudoku stellt das Sudoku Cross dar. Zusätzlich zur Spalte, Zeile und dem umrandeten Block dürfen die Zahlen hier auch auf den Diagonalen nur ein Mal vertreten sein.
Nr. 5, Nr. 33, Nr. 55, Nr. 75, Nr. 112, Nr. 151

	3		4	7	2	1
			1		7	
5	6			3	1	
			5		6	
	5	6	3			
			6			5
4	1					2

Sudoku Diff

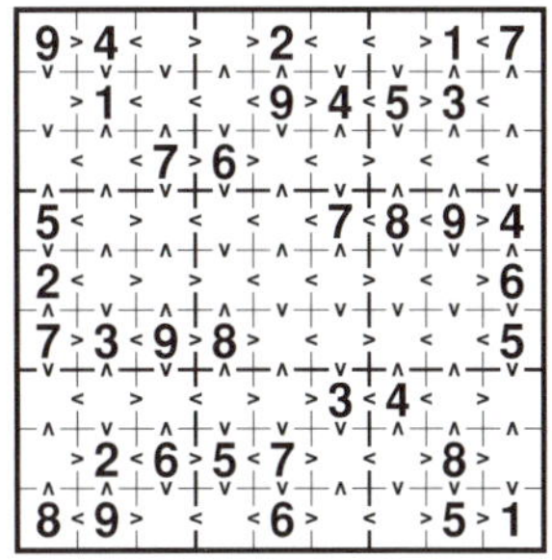

Beim Sudoku Diff gelten dieselben Regeln wie beim klassischen Sudoku: Die Ziffern 1 bis 9 dürfen jeweils nur ein Mal in die Senkrechte, Waagerechte und den umrandeten 9er-Block eingetragen werden. Die Zeichen für größer (>) und kleiner (<) sind als Hilfe angegeben.
Nr. 17, Nr. 23, Nr. 44, Nr. 83, Nr. 110, Nr. 169, Nr. 202, Nr. 230, Nr. 259, Nr. 324, Nr. 373, Nr. 408, Nr. 434, Nr. 454, Nr. 480

Sudoku Even

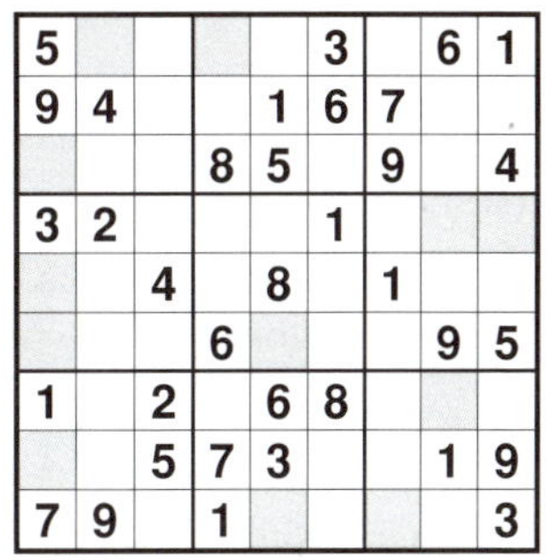

Sudoku Even ist eine neue Variante des klassischen Sudokus, bei denen auch die Ziffern 1 bis 9 nur jeweils ein Mal pro Spalte, pro Zeile und in jedem umrandeten Block eingetragen werden dürfen. Als zusätzliche Lösungshilfe stehen Felder zur Verfügung, die anzeigen, dass dort gerade Zahlen gesucht werden.
Nr. 12, Nr. 57, Nr. 88, Nr. 126, Nr. 162, Nr. 179, Nr. 210, Nr. 233, Nr. 272, Nr. 300, Nr. 341, Nr. 387, Nr. 425, Nr. 460

Sudoku Stern

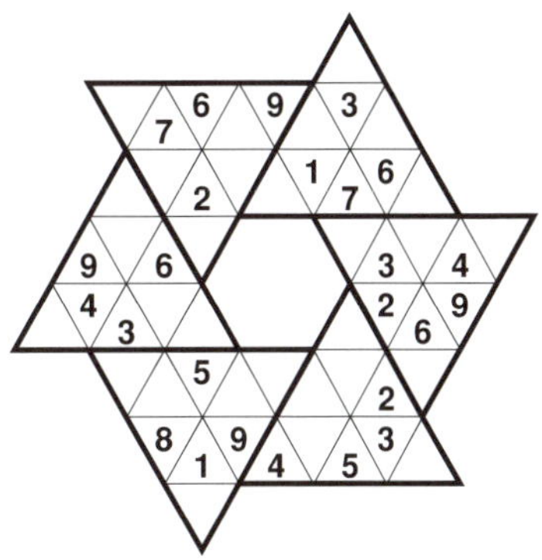

Nicht nur Quadrate und Kreise lassen sich nach den Sudoku-Regeln mit Zahlen füllen. Es gibt noch weitere Formen, die das zulassen, wie zum Beispiel den Sudoku Stern. Hier dürfen die Ziffern 1 bis 9 jeweils nur ein Mal in den umrandeten Dreiecken und den langen Geraden bzw. Diagonalen vorkommen, wobei die kürzere Gerade zusätzlich noch das Feld in den Sternecken verwendet.
Nr. 15, Nr. 41, Nr. 66, Nr. 104, Nr. 115, Nr. 142, Nr. 161

Summen-Sudoku

Bei der folgenden Variante des Rätsels müssen Sie sich lediglich um die Zahlen von 1 bis 4 kümmern. Selbstverständlich dürfen gleiche Zahlen auch hier nur ein Mal pro Zeile oder Spalte vorkommen. Als Hilfe sind schon einige Zahlen in das Rätsel eingetragen. Sie geben die Summe der gesuchten Ziffern in den noch leeren Feldern an. Dabei werden alle horizontal, vertikal und diagonal anliegenden Felder berücksichtigt. Nr. 182, Nr. 197, Nr. 217, Nr. 248, Nr. 277, Nr. 308, Nr. 357, Nr. 396, Nr. 438

4			12			4
	11	12			14	
	11			14	14	
		16	10			10
13				11	12	
	14		12			8
6		7		10		

Symbolpfad

Um das Auffinden bestimmter Formen geht es auch bei unserem nächsten Rätseltyp. Hier muss der Weg von einem Stern zum nächsten gesucht werden. Dabei darf man nicht diagonal gehen. Damit die Aufgabe aber nicht zu einfach wird, gibt es eine wichtige Einschränkung: Das nächste Feld, das man betreten darf, muss entweder das gleiche Symbol oder die gleiche Zahl wie das Feld, auf dem man sich gerade befindet, aufweisen. Ein Labyrinth der besonderen Art. Nr. 2, Nr. 18, Nr. 42, Nr. 54, Nr. 74, Nr. 127, Nr. 144

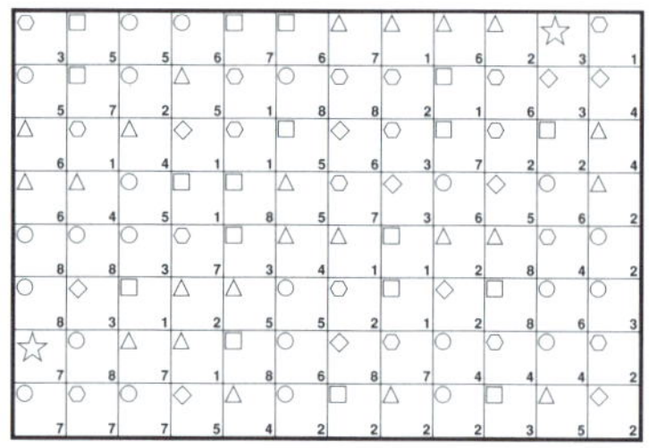

Symbolrätsel

Ersetzen Sie hier die Symbole durch Zahlen (gleiche Symbole bedeuten natürlich auch gleiche Zahlen) und sorgen Sie dafür, dass die Rechnung stimmt! Nr. 336, Nr. 343, Nr. 359, Nr. 380, Nr. 395, Nr. 429, Nr. 432, Nr. 439, Nr. 447, Nr. 458, Nr. 463, Nr. 482, Nr. 486

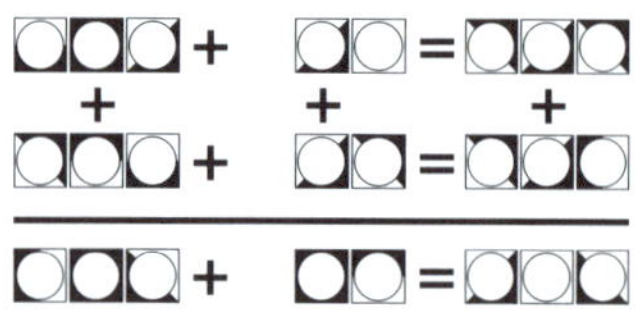

Trenne mit drei Strichen

Setzen Sie drei Striche so, dass immer die Zusammengehörigen einer Gruppe eingegrenzt werden. Nr. 184, Nr. 201, Nr. 246, Nr. 271, Nr. 311

Tunnel

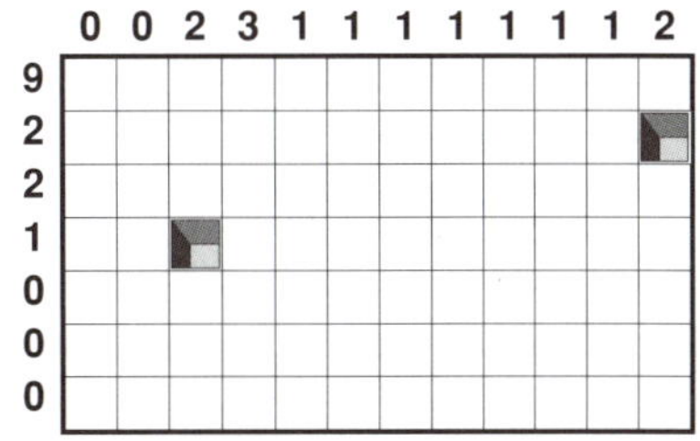

Einen Weg gilt es auch im sogenannten Tunnelrätsel zu finden. Hier muss der Eingang mit dem Tunnelende verbunden werden. Es gibt nur einen möglichen Weg, dies zu bewerkstelligen. Die Zahlen am Rand der Grafik geben an, wie viele Tunnelteile sich in der jeweiligen Zeile oder Spalte befinden.
Nr. 171, Nr. 188, Nr. 203, Nr. 216, Nr. 238, Nr. 257, Nr. 273, Nr. 289, Nr. 312, Nr. 328, Nr. 334, Nr. 370, Nr. 390, Nr. 410, Nr. 424, Nr. 441, Nr. 477, Nr. 501

Vexierbild

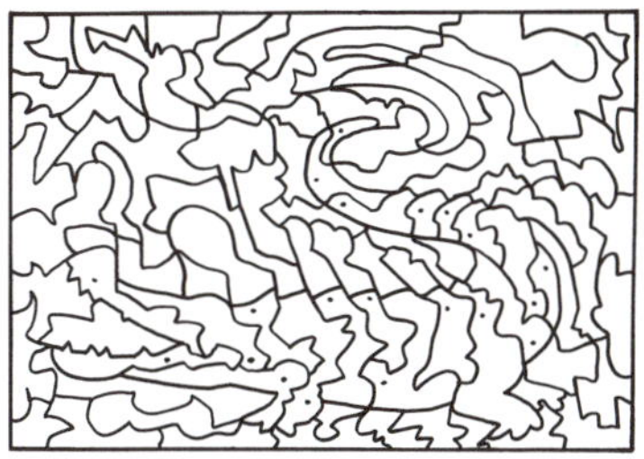

Dieses Spiel gehört zu den ältesten, seit es Zeitungen und Zeitschriften gibt – und ist somit älter als das klassische Kreuzworträtsel. Der Erfolg der Vexierbilder beruht vermutlich darauf, dass diese Spiele ein netter Zeitvertreib sind, beim dem man sich weder wirklich anstrengen muss noch Wissen gefragt ist: Man malt einfach alle Felder aus, in denen sich ein Punkt befindet. Diese Felder ergeben dann ein vorher nicht ersichtliches Bild.
Nr. 8, Nr. 28, Nr. 56, Nr. 73, Nr. 98, Nr. 135, Nr. 158

Zahlenpyramide

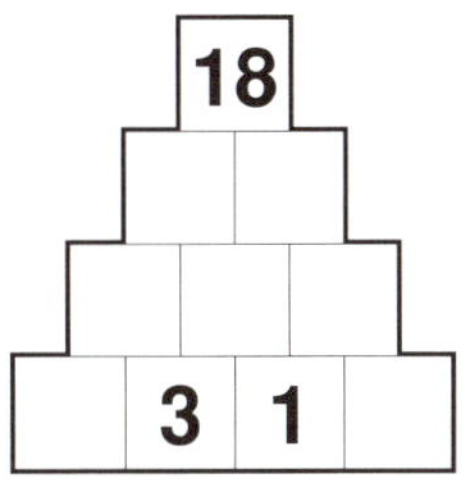

In einer Zahlenpyramide werden immer zwei nebeneinanderliegende Zahlen addiert und das Ergebnis in das Kästchen oberhalb der beiden Zahlen eingetragen. Zunächst muss man auf der untersten Stufe die Zahlen von 1 bis zur Anzahl der Kästchen eintragen. Dabei müssen Sie darauf achten, dass alle Additionen schließlich zu dem Ergebnis führen, welches in der Spitze der Pyramide schon eingetragen ist.
Nr. 10, Nr. 35, Nr. 102, Nr. 124, Nr. 146, Nr. 186, Nr. 229, Nr. 302, Nr. 315, Nr. 353, Nr. 415, Nr. 428, Nr. 448, Nr. 459, Nr. 487

Zahlenrad

Beim Zahlenrad handelt es sich in der Regel um ein ziemlich schwierig zu lösendes Rechenrätsel. Gesucht wird eine Zahl zwischen 1 und 9. Diese Zahl wird in der Rechnung, die im Rad oben steht, verwendet. Danach führt man alle weiteren Rechnungen aus (der Pfeil gibt dabei die Reihenfolge an, in die Sie die Rechnungen ausführen müssen) und muss schließlich auf das Ergebnis in der Mitte kommen.

Nr. 4, Nr. 25, Nr. 39, Nr. 78, Nr. 93, Nr. 119, Nr. 145, Nr. 176, Nr. 198, Nr. 220, Nr. 245, Nr. 254, Nr. 286, Nr. 316, Nr. 331, Nr. 335, Nr. 350, Nr. 394, Nr. 403, Nr. 420, Nr. 440, Nr. 462, Nr. 484, Nr. 499

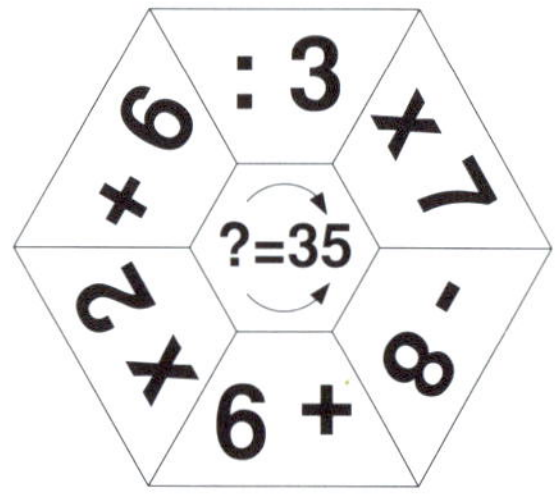

Zahlenschlange

Bei der Zahlenschlange müssen Sie sich einen Weg durch ein Zahlenlabyrinth von der linken oberen in die rechte untere Ecke suchen. Gestartet wird bei der 1. Die Zahl unten rechts gibt an, wie viele Felder man auf dem Weg betreten darf. Jede Zahl kann nur ein Mal betreten werden.

Nr. 345, Nr. 374, Nr. 388, Nr. 413, Nr. 436, Nr. 450, Nr. 473, Nr. 495

1	14	4	6	9	9	2	6	9	8
4	13	22	11	16	5	22	21	12	21
15	7	13	19	23	10	7	7	6	16
22	18	12	14	23	18	12	10	21	19
20	4	7	18	16	21	16	15	6	20
9	9	3	5	9	2	4	8	6	17
18	18	18	23	3	20	11	22	4	24

Zitatsuche

In diesem Rätsel wird ein Zitat gesucht. Um es zu finden, müssen Sie den richtigen Weg durch das Buchstabenlabyrinth ausfindig machen. Aber Vorsicht, es gibt nur eine einzige richtige Lösung!

Nr. 340, Nr. 363, Nr. 385, Nr. 400, Nr. 407, Nr. 423, Nr. 442, Nr. 491

C	U	S	J	U	Y	T	B	I	O	Q	F	T	R
O	T	Q	D	R	H	R	M	A	N	S	W	W	E
X	U	U	C	S	N	L	U	T	B	C	H	T	S
F	E	G	Z	G	F	Z	A	N	N	I	N	B	V
W	C	J	U	V	A	E	K	T	U	R	S	I	B
F	E	B	J	I	S	H	I	J	P	E	V	R	K
P	N	N	I	Z	K	Z	B	T	L	L	A	T	S
N	E	D	G	N	I	F	I	B	U	J	Y	I	E
W	E	R	G	F	C	H	M	V	Y	U	S	T	D
M	F	C	K	G	D	T	E	H	R	T	I	X	D